“十四五”职业教育国家规划教材

高等职业教育高速铁路客运服务专业系列教材

高速铁路客运设备与设施

（第二版）

裴瑞江　朱新瑜◎主　编

孟　超　陈　瑜◎副主编

中国铁道出版社有限公司

2025年·北　京

内容简介

本书为"十四五"职业教育国家规划教材、高等职业教育高速铁路客运服务专业系列教材之一。全书共分为五个项目：铁路客运线路基础知识的认知，高速铁路车站设备与设施的认知与使用，"和谐号"动车组列车设备与设施的认知与使用，"复兴号"动车组列车设备与设施的认知与使用，高速铁路车站、列车移动设备的认知与使用。本书采用项目—任务的编写体例，每个项目包含若干个典型工作任务，每个典型工作任务包含任务引入、知识准备、任务训练三部分内容。项目—任务的编写体例更好地落实了职业教育教、学、做一体化的要求，使学生能够扎实地学习理论知识和掌握有关岗位设备操作技能，达到理论与实践紧密结合的教学效果。

本书适合作为高等职业院校高速铁路客运服务专业及相关专业教材，也可供中等职业院校高速铁路乘务专业及相关专业学生，以及从事高速铁路客运工作的职工参考、学习。

图书在版编目(CIP)数据

高速铁路客运设备与设施 / 裴瑞江，朱新瑜主编.
2 版. -- 北京 ：中国铁道出版社有限公司，2025. 4.(2025.9 重印)
("十四五"职业教育国家规划教材)(高等职业教育高速铁路客运服务专业系列教材). -- ISBN 978-7-113-32028-7

Ⅰ. U293. 2

中国国家版本馆 CIP 数据核字第 2025RR7160 号

书　　名：高速铁路客运设备与设施
作　　者：裴瑞江　朱新瑜

责任编辑：悦　彩　　**编辑部电话**：(010)51873206　　**电子邮箱**：sxyuecai@163.com
编辑助理：李　丹
封面设计：王镜夷　高博越
责任校对：刘　畅
责任印制：赵星辰

出版发行：中国铁道出版社有限公司(100054，北京市西城区右安门西街 8 号)
网　　址：https://www.tdpress.com
印　　刷：天津嘉恒印务有限公司
版　　次：2019 年 6 月第 1 版　2025 年 4 月第 2 版　2025 年 9 月第 3 次印刷
开　　本：787 mm×1 092 mm　1/16　**印张**：11.75　**字数**：306 千
书　　号：ISBN 978-7-113-32028-7
定　　价：38.00 元

前言（第二版）

随着高速铁路运营里程的快速增长，新技术、新装备的不断升级，高速铁路客运设备与设施也在不断升级更新，本书第一版的内容也需要进行相应的更新。本书为“十四五”职业教育国家规划教材、高等职业教育高速铁路客运服务专业系列教材之一，系统地介绍了高速铁路车站、列车设备与设施相关内容。本书沿用第一版项目—任务的编写体例，每个项目包含若干个典型工作任务，每个典型工作任务包含任务引入、知识准备、任务训练三部分内容，更好地落实了职业教育教、学、做一体化的要求，使学生能够扎实地学习理论知识和掌握有关岗位设备操作技能，达到理论与实践紧密结合的学习效果。

相对于本书第一版，第二版的内容更新主要体现在以下几个方面：

1. 增加了铁路客运线路基础知识相关内容。铁路的旅客来自四面八方，通过运行在铁路线上的各次旅客列车到达全国各地，因此，铁路客运站、旅客列车工作人员需要熟悉经过本站的各次列车或值乘列车运行的线路及沿途经过的停车站。掌握铁路客运线路基础知识是铁路客运职工应该具备的一项知识技能。

2. 根据铁路电子客票的迅速普及对车站、列车客运设备与设施的影响，结合《中国国家铁路集团有限公司铁路旅客运输规程》中对铁路客运车站、列车相关作业需配备的设备与设施要求，对高速铁路车站设备与设施、“和谐号”动车组列车设备与设施相关内容按照铁路运输生产实际进行了更新。

3. 随着近年来“复兴号”动车组列车的大量投入使用，应进一步掌握相应技能，新增了典型工作任务“掌握‘复兴号’动车组列车安全应急设备与设施的使用”。对“复兴号”动车组列车设备与设施的其他相关内容也进行了优化更新，增加了 CR450AF 型动车组列车相关内容。

4. 根据铁路运输企业旅客运输一线生产岗位对音视频记录仪广泛使用的实

际情况,新增了典型工作任务"掌握音视频记录仪的使用"。根据铁路运输企业生产实际,对高速铁路车站、列车移动设备的其他相关内容进行了更新。

本书由院校教师和铁路运输企业技术人员共同编写,南京铁道职业技术学院裴瑞江和朱新瑜任主编,郑州铁路职业技术学院孟超、南京铁道职业技术学院陈瑜任副主编,南京铁道职业技术学院周平任主审。具体编写分工如下:裴瑞江负责全书的统稿等工作,指导并参与各项目的编写;陈瑜负责项目一的编写;朱新瑜负责项目二、项目五的编写;孟超负责项目三和项目四的编写;南京铁道职业技术学院稽昊威参与项目三的编写,南京铁道职业技术学院邓永贵参与项目四的编写,南京铁道职业技术学院杨小燕、中国铁路上海局集团有限公司南京客运段宋娅参与项目五的编写。

由于编者水平有限,书中难免有不妥之处,敬请读者批评指正。

编　者

2024 年 12 月

目录

项目一　铁路客运线路基础知识的认知

学习目标

1. 知识目标
- 熟悉普速铁路线路主要干线通道
- 熟悉高速铁路线路主要干线通道
- 了解铁路客运运价里程接算站示意图(以下简称示意图)在客运工作中的用途
- 熟悉示意图结构
- 掌握示意图的考核知识和技能
- 熟悉《铁路客运运价里程表》结构

2. 能力目标
- 能熟练运用绘图工具绘制示意图或操作示意图考核系统
- 能运用《铁路客运运价里程表》查找计算旅客发到站间客运运价里程

3. 素质目标
- 具备铁路运输一盘棋的全局意识
- 具备耐心、细心的工作品质

典型工作任务一　铁路客运线路网的认知

任务引入

铁路的各种旅客列车从始发站开往终到站的途中都运行在不同的铁路线路,旅客购买的车票票价与乘坐的旅客列车运行路线里程有关。铁路客运职工只有熟悉铁路线路网,才能清楚每趟列车的运行路径,更好地做好本职工作,为旅客提供更加准确的咨询服务。因此,掌握铁路客运线路基础知识是铁路客运职工最基本的一项知识技能。

请思考:

我国铁路线路网按照其速度等级大致可分为哪些线路网络?

知识准备

一、铁路线路运营管理

我国大部分铁路线路属于国家铁路,由中国国家铁路集团有限公司(以下简称国铁集团)

负责运营管理。日常运营管理分三个层级，第一层级为国铁集团；第二层是国铁集团管理的各铁路局集团公司，共 18 个，分别为中国铁路哈尔滨局集团有限公司、中国铁路沈阳局集团有限公司、中国铁路北京局集团有限公司、中国铁路太原局集团有限公司、中国铁路呼和浩特局集团有限公司、中国铁路郑州局集团有限公司、中国铁路武汉局集团有限公司、中国铁路西安局集团有限公司、中国铁路济南局集团有限公司、中国铁路上海局集团有限公司、中国铁路南昌局集团有限公司、中国铁路广州局集团有限公司、中国铁路南宁局集团有限公司、中国铁路成都局集团有限公司、中国铁路昆明局集团有限公司、中国铁路兰州局集团有限公司、中国铁路乌鲁木齐局集团有限公司、中国铁路青藏集团有限公司；第三层是各铁路局集团公司管辖的站段，主要有车站、客运段、车务段。

在铁路线路网中有一部分线路属于地方铁路或合资铁路。只有与国家铁路办理直通运输或联网售票的地方铁路线、合资铁路线才载入《铁路客运运价里程表》。

二、普速铁路主要干线网络

我国普速铁路的主要干线有京广线、京沪线、京哈线、京九线、陇海线、沪昆线、京包线、包兰线、兰新线等，线路具体情况见《铁路客运运价里程表》。

三、高速铁路主要干线网络

我国以“八纵八横”主通道为骨架、区域连接线衔接、城际铁路补充的高速铁路网正在逐步建设成型。

其中“八纵”通道为：沿海通道、京沪通道、京港（台）通道、京哈—京港澳通道、呼南通道、京昆通道、包（银）海通道、兰（西）广通道；“八横”通道为：绥满通道、京兰通道、青银通道、陆桥通道、沿江通道、沪昆通道、厦渝通道、广昆通道。在“八纵八横”主通道的基础上，又规划布局了高速铁路区域连接线，目的是进一步完善路网，扩大高速铁路覆盖。另外，在优先利用高速铁路、普速铁路开行城际列车服务城际功能的同时，规划建设支撑和带领新型城镇化发展、有效连接大中城市与中心城镇、服务通勤功能的城市群城际客运铁路。“八纵八横”的线路网络通道规划见表 1-1-1。

表 1-1-1　高速铁路“八纵八横”线路网络通道规划

“八纵”通道	
沿海通道	大连（丹东）—秦皇岛—天津—东营—潍坊—青岛（烟台）—连云港—盐城—南通—上海—宁波—福州—厦门—深圳—湛江—北海（防城港）高速铁路
京沪通道	北京—天津—济南—南京—上海（杭州）高速铁路，包括南京—杭州、蚌埠—合肥—杭州高速铁路
京港（台）通道	北京—衡水—菏泽—商丘—阜阳—合肥（黄冈）—九江—南昌—赣州—深圳—香港（九龙）高速铁路；另一支线为合肥—福州—台北高速铁路，包括南昌—福州（莆田）铁路
京哈—京港澳通道	哈尔滨—长春—沈阳—北京—石家庄—郑州—武汉—长沙—广州—深圳—香港高速铁路，包括广州—珠海—澳门高速铁路
呼南通道	呼和浩特—大同—太原—郑州—襄阳—常德—益阳—邵阳—永州—桂林—南宁高速铁路
京昆通道	北京—石家庄—太原—西安—成都（重庆）—昆明高速铁路，包括北京—张家口—大同—太原高速铁路

续上表

“八纵”通道	
包(银)海通道	包头—延安—西安—重庆—贵阳—南宁—湛江—海口(三亚)高速铁路,包括银川—西安及海南环岛高速铁路
兰(西)广通道	兰州(西宁)—成都(重庆)—贵阳—广州高速铁路
“八横”通道	
绥满通道	绥芬河—牡丹江—哈尔滨—齐齐哈尔—海拉尔—满洲里高速铁路
京兰通道	北京—呼和浩特—银川—兰州高速铁路
青银通道	青岛—济南—石家庄—太原—银川高速铁路
陆桥通道	连云港—徐州—郑州—西安—兰州—西宁—乌鲁木齐高速铁路
沿江通道	上海—南京—合肥—武汉—重庆—成都高速铁路,包括南京—安庆—九江—武汉—直昌—重庆、万州—达州—遂宁—成都高速铁路
沪昆通道	上海—杭州—南昌—长沙—贵阳—昆明高速铁路
厦渝通道	厦门—龙岩—赣州—长沙—常德—张家界—黔江—重庆高速铁路
广昆通道	广州—南宁—昆明高速铁路

德育天地

匠心守护钢轨质量

在中国铁路昆明局集团有限公司黄龙山焊轨基地,焊轨工程师周兰平以焊花为笔、钢轨为卷,10余年扎根生产一线。随着国家“八纵八横”铁路网京昆通道的重点工程——渝昆高速铁路建设全面提速,面对渝昆高速铁路对长钢轨苛刻的质量要求,周兰平带领团队迎难而上,针对渝昆高速铁路高寒、高海拔、温差大的特点,创新焊接工艺,从源头上筑牢质量防线。其事迹体现了铁路人精益求精、追求卓越的工匠精神和对工作高度负责的敬业精神。

任务训练

一、任务目标与实施

学习完本部分知识,应能够熟悉普速铁路网和高速铁路网的主要铁路线路组成及分布,可通过完成以下任务来训练。

1. 背记主要干线经由的省份及主要城市站名。
2. 分别背记绘制普速铁路和高速铁路的干线网络图。

二、训练建议

用纸质或考核系统考练结合,达到熟练的目的。

典型工作任务二　铁路客运运价里程接算站示意图的认知

任务引入

随着我国铁路线路网的不断建设发展，发、到站间的径路往往不止一条。径路不同，票价也就不同。运用示意图查找径路是铁路客运人员的基本技能。因此，铁路系统各级客运业务竞赛均有示意图考核内容。

请思考：

如何运用示意图查找径路？

知识准备

一、铁路客运运价里程基本知识

计算运价所应用的里程，称为运价里程。运价里程分为铁路客运运价里程和铁路货运运价里程。铁路客运运价里程是指计算旅客票价及行李、包裹运价所应用的里程。全国国家铁路的正式营业线、与国家铁路办理直通运输或联网售票的地方铁路线、合资铁路线的铁路客运运价里程都列入《铁路客运运价里程表》。

随着我国铁路线路的不断建设，发、到站间的径路往往不止一条。径路不同，铁路客运运价里程就不同，票价也就不同。例如，在中国铁路 12306 网站(www.12306.cn)上搜索南京南站到杭州东站列车，可搜到多趟列车，其中 G7505 次和 G1605 次两趟列车票价如图 1-2-1 所示。

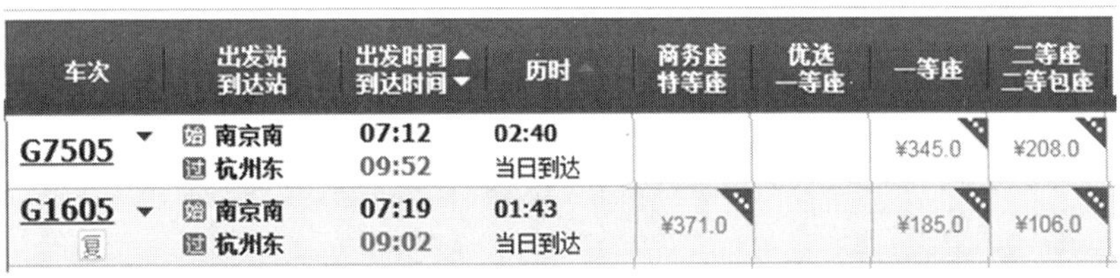

车次	出发站 到达站	出发时间 到达时间	历时	商务座 特等座	优选 一等座	一等座	二等座 二等包座
G7505	南京南 杭州东	07:12 09:52	02:40 当日到达			¥345.0	¥208.0
G1605 复	南京南 杭州东	07:19 09:02	01:43 当日到达	¥371.0		¥185.0	¥106.0

图 1-2-1　南京南至杭州东 G7505 次和 G1605 次列车票价

如图 1-2-2 所示，G1605 次从南京南站经宁杭高速线至杭州东站的铁路客运运价里程为 256 km。而 G7505 次从南京南站经京沪高速线、沪昆高速线至杭州东站的铁路客运运价里程为 295＋159＝454(km)，比 G1605 次所走径路长，票价也高。

铁路计算机售票系统存储了《铁路客运运价里程表》数据，能根据列车径路确定发、到站间的铁路客运运价里程并计算票价。

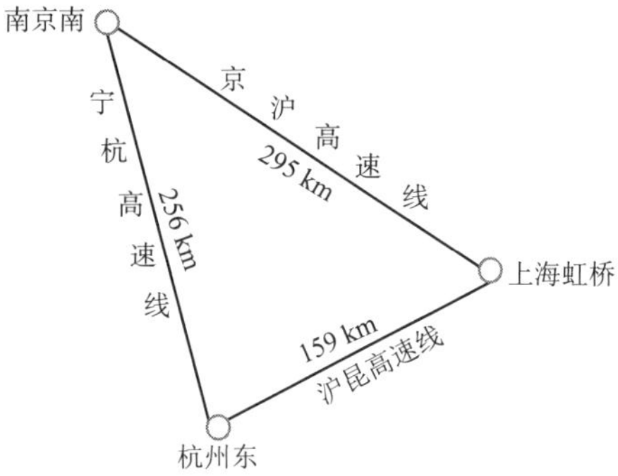

图 1-2-2　南京南至杭州东径路示意

二、示意图

列车从始发站到终到站往往要途经多条铁路线，其径路可根据列车途经车站在示意图中找出，以便直观展示。

1. 图例表示

在示意图中，车站用圆圈表示，红色圆圈表示接算站，黑色圆圈表示非接算站，车站名用黑色的字标出。站与站之间连接的黑线表示铁路线（粗的为铁路线，细的为窄轨线），数字表示区间里程，铁路线名用红色的字标出。

2. 接算站

接算站，就是为了将发、到站跨及两条及其以上不同的线路衔接起来，进行里程加总计算票价和运价所规定的接算衔接点。在示意图中，接算站用红色圆圈表示。如图 1-2-2 中，上海虹桥站就是京沪高速线和沪昆高速线的接算站。在京沪高速线上查到南京南站至上海虹桥站 295 km，沪昆高速线上查到上海虹桥站至杭州东站 159 km，则南京南站经京沪高速线、沪昆高速线至杭州东站铁路客运运价里程为 295＋159＝454(km)。

【例 1-1】 查找列车径路(途经的线路及接算站)。

在示意图中找出×次列车(郑州—青岛)运行径路，写出列车途经的线路名及接算站。×次列车(郑州—青岛)依次停靠站序：郑州、开封、兰考、民权、商丘、徐州、枣庄西、磁窑、泰山、济南、淄博、潍坊、高密、青岛。

【处理办法及过程】 根据列车经停站，依次在示意图上找出主要经停站位置，沿铁路线标出列车径路，找出依次经过哪些铁路线及接算站。

×次列车(郑州—青岛)途经的线路名及接算站：

郑州——陇海线——徐州——京沪线——党家庄——济南线——济南——胶济线——青岛

任务训练

一、任务目标与实施

学习完本部分知识，应能够熟悉示意图，能运用示意图查找列车径路。可通过完成以下任务来训练：

1. 绘制示意图。

2. 在示意图中找出下列列车运行径路，写出列车途经的线路名及接算站。

(1)×次列车(北京—上海)依次停靠站序：北京、广阳、天津西、青县、泊头、吴桥、德州、禹城、济南、泰山、磁窑、兖州、徐州、宿州、蚌埠、南京、常州、无锡、苏州、上海。

(2)K×次列车(吉林—大连)依次停靠站序：吉林、烟筒山、磐石、朝阳镇、梅河口、抚顺北、沈阳、辽阳、鞍山、海城、大石桥、熊岳城、瓦房店、普兰店、金州、大连。

(3)T×次列车(北京西—南宁)依次停靠站序：北京西、保定、石家庄、邯郸、安阳、郑州、西平、驻马店、信阳、武昌、长沙、衡阳、永州、东安东、桂林北、柳州、南宁。

(4)G×次列车(广州南—青岛)依次停靠站序：广州南、衡阳东、株洲西、长沙南、岳阳东、咸宁北、武汉、信阳东、驻马店西、郑州东、兰考南、商丘、萧县北、徐州东、滕州东、济南、淄博、潍坊、高密、青岛。

二、训练建议

1. 绘制示意图时,先分区域绘制练习,最后绘制整张示意图,绘制时注意布局和用笔颜色。逐渐熟悉后建议默画示意图。可利用考核系统提高熟练程度。

2. 分组讨论示意图绘制方法及列车径路的查找,完成相关任务。

典型工作任务三 《铁路客运运价里程表》的认知

任务引入

铁路旅客票价与铁路客运运价里程相关。发、到站间铁路客运运价里程在径路明确的情况下,可运用《铁路客运运价里程表》确定。

请思考:

如何运用《铁路客运运价里程表》确定发、到站间铁路客运运价里程?

知识准备

一、《铁路客运运价里程表》的作用

《铁路客运运价里程表》是用以计算旅客票价及行李、包裹运价里程的依据,并用以查找和确认车站有无营业办理限制。

二、《铁路客运运价里程表》的组成

《铁路客运运价里程表》正文包括站名首字笔画索引表、线名排序索引表、线名音序索引表、站名索引表、里程表。正文前有使用说明、全国铁路客运管辖线路示意图、示意图。

里程表是《铁路客运运价里程表》的重要组成部分。里程表中的主要表示方法如下:

1. 营业办理限制

全线的营业办理限制:在各该线的里程表用线注注明。

各站的营业办理限制:在各该站的站名前用不同符号表示。

※ 旅客乘降所,只办理旅客乘降业务。

⊗ 不办理行李和包裹业务的车站。

◎ 不办理包裹业务的车站。

△ 不办理客运业务的线路连接点车站。

2. 接算站

在里程表中,接算站站名用黑体字印刷,站名下部印有黑色横线,并在该站的接续线名栏印有"接××"字样。

三、铁路客运运价里程的确定

1. 查找发、到站

知道发、到站在哪条线路上时,可从线名排序索引表或线名音序索引表中查出车站所属线

路在里程表中的页码，再到里程表中查出相关车站。

如不能确切知道发、到站具体在哪条线路上时，一种方法是从站名首字笔画索引表中查出车站在站名索引表中的页码，再到站名索引表查出车站在里程表中的页码，最后到里程表中查出相关车站。另一种方法是直接从站名索引表查出车站在里程表中的页码，然后到里程表中查出相关车站。

2. 计算运价里程

在里程表中查出旅客发、到站后，根据规定的或旅客指定的乘车径路和乘坐列车车次，计算运价里程。

(1)发、到站在同一条线路上时，用自本线起点站或终点站至发站和到站的运价里程相减，即可计算出发站至到站的运价里程。

(2)发、到站跨及两条及其以上的线路时，需要按照规定的接算站进行里程接算。

(3)确定客运运价里程时，还应考虑一些特殊规定。如国际旅客联运经由国境线时，应另加算国境站至国境线的里程；如经由轮渡时，应将规定的轮渡里程加入运价里程内计算。

【例 1-2】 确定铁路客运运价里程。

根据×次列车(郑州—青岛)运行径路确定郑州至泰山的铁路客运运价里程。

×次列车依次停靠站序：郑州、开封、兰考、民权、商丘、徐州、枣庄西、磁窑、泰山、济南、淄博、潍坊、高密、青岛。

【处理办法及过程】 (1)"郑"的笔画共八画，在站名首字笔画索引表八画中找出"郑"在站名索引表中的131页，然后在站名索引表中的131页找出"郑州"在里程表的88和226页都有(或依据"郑"的读音"zheng"直接在站名索引表找"郑州")。里程表88页是京广线，226页是陇海线，所以郑州位于京广线与陇海线的交会处，在示意图中找到郑州所在位置；同样方法找到泰山位于京沪线与辛泰线的交会处，在示意图中找到泰山所在位置。

(2)查看示意图，发现×次列车途停过商丘、徐州、磁窑等站，判定×次列车从郑州经陇海线经由徐州转京沪线到达泰山。

(3)在里程表226页陇海线找到郑州距离连云港东559 km(或郑州距离兰州1 187 km)，在里程表225页找徐州距离连云港东210 km(或徐州距离兰州1 536 km)，则郑州至徐州559－210＝349(km)[或1 536－1 187＝349(km)]。

(4)在里程表14页京沪线找到泰山距离北京568 km(或泰山距离上海895 km)，在里程表15页找到徐州距离北京814 km(或徐州距离上海649 km)，则徐州至泰山814－568＝246(km)[或895－649＝246(km)]。

(5)郑州经由徐州至泰山的铁路客运运价里程为349＋246＝595(km)。

任务训练

一、任务目标与实施

学习完本部分知识，应能够运用《铁路客运运价里程表》确定发、到站间铁路客运运价里程。可通过完成以下任务来训练：

1. 根据×次列车(北京—上海)运行径路确定北京至苏州铁路客运运价里程。×次列车

(北京—上海)依次停靠站序:北京、广阳、天津西、青县、泊头、吴桥、德州、禹城、济南、泰山、磁窑、兖州、徐州、宿州、蚌埠、南京、常州、无锡、苏州、上海。

2. 根据K×次列车(吉林—大连)运行径路确定梅河口至瓦房店铁路客运运价里程。K×次列车(吉林—大连)依次停靠站序:吉林、烟筒山、磐石、朝阳镇、梅河口、抚顺北、沈阳、辽阳、鞍山、海城、大石桥、熊岳城、瓦房店、普兰店、金州、大连。

3. 根据T×次列车(北京西—南宁)运行径路确定石家庄至桂林北铁路客运运价里程。T×次列车(北京西—南宁)依次停靠站序:北京西、保定、石家庄、邯郸、安阳、郑州、西平、驻马店、信阳、武昌、长沙、衡阳、永州、东安东、桂林北、柳州、南宁。

4. 根据G×次列车(广州南—青岛)运行径路确定广州南至青岛铁路客运运价里程。G×次列车(广州南—青岛)依次停靠站序:广州南、衡阳东、株洲西、长沙南、岳阳东、咸宁北、武汉、信阳东、驻马店西、郑州东、兰考南、商丘、萧县北、徐州东、滕州东、济南、淄博、潍坊、高密、青岛。

二、训练建议

分组讨论《铁路客运运价里程表》运用及铁路客运运价里程确定方法,完成相关任务。

复习思考题

1. 国铁集团管理的18个铁路局集团公司全称分别是什么?
2. 高速铁路"八纵八横"通道主要由哪些线路组成?
3. 什么是铁路客运运价里程?
4. 什么是接算站?
5. 在《铁路客运运价里程表》中,车站的营业办理限制如何表示?各代表什么含义?

项目二　高速铁路车站设备与设施的认知与使用

学习目标

1. 知识目标
- 了解铁路客运站基础知识
- 了解高速铁路车站设备与设施的概况
- 掌握高速铁路车站票务服务设备相关知识
- 掌握高速铁路车站乘降服务设备相关知识
- 掌握高速铁路车站候车服务设备相关知识
- 掌握高速铁路车站“无障碍”服务设备相关知识

2. 能力目标
- 能说出正常和非正常情况下高速铁路车站客流最佳流线组织方案
- 能识别车站各服务设备与设施的设置用途及优缺点

3. 素质目标
- 具备主动学习公共场所设备与设施布局常识的意识
- 具备举一反三的知识迁移能力

典型工作任务一　铁路客运站基础知识的认知

任务引入

客运站是旅客乘坐列车旅行的必经之地，也是旅客体验铁路服务的第一站，车站的设备与设施是良好服务的基础，因此，要做好铁路服务工作，就必须了解铁路客运站的相关知识。

请思考：

铁路客运站的基础设施包括哪些？

知识准备

客运站基础设施主要有站房、站前广场和站场。

一、站房

站房是客运站的主体，包括为旅客服务的各种用房，运营管理工作所需的各种技术办公用房及办理行包等小件物品运送业务用房。站房是直接为旅客服务的房舍,是城市的大门。它的布置是否合理,对提高服务质量,保证车站的良好秩序,提高车站运输能力等方面是十分重要的。因此,站房必须满足下列要求:

(1)站房的位置要和城市规划及市内交通网密切配合。其中,通过式客运站站房一般设在线路靠居民区一侧;尽端式客运站站房一般设于站台线尽头。站房与站前广场及城市交通工具停车点之间,应有便捷、安全的通道。

(2)各种流线应保证畅通无阻、行程便捷,避免交叉干扰,使旅客、行包和各种车辆在站的安全、迅速集散和通行。

(3)站房建筑的平面应按预测客流最高聚集时的需要设置,有利于旅客办理各种旅行手续,便于车站工作人员组织旅客上、下车。

(4)根据客流量的大小,尽可能使到达与出发客流、短途与长途客流分开。在站房内站台上应将行包的搬运与旅客上、下车的通道分开。

(5)站房应力求适用、经济、美观,既要显示出城市的建筑风格和地理环境的特点,也要求有良好的通风和采光条件,还要具有良好的取暖设备和可靠的空调设备。

(6)要考虑未来客流发展,留有发展余地,使站房扩建后仍然是一个协调的整体。

站房所具有的房舍及其布置,应根据站房等级、类型,服务于旅客的种类,车站工作量及工作性质等因素确定。大、中型站房一般具有三类房屋:

(1)客运用房:由候车部分(各种候车室)、营业部分(售票厅、行包房,小件物品寄存处、问事处、服务处等)和交通联系部分(广厅、通廊、过厅等)组成。

(2)技术办公用房:包括站长室、办公室、会议室、公安室、客运值班室、行车值班室等。

(3)职工生活用房:指为职工生活服务的各种用房,如更衣室等。

二、站前广场

站前广场是客运站与城市联系的“纽带”,包括车行道、停车场和旅客活动地带等。站前广场是客流、货流、车流的集散地点,是车站组织旅客室外候车和休息的场所。此外,站前广场还可作为临时迎宾和集会的地方。为保证旅客和车辆能安全、迅速、便利地通行,站前广场的修建应与城市规划密切配合,使城市道路与站前广场、站房的进、出口取得有机联系,尽可能缩短进、出站旅客的步行距离,减少车流、人流、货流的交叉和干扰。站前广场如图 2-1-1、图 2-1-2 所示。

图 2-1-1　兰州西站站前广场

图 2-1-2　深圳北站站前广场

三、站场

站场是办理客运技术作业的场所，包括线路（如到发线、机车走行线、机待线、车辆停留线等）、站台、雨棚、跨线设备等。站场如图 2-1-3 所示。

图 2-1-3　站场

1. 旅客列车到发线

旅客列车到发线应设置在站台两侧，并在相邻两个旅客站台之间布置两股旅客列车到发线。

中间站旅客列车到发线的进路，一般应按方向别固定线路。列车始发、终到应按固定进路。这样的安排，既便于旅客的乘降，也便于客运（站、车）作业。客运站除旅客列车到发线外，还应设有货物列车运行线、机车走行线和客车停留线等。

2. 旅客站台及雨棚

为保证旅客安全，便于上、下车，提高旅客乘降速度，缩短行包、快件等的装卸时间，提高客运站的通过能力，在办理旅客乘降的车站均应设置旅客站台。旅客站台的数量与位置应与旅客列车到发线的数量相适应，随着客运站类型不同而有所不同。当客运站为通过式时，应设基本站台和中间站台，如图 2-1-4 所示；当客运站为尽端式时，应设分配站台和中间站台，如图 2-1-5所示。

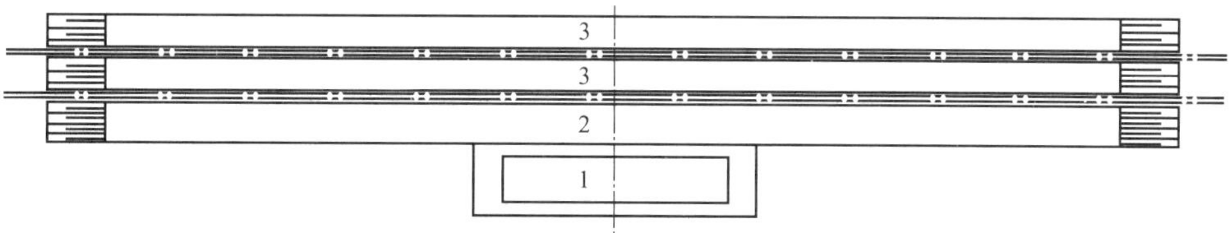

1—站房；2—基本站台；3—中间站台。

图 2-1-4　通过式客运站的站台

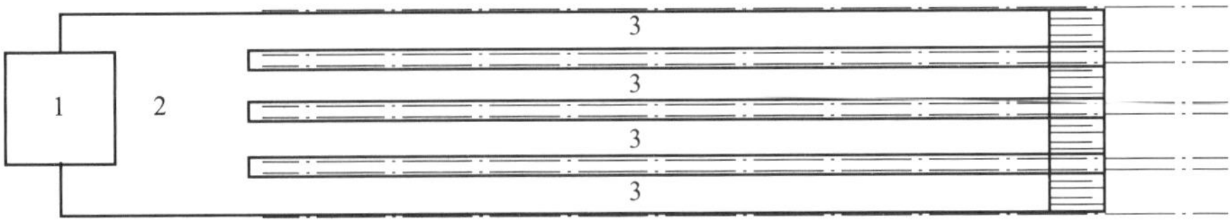

1—站房;2—分配站台;3—中间站台。

图 2-1-5　尽端式客运站的站台

旅客站台应硬面化,以保证雨季也能正常使用。按站台与线路钢轨顶面的高差值,可分为低站台、高站台和一般站台三种:

(1)低站台高差为 300 mm,设在邻靠正线及通过超限货物列车到发线的旅客站台,如图 2-1-6所示。

(2)高站台高差为 1 250 mm,站台平面和旅客车厢车底平面相同,便于旅客乘降和行包装卸,但不能通过超限货物列车,如图 2-1-7 所示。

图 2-1-6　低站台

图 2-1-7　高站台

(3)一般站台高差为 500 mm,如图 2-1-8 所示,一般站台平面和客车车厢最低的阶梯踏板大致等高,这种站台也较便于旅客乘降和行包装卸,但邻靠这种站台的线路不能通过超限货物列车。

图 2-1-8　一般站台

在客车的始发、终点站和其他客流量、行包量大的站台上，应设置站台雨棚。雨棚用于遮阳和避风雨，给旅客乘降和行包、快件装卸带来便利。大型站的雨棚长度、宽度应分别与站台的长度、宽度相同。

3. 跨线设备

跨线设备是站房与站台之间或站台与站台之间来往的道路。它对于保证旅客及工作人员安全、便利地通行，保证行包、快件等物品安全便利地运送，提高通过能力起着重要作用。跨线设备按其与站内线路交叉关系分为平过道及立体跨线设备。

(1)平过道是最简便的跨线设备。在通过式车站，站台端部的坡底一般设置平过道，供运送行包、快件等物品的车辆跨越线路。在较小的客运站，一般在站房进出口之间和中间站台适中的地方设置平过道。平过道如图 2-1-9 所示。

图 2-1-9 平过道

(2)立体跨线设备中最常见的有人行天桥和地道。中型站一般应设立体跨线设备，为避免进出站人流对流阻塞，大型以上的客运站，需设置至少两个立体跨线设备，这样的车站是建造天桥还是地道，应依据站场条件、地形地质、工程造价、站房而定(侧上式和侧平式站房宜造天桥，侧下式站房宜造地道)。一般来说，车站建有两个立体跨线设备时，一个天桥(进站)、一个地道(出站)为宜。跨线天桥及通往站台楼扶梯如图 2-1-10 所示。

(a) 跨线天桥

(b) 天桥通往站台楼扶梯

图 2-1-10 跨线天桥及通往站台楼扶梯

4. 给水及吸污设备

旅客列车始发站、技术作业站和折返站应设有客车给水设备。客车给水设备包括水井、水栓和胶管。每两股旅客列车到发线之间应设置一组水井,每组水井的数量,主要干线不少于20个,其他干线不少于18个,一般线路不少于16个。

水栓应设置为双头的,便于同时给两列车上水。上水胶管的长度一般为25 m(一辆车厢长度)左右为宜。客车给水站的分布距离以150～200 km为宜。图2-1-11所示为车站给水设备。

图2-1-11　车站给水设备

按规定办理吸污作业的车站应有吸污设备,吸污设备数量及位置布置同上水设备,应保持作用良好。

任务训练

一、任务目标与实施

学完本部分知识,应能够掌握铁路客运站的站房、站前广场、站场的相关知识。可参观铁路客运站或分组讨论各种站房布置的优缺点,并总结。

二、训练建议

本任务训练建议教师理论部分采用课件、实物部分采用大量图片或视频教学,提高学生理论联系实际的能力。

典型工作任务二　高速铁路车站设备与设施概况的认知

任务引入

高速铁路车站是旅客真切感受高速铁路服务的入口第一站,车站的设备与设施是良好服务的基础保障。因此,要做好高速铁路的服务工作,就必须了解不同类型高速铁路车站的线路站场、站房及客流组织的相关知识。

请思考：

高速铁路车站有哪些类型?

知识准备

一、高速铁路车站的分类

高速铁路车站按照建筑设计规模及客流规模划分等级或类型,其等级或类型一般分为:特等、一等、二等、三等高速铁路车站或特大型、大型、中型、小型高速铁路车站。

二、高速铁路车站的站线和站房布置

高速铁路车站的站线和站房布置主要考虑了旅客流线组织的需要,围绕两个基本原则:一是最大限度缩短旅客的走行距离,二是最大限度减少站内各种流线间的交叉干扰。

考虑运营需要、行车量、客流量、客运组织及安全等方面的因素,结合地形地貌、工程技术及造价等因素,各等级或类型的车站在建筑设计和客流组织方面各不相同。其中特大型、大型高速铁路车站主体站房与站线的位置大部分采取线上式,即站房主体建在线路、站台的上方;中型、小型高速铁路车站主体站房与站线的位置大部分采取线侧式,即站房主体建在线路、站台的一侧。

1. 特大型、大型高速铁路车站的站线和站房布置

特大型、大型高速铁路车站站房中候车服务区面积占比较高,因此,采取线上式可以最大限度减少旅客检票进站的走行距离。某大型高速铁路车站外观效果及其站房与站线的关系如图 2-2-1、图 2-2-2 所示。

图 2-2-1　某大型高速铁路车站外观效果

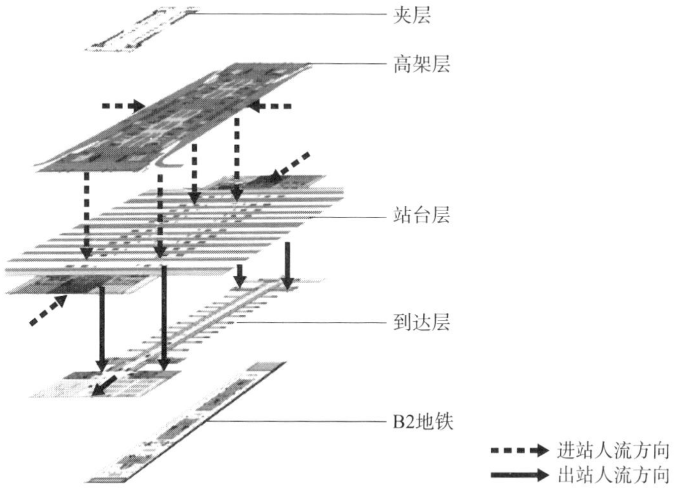

图 2-2-2　某大型高速铁路车站站房与站线的关系

特大型、大型高速铁路车站一般都采取上进下出的进出站流线组织模式,进站客流组织示意如图 2-2-3 所示,出站客流组织示意如图 2-2-4 所示。

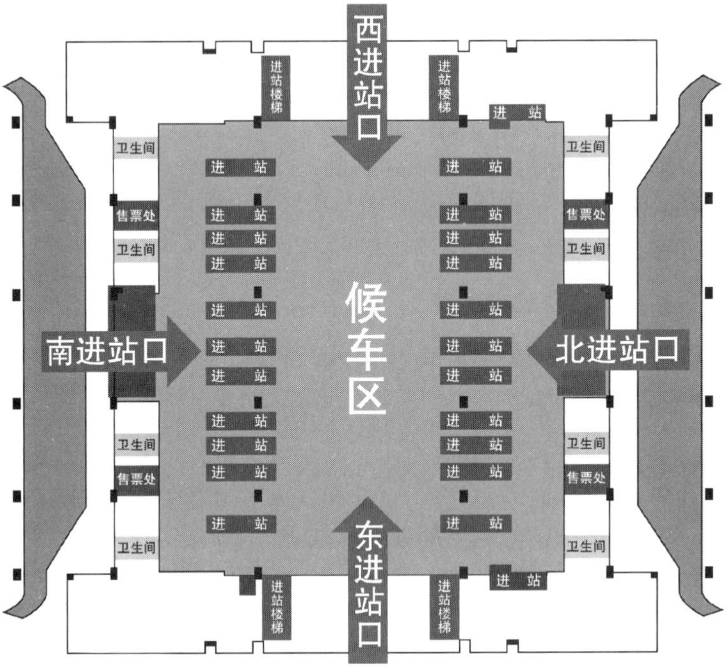

图 2-2-3　特大型、大型高速铁路车站进站客流组织示意

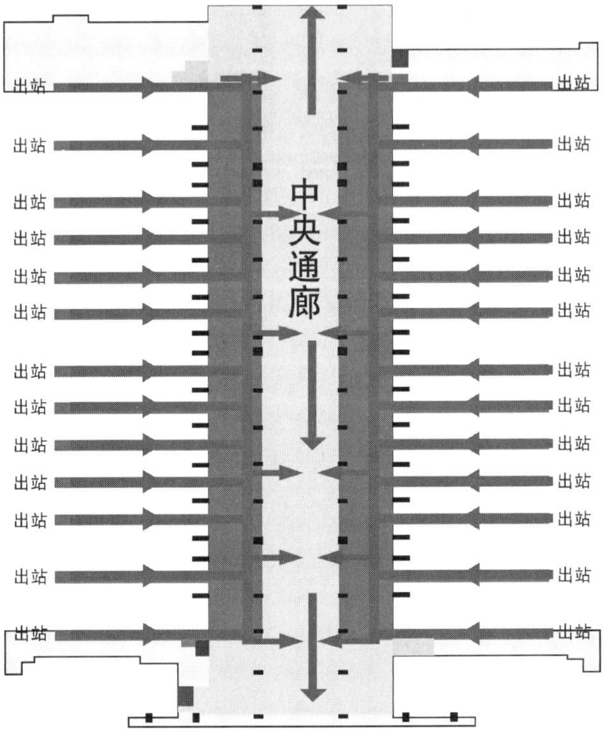

图 2-2-4　特大型、大型高速铁路车站出站客流组织示意

与中型、小型高速铁路车站相比，特大型、大型高速铁路车站的站房与站线布置的优点有：多方向多层次进站，人流分类清晰明确，从安检口到候车室距离大大缩短；消除进出站旅客在广场上的交叉可能；候车厅舒适，布置灵活；与市内公交系统在出站后有良好的接驳。缺点有：部分车站的出站流线较长；候车厅概念没有完全突破。

特大型、大型高速铁路车站的站房应设置经广场与城市交通直接相连的环形车道。

2. 中型、小型高速铁路车站的站线和站房布置

中型、小型高速铁路车站站房在线路站台一侧，旅客进站检票后需要通过高架桥或地道进入中间站台。某中型高速铁路车站外观如图 2-2-5 所示，资中北站（小型车站）外观如图 2-2-6 所示，某小型高速铁路车站候车室如图 2-2-7 所示，某小型高速铁路车站站台如图 2-2-8 所示。

图 2-2-5　某中型高速铁路车站外观

图 2-2-6　小型高速铁路车站外观（以资中北站为例）

图 2-2-7　某小型高速铁路车站候车室

图 2-2-8　某小型高速铁路车站站台

这种布局的特点是：高架轨道、一层候车、一层进出站。进出站采取上进下出或下进下出

的方式,即有些中型站采取高架进站通道,地下出站通道;小型站大部分采取下进下出的方式。优点是:进站人流与出站人流不干扰。缺点是:旅客检票进站后,上站台步行距离长;出站人流在站前广场与进站人流、换乘人流互相干扰;各种交通方式之间换乘距离长等。

任务训练

一、任务目标与实施

学完本部分知识,应能够掌握高速铁路车站的分类及站线、站房的布置知识。可参观高速铁路车站或分组讨论各种站房布置的优缺点,并总结。

二、训练建议

本任务训练建议教师理论部分采用课件、实物部分采用大量图片或视频教学,提高学生理论联系实际的能力。

典型工作任务三　掌握高速铁路车站票务服务设备与设施的使用

任务引入

票务服务设备与设施是旅客购票、取票或检票的主要设备与设施,其正常使用及非正常情况设备故障的应急处理是客运票务工作很重要的一部分,因此,应掌握高速铁路车站票务服务设备与设施的主要构成及设置。

请思考:

高速铁路车站有哪些票务服务设备与设施?

知识准备

车票是铁路旅客运输合同的基本凭证,因此购票是旅客办理的第一道旅行手续。要做好高速铁路运输的票务服务工作,就必须了解高速铁路车站的票务服务设备与设施布置及运用的相关知识。

票务设备设置在售票厅、候车室、进出站口等区域,为旅客提供购票、检票等服务,主要由人工计算机售票设备、自助售退票设备、行程信息提示打印机及报销凭证自助打印机等组成。

德育天地

普通岗位上的示范(票务)

孙奇先后在中国铁路呼和浩特局集团有限公司呼和浩特工务段线路工、巡道工,呼和浩特站客运员、售票员等岗位工作。她在售票岗位工作期间,售票百万张,加班千余小时,总结提炼出“七字售票作业法”“十二句服务规范用语”,被所在局客运系统广泛推广,打造了以自己名字命名的“孙奇党员售票示范窗口”。她苦练岗位技能,练就了“话音落、车票出”的硬本领，以日售车票 2 430 张的优异成绩，刷新了全局单日售票纪录。孙奇认真践行“以服务为宗旨，待旅客如亲人”的服务理念，被旅客亲切称为“贴心人”“活雷锋”“微笑天使”。

一、人工计算机售票设备

人工计算机售票设备主要由计算机、对外显示屏、窗口制票机、PSAM 加密设备（安全模块）、凭条打印机等组成，为旅客提供人工售票、退票、改签等服务，如图 2-3-1 所示。图 2-3-2 为某站候车室人工售票服务中心。

（a）制票机

（b）凭条打印机

图 2-3-1　制票机和凭条打印机

图 2-3-2　某站候车室人工售票服务中心

二、自助售退票设备

自助售退票设备主要分为全功能自助售票机（图 2-3-3）、非现金自助售票机、自助售退票机（图 2-3-4），设置在车站售票厅、候车室、出站口等区域，向旅客提供更加便捷的自助票务服务。图 2-3-5 为某站售票大厅全功能自助售票机。

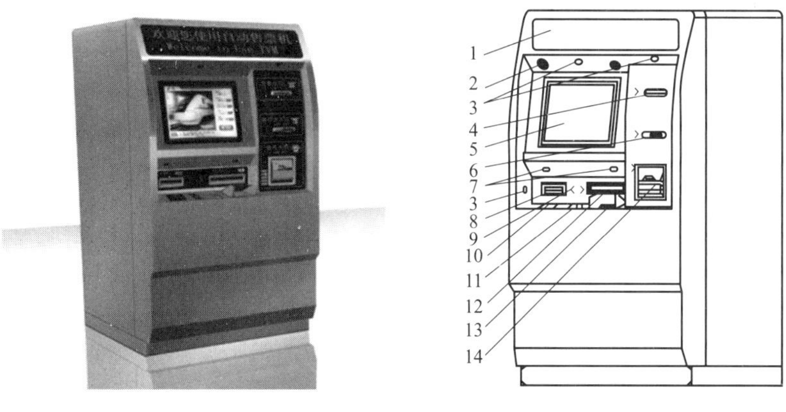

1—运营状态显示屏；2—扬声器；3—摄像头（安全监控模块）；4—凭条出口；5—信息显示屏；6—银行卡入口；
7—旅客接近传感器；8—车票出口；9—旅客操作指示灯；10—二代身份证读卡器；
11—硬币找零口；12—纸币找零口；13—密码键盘；14—纸币接收入口。

图 2-3-3　全功能自助售票机

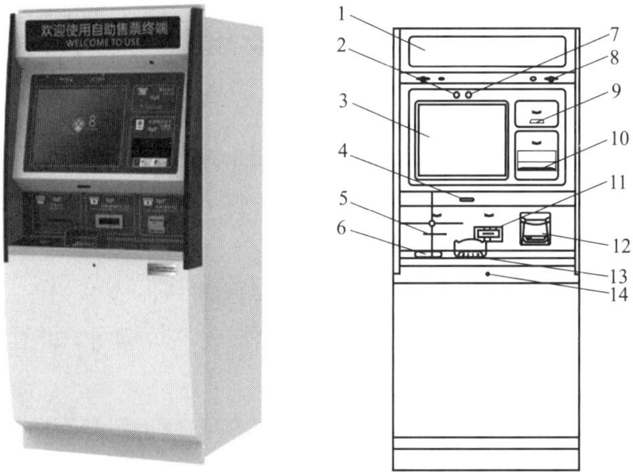

1—运营状态显示屏;2—安全监控摄像头;3—信息显示屏;4—安全监控摄像头;5—凭条出口;6—证件读卡区;
7—人脸图形采集摄像头;8—喇叭;9—银行卡入口及其指示灯;10—机读旅行证件识读模块;11—制票模块;
12—报销凭证回收模块或者现金循环模块;13—密码键盘;14—接近传感器。

图 2-3-4　自动售退票机

图 2-3-5　某站售票大厅全功能自助售票机

三、行程信息提示打印机

旅客通过中国铁路 12306 网站(含铁路 12306 移动端)购买铁路电子客票后,可通过网站自行打印或下载“行程信息提示”,也可在车站指定窗口或行程信息提示打印机打印。行程信息提示不可以当车票使用,仅作为购票的信息提示,不能作为进站、乘车的凭证使用。行程信息提示打印机如图 2-3-6 所示。

四、报销凭证自助打印机

旅客通过中国铁路 12306 网站(含铁路 12306 移动端)购买铁路电子客票后,需要报销的旅客可选择到售票窗口人工打印报销凭证或到自助打印机打印报销凭证。报销凭证自助打印机如图 2-3-7 所示。

图 2-3-6　行程信息提示打印机

图 2-3-7　报销凭证自助打印机

任务训练

一、任务目标与实施

学完本部分知识，应能够掌握高速铁路车站票务服务设备与设施的主要构成及设置。可分组讨论各种票务服务设备与设施的主要功能，然后总结。有实物条件的，可以进行实际操作。

二、训练建议

本任务训练，建议教师理论部分采用课件、实物部分采用大量图片或视频教学，提高学生理论联系实际的能力。

典型工作任务四　掌握高速铁路车站乘降服务设备与设施的使用

任务引入

高速铁路车站乘降服务设备与设施是旅客进出站、上下车的主要设备与设施，设备与设施的正常使用及非正常情况设备故障的应急处理是车站乘降工作很重要的一部分，是高速铁路车站客运岗位职工及管理人员必须掌握的知识。因此，应掌握高速铁路车站乘降服务设备与设施的主要构成及设置。

请思考：

高速铁路车站有哪些乘降设备与设施？

知识准备

乘降服务的自助性和便捷性决定于高速铁路车站乘降通道的独立性和乘降引导标识的全面性、系统性。所谓乘降通道的独立性,即车站要为旅客提供专用的活动通道,保证旅客流线的顺畅,避免与其他旅客流线交叉干扰;乘降引导标识的全面性和系统性,即要求保证旅客能在站内随时清楚自己的现处位置和去向方位。

一、乘降通道设备与设施

乘降通道主要指旅客在车站乘车过程中所经过的各种活动路线和场所,突出“以旅客为本”的设计思想。乘降通道主要包括旅客进站、站内通行、检票上车、下车出站的通道。

高速铁路车站需要设置专门的进出站通道,与其他客流通道分开,以减少站内各种流线的交叉干扰,方便旅客快速进出站。

(一)进站通道

安检设备(图 2-4-1)主要由 X 射线检查系统主机(安检仪)、安检操作台、安全门、传输设备、处置台、探测器等组成。设置在客运车站进站广厅的入口处,为旅客进行人身和随身携带物品的安全检查。

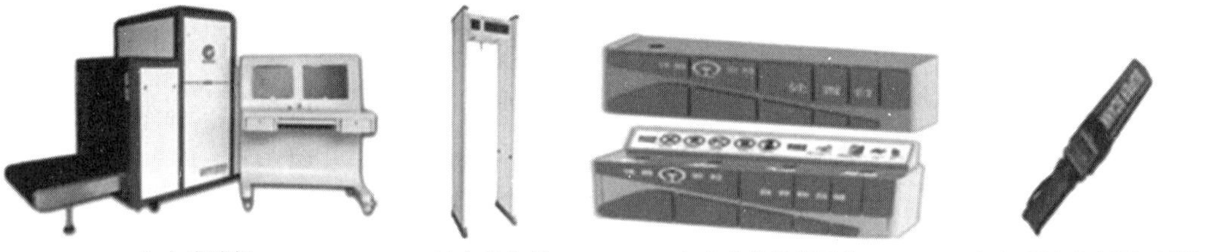

(a) 安检仪　(b) 安全门　(c) 危险品处置台　(d) 手持式金属探测器

图 2-4-1　安检设备

图 2-4-2　进站安全检查

高速铁路车站在进站广厅的入口处设置安全检查设备,各种运输方式的引入和立体化使车站出入口在物理上的概念越来越不明显,旅客在车站内的流线更加流畅和连续。旅客进站安全检查如图 2-4-2所示。

安检系统主要通过 X 射线安全检查设备,对旅客行包进行安全检查,防止旅客携带容易引起爆炸、燃烧、腐蚀、毒害或有放射性的物品及枪支、管制刀具等可能危害公共安全的物品。

1. 安检系统的功能

(1)辅助探测:人机界面(简称 OIS)运行检查软件提供爆炸物和毒品辅助探测功能,当根据有效原子序数信息判断被检物品含疑似爆炸物或毒品物质时,系统报警并用指定颜色方框标记嫌疑区域;OIS 运行检查软件同时具备高密度报警功能，当被检物品吸收率很高造成图像无法分辨时，系统报警并用指定颜色方框标记穿不透区域。

(2)图像管理：通过自动保存、手动保存、嫌疑保存多种方式存储物体扫描图像；存储空间不足时，自动删除自动保存的历史图像；根据扫描时间、操作人员身份标识号码(也称为序列号或账号，简称 ID)、图像存储方式等检索条件进行图像查询；提供图像转存功能，可以将专用 X 射线图像格式转存为 JPG、BMP、TIF、GIF(图片格式)等通用图像格式。

(3)危险品图像插入：危险品图像插入功能可以自动、随机在被检物品检查过程中插入虚拟的危险品图像，帮助训练和考核操作人员图像识别能力；危险品图像可以选择在被检物品图像之间插入虚拟包裹图像方式，也可以选择将虚拟危险品插入到被检物品图像中；高级管理人员可以指定插入危险品图像的类别和频率。

(4)用户管理：用户按照权限可以分为操作人员、管理人员和维修人员三类；系统管理人员可以新建、删除用户或修改用户信息；默认权限设置下，管理人员除具有操作人员权限外，还具备系统设置和管理权限；维修人员除操作人员权限外，还具备系统维护诊断权限；此外，用户权限还可以由管理人员根据使用要求进行增减；设备启动时可以选择用户登录方式或默认用户登录方式，默认用户登录方式无须输入用户名和密码即可直接登录 OIS 运行检查软件。

(5)日志管理：系统日志记录所有用户登录、注销、检查包裹数、图像标记数、危险品图像注入(threat image projection, TIP)功能考核及 X 光机出束时间等信息；根据用户 ID、时间范围等条件检索日志信息；日志提供按照天、周、月、季度等时间单位进行信息统计汇总功能，汇总信息可以通过 USB 存储设备导出。

(6)设备诊断：提供设备上电自诊断功能；提供 X 射线源高压、束流等主要指标的监测与诊断功能，并可以查询射线源累积上电及出束时间；提供探测器阵列测试诊断功能；提供专用键盘测试功能；提供胶带控制及红外光障测试诊断功能；提供设备通信测试功能。

2. 安检系统操作人员主要工作内容

(1)系统运行状态的设置、监视和控制。

(2)启动扫描，控制传送带的运转。

(3)辨别物品图像。

(4)发现嫌疑图像时，进行标记和实物检查。

(5)掌握运行检查站提供的所有检查方法。

(二)进站通道实名验证设备

进站验证设备(图 2-4-3)主要包括电子客票身份证＋刷脸认证检验或人工检验。有些车站进站时只进行安检，不进行实名验证，实名验证环节和进站检票环节合并用进站检票机实现自助验证检票。

“刷脸”进站所用的是人脸识别技术，这是基于人的脸部特征信息进行身份识别的一种生物识别技术。用摄像机或摄像头采集含有人脸的图像或视频流，并自动在图像中检测和跟踪人脸，进而对检测到的人脸进行识别的一系列相关技术，通常也叫作人像识别、面部识别。

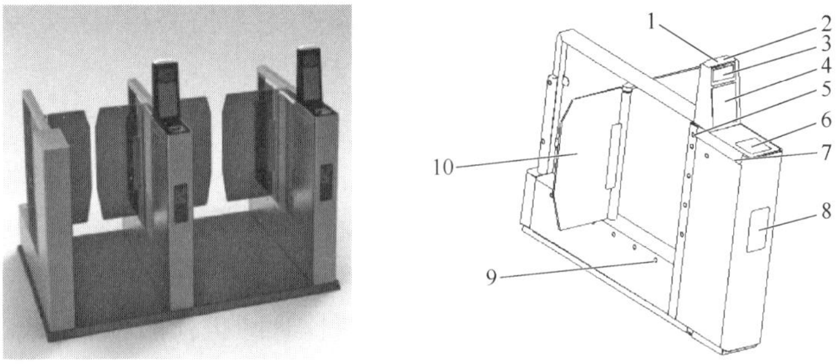

1—闸机顶部状态指示灯;2—人脸识别补光灯;3—人脸识别摄像头;4—验票信息液晶屏;
5—闸机遥控器红外信号收发窗口;6—二维条码扫描区;7—扬声器;8—通行指示灯;9—通行算法传感器;10—闸门。

图 2-4-3　进站验证设备

进站验证人、证、票三者一致,人脸识别技术识别人、证一致性,特大型、大型城市往往拥有多个高速铁路车站,会在验证时同时验证票的一致性,若验证遇到相关问题,可通过人工通道进行核验,大大缓解了客运人员工作量。图 2-4-4、图 2-4-5、图 2-4-6 为客运站实名验证实景、设备及进站刷脸设备。

图 2-4-4　客运站进站实名验证实景

图 2-4-5　客运站进站实名验证设备

(a)　(b)

图 2-4-6　客运站进站刷脸设备

(三)站内通道

站内通道起分配进站客流的站内平面和竖向交通枢纽的作用,通道两侧可设置问讯处、票务及其他服务台、乘客临时聚集等候场所等。站内通道要求宽敞明亮、视线通透,使旅客在心理上克服焦虑感,为旅客提供便捷、优质的服务。

(四)进站通道席位自助办理机

旅客席位自助办理机(图 2-4-7)设置在车站候车室区域,为持有银通卡、计次票等的旅客提供优质、便利、即时、准确的席位服务。

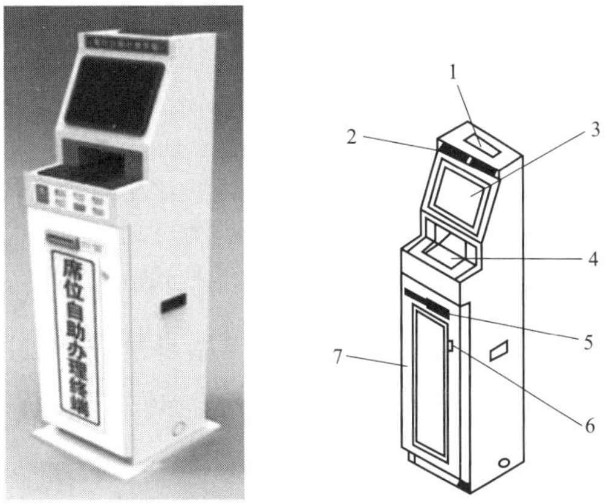

1—顶部状态指示灯;2—人脸图像采集摄像头(可选);3—旅客信息显示屏;4—多功能识读器;
5—凭条打印出口;6—机械门锁;7—前维护门。

图 2-4-7　旅客席位自助办理机

(五)检票设备

高速铁路车站进站通道检票采用自助检票为主,人工检票为辅的方式。

自助检票设备主要指旅客进出站作业使用的自动检票机。自动检票机(闸机)主要有电子客票门式检票机(图 2-4-8)、电子客票柱式检票机(图 2-4-9)等,设置在车站进出站检票口、实名制验证口等区域,为旅客提供便捷高效的进出站检票和验证服务。

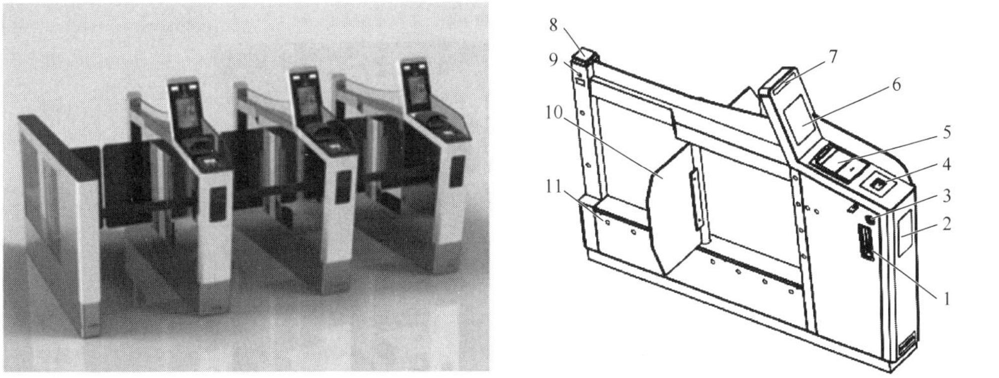

1—安全拉带;2—闸机导向屏;3—维护门锁;4—身份证读卡区和二维码扫描区;5—护照阅读区;6—检票信息、人脸核对液晶屏;
7—闸机状态灯、摄像头;8—闸机尾部状态灯;9—遥控器接收传感器;10—拍打门;11—通行算法传感器。

图 2-4-8　电子客票门式检票机

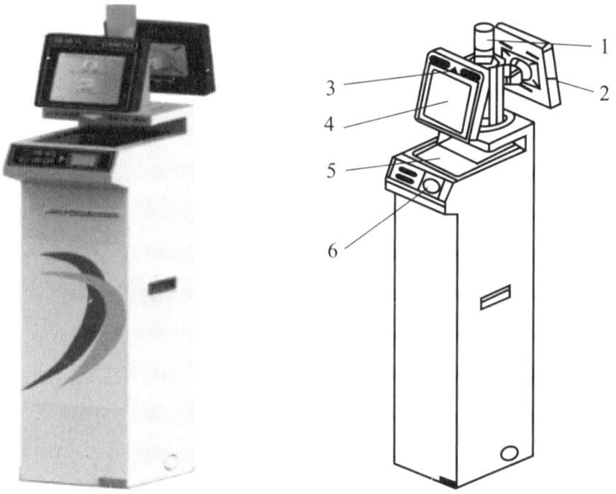

1—顶部状态指示；2—检票操作显示触摸屏；3—人脸图像采集摄像头；4—旅客信息显示触摸屏；5—多功能识读器；6—二维码识读模块。

图 2-4-9　电子客票柱式检票机

自动检票机支持右手持有效身份证件，放置于刷身份证处，对于进站或出站检票，根据检票日计划检查电子客票的有效性。如果检票通过，则记录检票存根。图 2-4-10 为自动检票机实景。

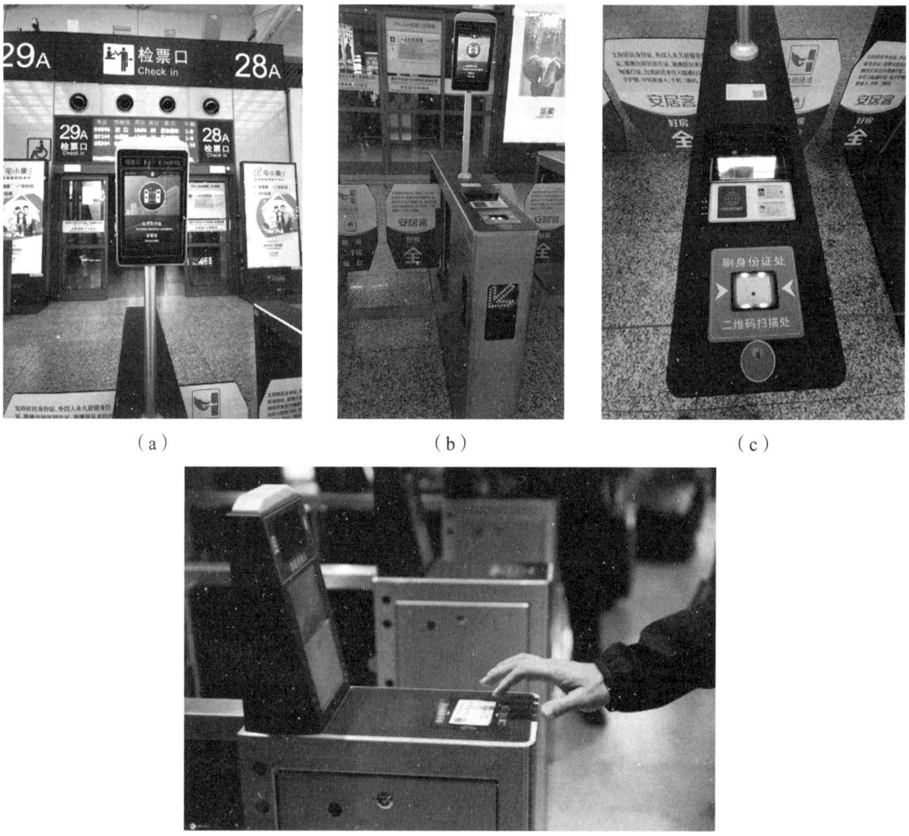

(a)　(b)　(c)

(d)

图 2-4-10　自动检票机实景

（六）站台、雨棚、跨线设备

站台空间是车站最重要、最富有感染力的空间，高速铁路特大型车站、大型车站和一些重要的车站应采用无站台柱雨棚覆盖，以适应旅客流线的发展趋势，体现“以人为本”的原则。同时各站台雨棚应设置站名牌、站台牌号、时钟、照明、扩音器等设备。

高速铁路车站的跨线设备包括天桥、地道和平过道，跨线设备的配置应根据车站类型和客流大小、客流性质及站台、站房及站前广场的相互位置等因素综合考虑，达到合理的流线组织和不同流线的相互独立。

（七）站内广播设备

广播设备（图 2-4-11）设置在车站售票厅、进出站厅、候车室、站台等区域，通过音频的形式，向旅客或相关工作人员播报服务信息和作业指令，在特定情况下实现紧急情况通报。

图 2-4-11　广播设备

（八）站内监控设备

监控设备（图 2-4-12）可分为枪型摄像机、飞碟摄像机、球型摄像机等，设置在车站售票厅、进出站口、候车室、站台等区域，运用多媒体技术、计算机网络技术和音视频处理技术实现对铁路车站公共区域的监控。

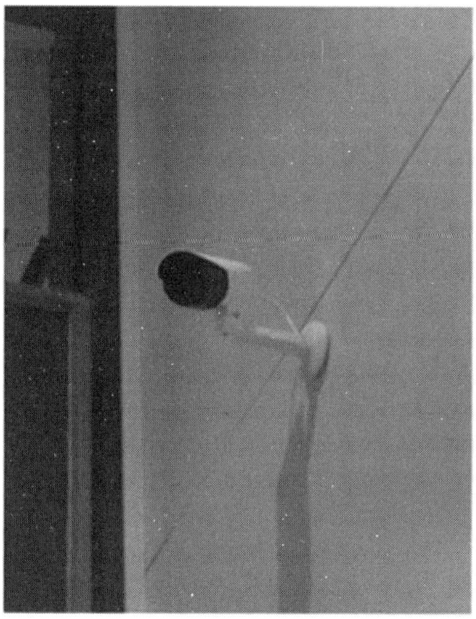

（a）枪型摄像机

（b）球型摄像机

图 2-4-12　监控设备

（九）站内时钟系统设备

时钟系统设备主要由车站二级母钟、NTP 网络时间服务器、各类子钟、传输通道及维护终端（图 2-4-13）组成。设置在车站售票厅、检票口、出站口、站台等区域，为旅客和工作人员提供实时、准确的时刻信息。

(十)出站通道

出站通道(图 2-4-14)是车站内人流最集中、方向最复杂的位置,车站应该在出站检票口设足够面积的旅客缓冲区域,加强旅客的通过性和导向性。

图 2-4-13　时钟系统终端

图 2-4-14　出站通道

(十一)楼扶梯与直升梯

楼扶梯是用于连通候车室、站台、出站口等旅客出行的重要场所,一般楼梯和扶梯均需设置,有些高速铁路车站除楼扶梯外,同时配备直升梯以缓解进站上车、出站等旅客聚集时的通道通行压力,同时帮助重点旅客进出站。一般将直升梯标识为无障碍电梯。图 2-4-15 为站台楼梯。

图 2-4-15　站台楼梯

二、车站乘降引导标识及载体设备

乘降引导标识及载体设备主要是指辅助车站乘降服务的引导标识设备,简称引导标识设备。引导标识设备是定向信息媒体牌,用于指示车站服务和交通方式,并使车站的信息指示一致,包括静态信息标识设备和动态信息显示屏。

(一)静态信息标识设备

静态信息标识设置在车站售票厅、进出站口、候车室、站台等区域,为旅客提供各种引导信息,使旅客在乘降组织过程中做出正确判断,快速、便捷地完成旅行活动。车站静态信息标识根据所承载信息内容的不同,分为站名标识、标识说明图、平面布置图、导向标识、定位标识、服务标识、警示标识、流程标识、非流程标识等。

1. 站名标识

站名标识以面向车站站前广场的站名大字为载体呈现(图 2-4-16),使旅客能够明确识别所处铁路车站名称,原则上设置在站房主体建筑顶部。

图 2-4-16 站名大字

2. 标识说明图

标识说明图是标示某场所使用的全部图形标识,并在其旁边给出中英文含义的一种综合标识图,如图 2-4-17 所示。

图 2-4-17 标识说明图

3. 平面布置图

平面布置图提供本站各层设备与设施布置位置图标,如图 2-4-18 所示。

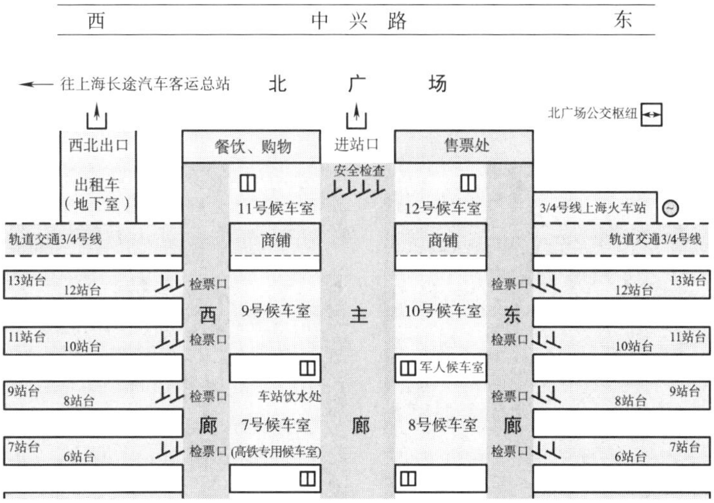

图 2-4-18 平面布置图

4. 导向标识

导向标识(图 2-4-19)为旅客到达各目的地行进路线中方向指引的标识,承载着引导旅客到达目的地的功能。

图 2-4-19　导向标识

导向标志是一个或多个图形符号与一个箭头结合所构成的标志,用以引导人们选择方向。图 2-4-20 为某站导向标志。

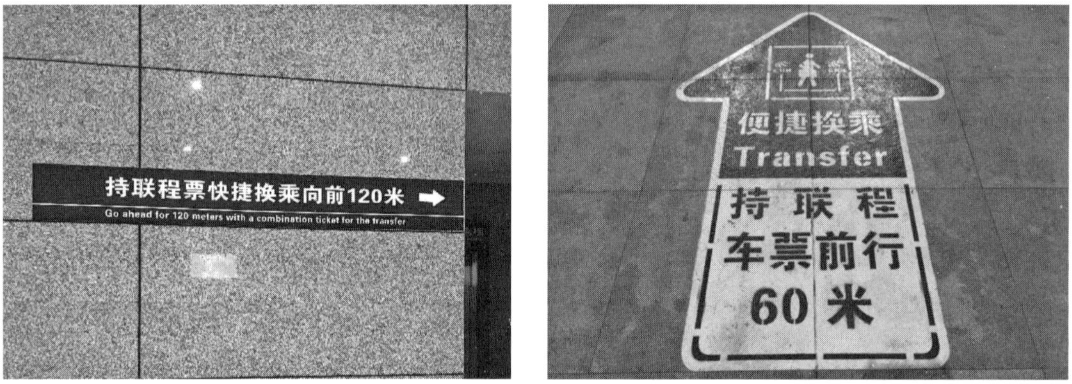

(a)　(b)

图 2-4-20　导向标志

综合导向标识是引导人们选择不同方向的服务或服务设施的导向标识,由多个符号与多个箭头组成,如图 2-4-21 所示。

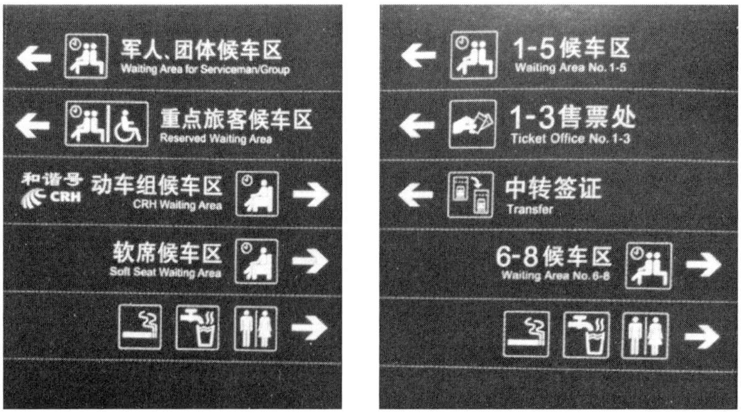

(a)　(b)

图 2-4-21　综合导向标识

5. 定位标识

定位标识(图 2-4-22、图 2-4-23)表示车站功能区域所在位置的名称标识，承载旅客目的地位置的告知信息，包括售票处、自动售票、进站口、检票口、公安值班室、客运值班室、出站口、补票处、卫生间、饮用水、无障碍电梯、综合服务台、站台车厢等。

图 2-4-22　定位标识(一)

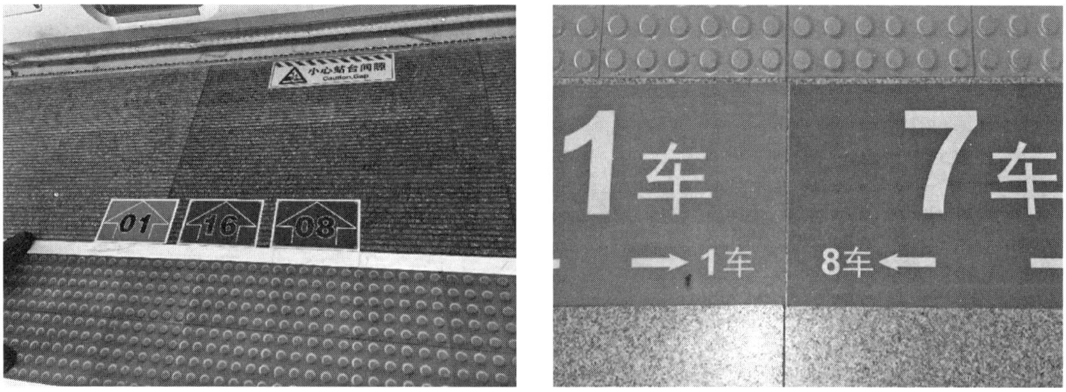

(a)　　(b)

图 2-4-23　定位标识(二)

6. 服务标识

服务标识为旅客提供车站信息服务的标识，使旅客能清晰地了解车站整体结构和功能布局，各类设备设施位置关系，使用流程和操作方法等，包括规章文电摘抄、购票须知、安全须知(图 2-4-24)、客运杂费收费标准、退改签规则、平面示意图(图 2-4-25)、功能布局图、街区道路图等。

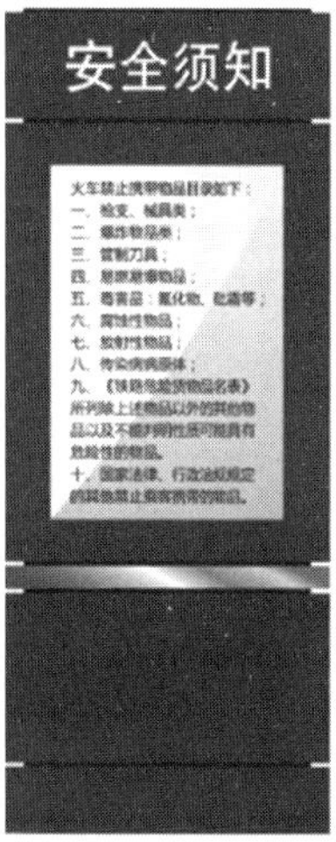

图 2-4-24　安全须知

7. 警示标识

警示标识(图 2-4-26)表示旅客行为应被禁止或提醒的标识，按照功能分为禁止和提示两种类型。禁止类标识是明确禁止旅客某种行为的标识，如禁止躺卧、禁止通行、禁止倚靠、禁止吸烟等。提示类标识是提示旅客需要注意的标识，如小心站台间隙、当心烫伤、当心滑倒、当心触电、当心碰头、当心夹手等。

8. 流程标识

流程标识是表示旅客乘车过程中需要经过的信息导向和定位标识，如到达、进站、问讯、售票、行李推车、安全检查、行李提取、行李查询、绿色通道、候车、贵宾候车室、站台等。

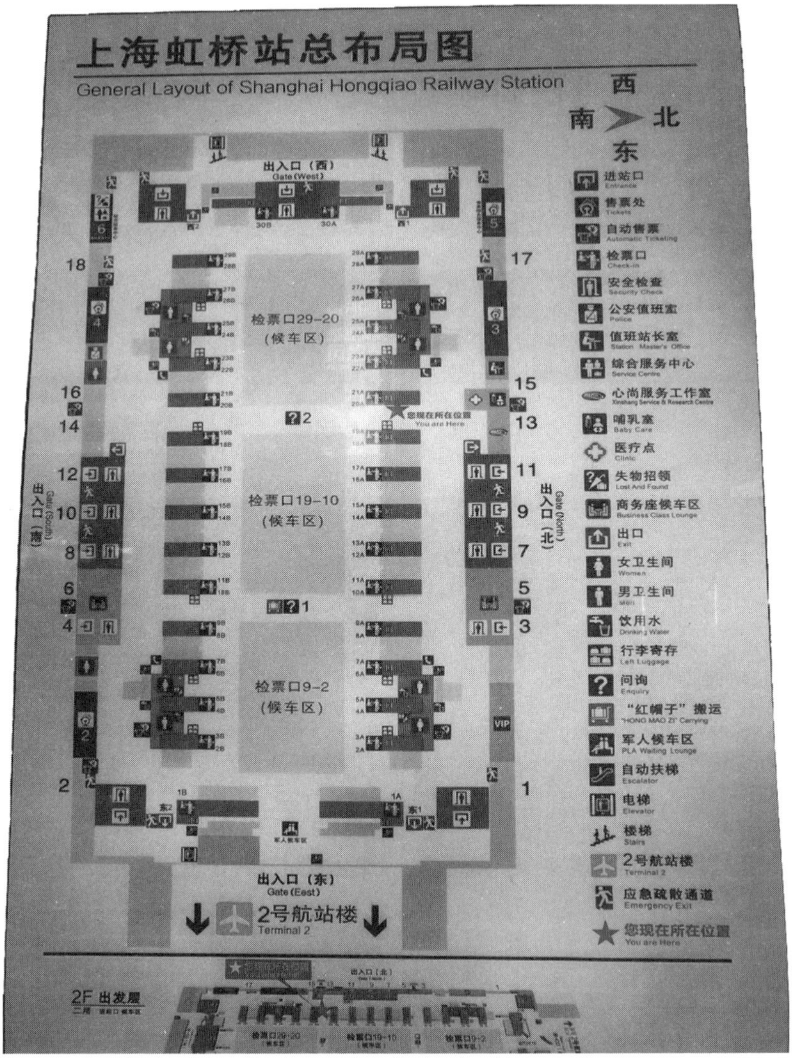

图 2-4-25　上海虹桥站平面示意图

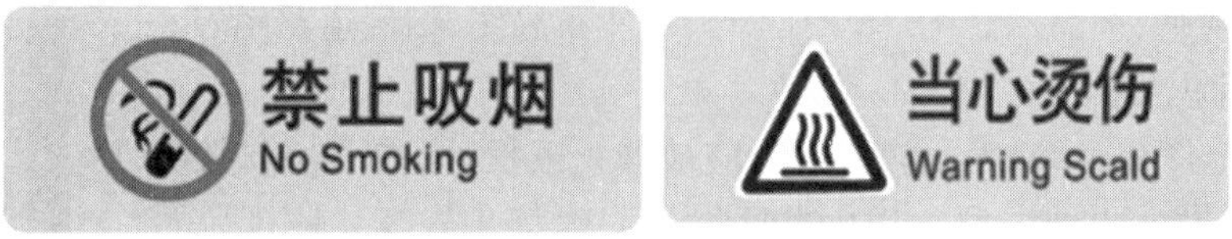

图 2-4-26　警示标识

9. 非流程标识

非流程标识是表示服务或服务设施的标识，如租车服务、地铁、停车场、急救、安全保卫、饮用水、邮政、电话、货币兑换、失物招领、快餐、酒吧等。

(二)动态信息显示屏

动态信息显示屏主要包含进站大屏(图 2-4-27)、售票屏、售票窗口屏、检票屏(图 2-4-28)、到发信息屏(图 2-4-29、图 2-4-30)、编组屏(图 2-4-31)、出站屏(图 2-4-32)、PDP 显示屏等，由旅客服务信息系统或铁路旅客管控平台对前端显示设备进行控制。动态信息显示屏设置在旅客进站、购票、候车、检票、乘车、出站等各个环节上，为旅客和工作人员提供及时、准确的导向信息服务。

图 2-4-27　进站大屏

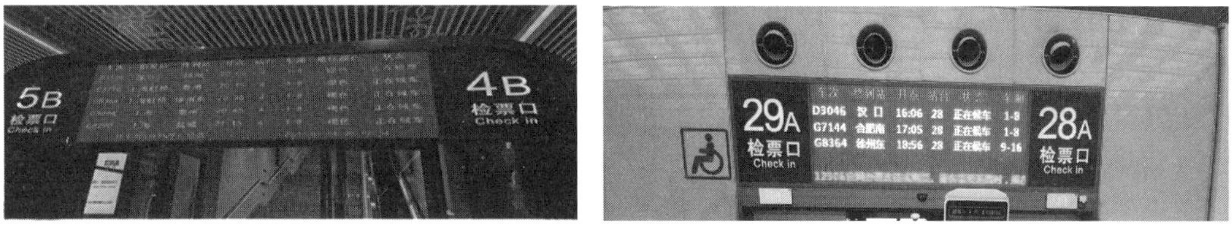

(a)　　　　(b)

图 2-4-28　检票屏

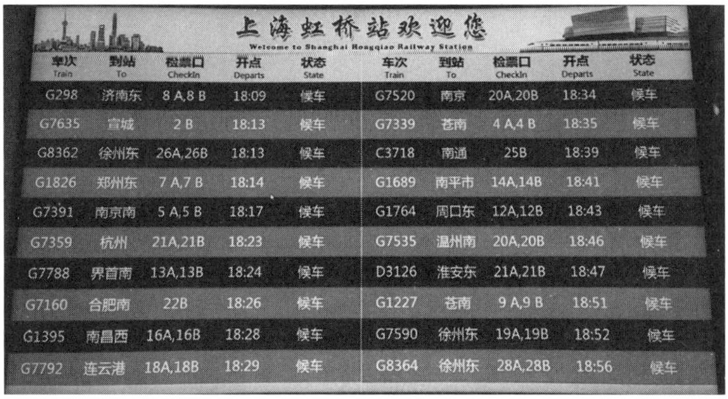

图 2-4-29　到发信息屏(候车室)

图 2-4-30　站台双面双翼到发信息屏

图 2-4-31　编组屏

图 2-4-32　出站屏

三、乘客信息系统(简称 PIS)

PIS 可在进站、购票、候车、检票、乘车、出站等各个环节为旅客和工作人员提供及时准确的信息服务。通过车站综合监控室控制前端显示设备,在指定的时间将指定的信息给指定的人群。

PIS 采用数字和视频显示、播控、编排、多媒体、计算机、网络、数据库和接口等技术从集成管理平台获取播出计划和相关信息,以车站综合监控室为核心,在不同地点的 LED/LCD/PDP 显示屏、到发通告终端上显示动态文字和视频信息。

PIS 由应用服务器、数据服务器、控制器、维护终端、各类显示屏和到发通告终端等设备组成。图 2-4-33 所示为某站 LED/LCD 系统结构示意,图 2-4-34 所示为北京南站 PDP 结构示意。

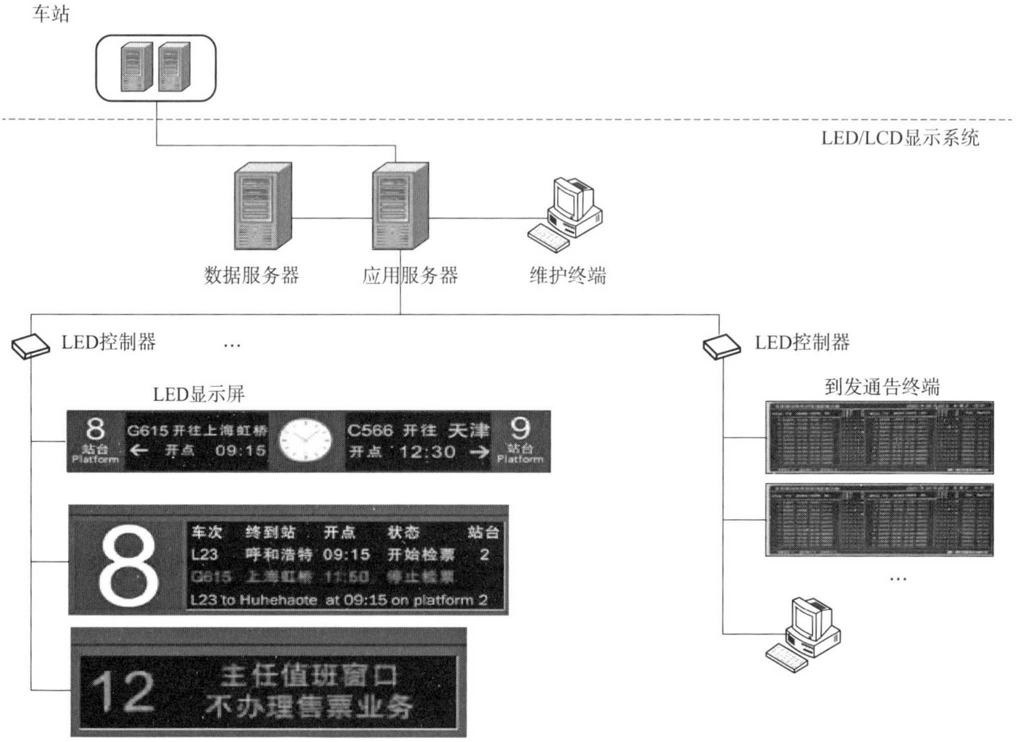

图 2-4-33　LED/LCD 系统结构示意

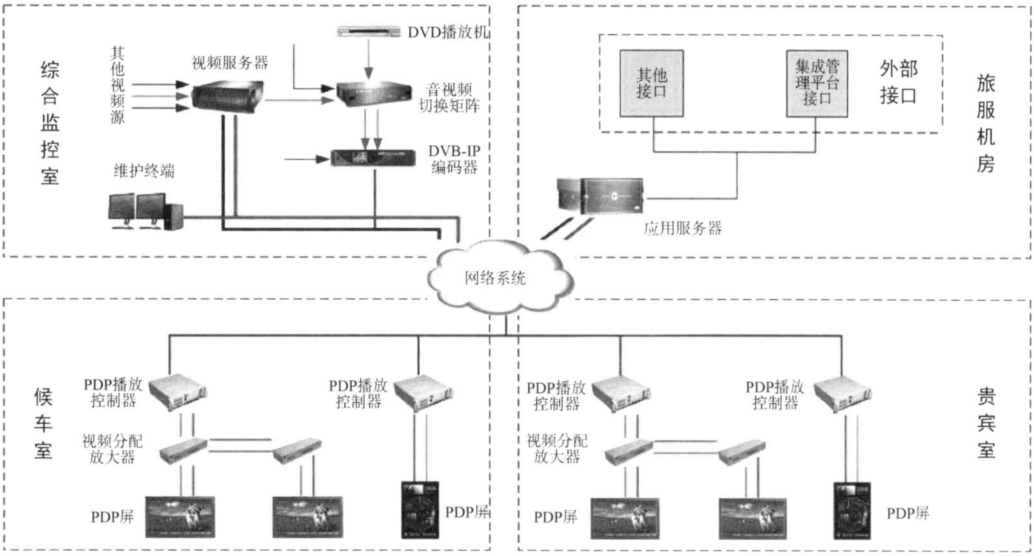

图 2-4-34　PDP 结构示意(以北京南站为例)

显示屏结构包括边框、玻璃、显示板、灯箱等。图 2-4-35 所示为显示屏结构。

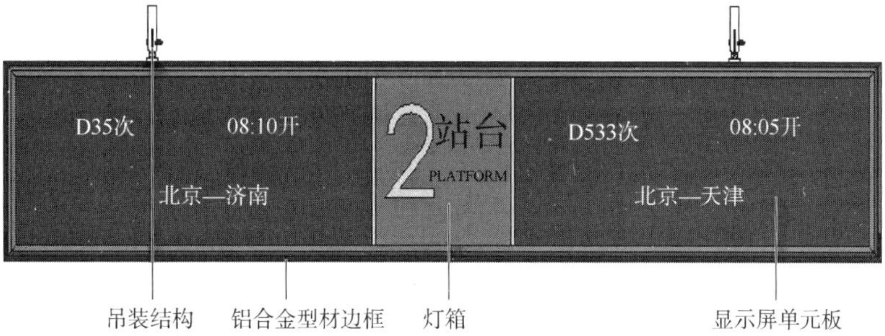

图 2-4-35　显示屏结构

任务训练

一、任务目标与实施

学完本部分知识,应能够掌握高速铁路车站乘降服务设备与设施的主要构成及设置。可分组讨论各种乘降服务设备与设施不同设置的优缺点,然后总结。有实物条件的,可以进行实际操作。

二、训练建议

本任务训练,建议教师理论部分采用课件,实物部分采用图片和视频教学,提高学生理论联系实际的能力。

典型工作任务五　掌握高速铁路车站候车服务设备与设施的使用

任务引入

高速铁路车站候车室是旅客等候进站乘车的主要场所,熟练掌握候车服务设备与设施的使用,是提高服务质量的保障,是高速铁路车站客运岗位职工及管理人员必须掌握的知识。

请思考:

高速铁路车站有哪些候车服务设备与设施?

知识准备

高速铁路车站候车服务设备与设施主要指车站为向旅客提供旅行生活服务,旅行业务办理服务,餐饮、购物、娱乐服务等配备的设备与设施。

一、旅行生活服务设备与设施

车站候车室旅行生活服务设备与设施包括饮水处、卫生间、餐饮、购物、娱乐、行李寄存等设备与设施。

1. 饮水处

候车室配备电开水器,有加热、保温标志,水质符合国家标准要求。可开启式箱盖的电开水器加锁,箱盖与箱体无间隙。图 2-5-1 为车站候车室饮水处实景图。

图 2-5-1　车站候车室饮水处

2. 卫生间

候车室、出站口等设置卫生间,配置适量厕位,有通风换气和洗手池、干手器等盥洗设备,厕位间设置挂钩。

3. 旅行餐饮及购物设备与设施

旅行餐饮及购物设备与设施是为了满足旅客在旅行中餐饮和购物需求而设置的小型设备与设施,主要为旅客提供吃、喝、旅行用品服务,一般包括设置在车站核心区和衔接区的小食店、快餐店、小型超市、书报亭、特色专卖店、自动售货机等。

车站餐饮及购物服务设备与设施的规模要与客流大小、旅客消费水平相适应,避免盲目加大规模,防止出现经营效益低和过多吸引市民进入车站增加其拥挤度的情况。

4. 旅行娱乐及休息设备与设施

旅行娱乐及休息设备与设施是为消除旅客旅途疲劳,使旅客身心放松,恢复体力与精力而设立的设备与设施,包括阅览室、小影院、游艺厅、时间制的旅客休息室等。

旅行娱乐及休息的场所,环境应健康、舒适、宜人,这样才能使旅客得到充分的放松。健康、舒适、宜人的环境要具备三个要素：一是要有适宜的室内温度与湿度；二是尽可能多地获得自然采光；三是最大限度地获得自然通风。

5. 行李寄存设备

(1)旅客行李寄存处(图 2-5-2)是专门为旅客临时保管物品的处所，并配备一定数量和型号的寄存箱，通常有联控自动、半自动或人工三种控制管理方式。

图 2-5-2　行李寄存处

(2)在配置旅客行李寄存处时，一定要通过实际调查定量分析旅客的总体需求、寄存物品重量(或体积)及寄存时间等情况来确定配备寄存箱数量、型号及不同型号的比重。另外，应设置便于易燃、易爆、危险品检查的空间。

(3)寄存系统采用钱币识别、控制、计算机、网络和接口技术实现旅客自助寄存功能。集成管理平台通过接口对寄存设备进行远程监控。

(4)寄存系统由维护管理终端、自助寄存主柜和寄存附柜组成。附柜通过控制电缆连接到主柜上，主柜分别接入附近配线间的网络交换机上，由设置在旅服主机房的维护管理终端统一管理。图 2-5-3、图 2-5-4 所示为寄存系统组成，图 2-5-5 所示为寄存柜主柜示意。

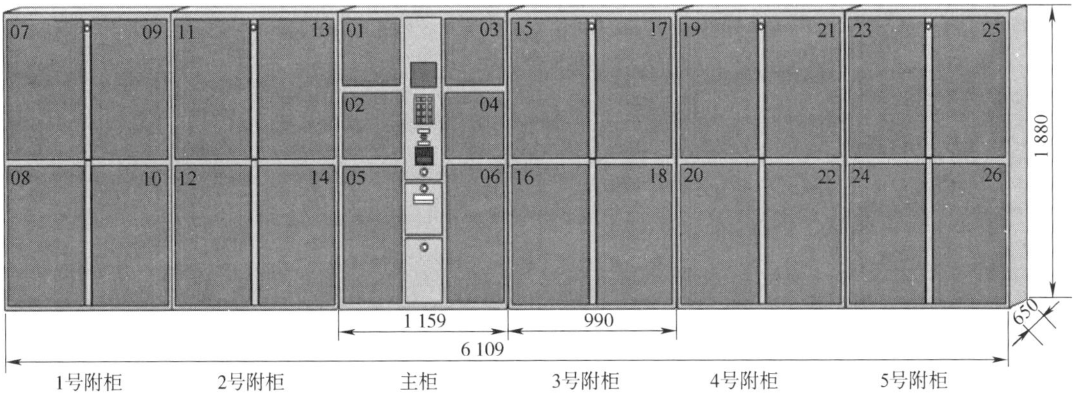

图 2-5-3　寄存系统组成(一)(单位：mm)

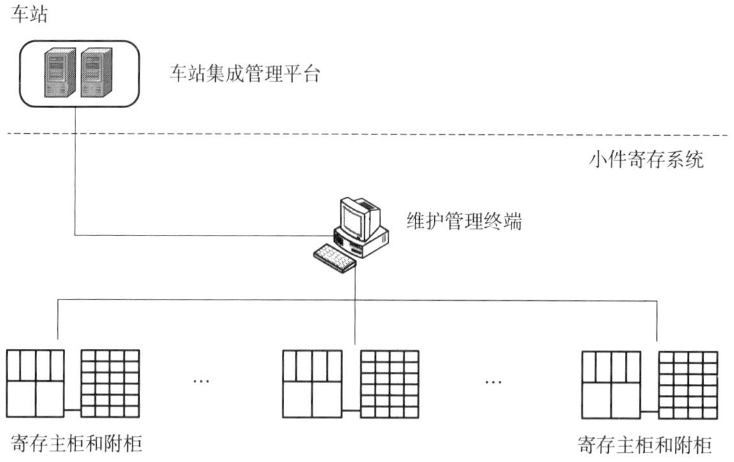

图 2-5-4　寄存系统组成（二）

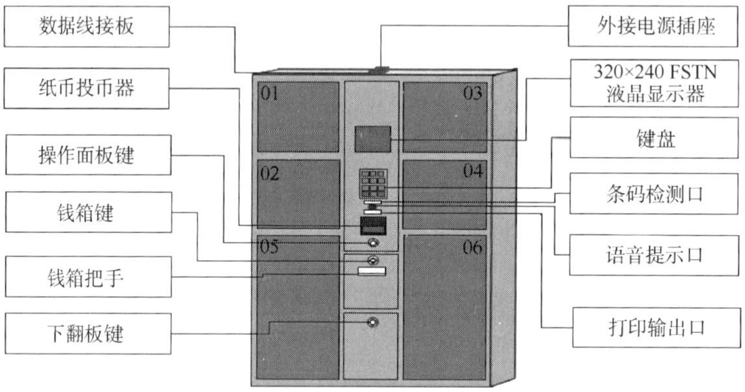

图 2-5-5　寄存柜主柜示意

（5）系统主要功能。

①监控管理：主控服务、柜箱状态、实时巡检。

②寄存管理：出租查询、交易查询、寄存柜校时、寄存柜锁定、报警冻结、开箱清箱、寄存系统锁定/解锁。

③报表查询：报表打印、日志查询、报警查询。

④系统设置：计费设置、参数设置、柜箱设置、寄存柜地址分配、下发计费方案、IP 地址修改、操作员设定、密码修改、数据备份/恢复。

二、候车服务设备与设施

车站服务设备与设施包括候车座椅、服务台、综合服务中心、应急求助、自助查询等设备。

1. 候车座椅

候车室应配备适量座椅，摆放整齐，不影响旅客通行。

2. 服务台

服务台设置在候车区域内或进出站口处，为旅客提供求助服务、应急改签、咨询服务、投诉建议及“铁路畅行”会员服务。一般高速铁路大型车站宜设置岛式服务台，其他车站可根据条件设置岛式、半岛式、嵌入式等形式服务台。

3. 综合服务中心

人工售票厅设置敞开式售票窗口，设售票、退票、改签等窗口，窗口上方吊挂信息显示屏；面向旅客设置对外显示屏、密码键盘等。综合服务中心布局如图 2-5-6 所示。

图 2-5-6　综合服务中心布局

4. 应急求助设备

应急求助设备(图 2-5-7)设置在车站售票厅、进出站口、候车室、站台等区域，旅客可使用求助终端设备远程获得车站工作人员帮助。

5. 自助查询设备

自助查询设备(图 2-5-8)设置在车站售票厅、进出站口、候车室等区域，为旅客提供列车、票价、席位、服务设施、站区环境等相关信息查询服务。

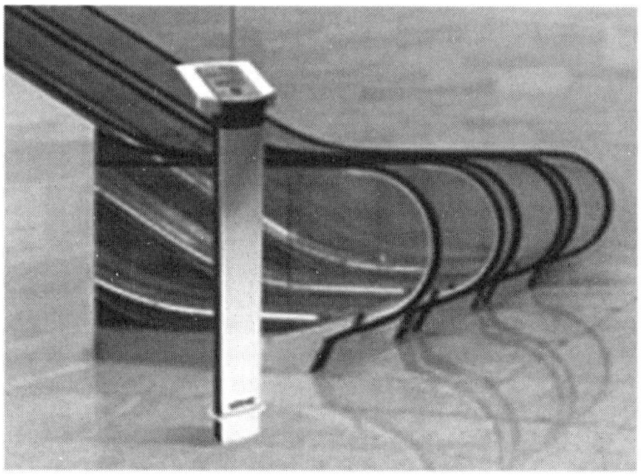

图 2-5-7　应急求助设备

图 2-5-8　自助查询设备

任务训练

一、任务目标与实施

学完本部分知识,应能够掌握高速铁路车站候车服务设备与设施主要构成。可分组讨论各种候车服务设备与设施的主要功能,然后总结。有实物设备与设施的,可进行实操练习使用。

二、训练建议

本任务训练,建议教师理论部分采用课件、实物部分采用大量图片或视频教学,提高学生理论联系实际的能力。

典型工作任务六　掌握高速铁路车站特需服务设备与设施的使用

任务引入

高速铁路车站特需服务设备与设施是铁路车站客运服务文明化的标志,使用这些设备与设施的人员往往需要特别照顾,因此掌握车站特需服务设备与设施的使用方法是提高服务质量的保障,是高速铁路车站客运岗位职工及管理人员必须掌握的技能。通过本任务的学习,应掌握高速铁路车站特需服务设备与设施的主要构成及使用方法。

请思考:

高速铁路车站有哪些"无障碍"服务设备与设施?

知识准备

高速铁路车站特需服务设备与设施主要指车站为特需旅客提供服务而配备的设备与设施,主要包括为重点旅客提供的设备与设施、为 VIP 旅客提供的设备与设施,以及无障碍通道设备与设施等。

一、重点旅客特需设备与设施

高速铁路车站应该向重点旅客提供无障碍的物质环境、信息和交流环境设备与设施。物质环境设施、设备是指为方便重点旅客通行和使用,在规划、设计、建设时配备的设施、设备,如盲道、坡道、扶梯、直升电梯、音响指示器、盲文指示牌、无障碍卫生间等。信息和交流环境设备与设施是指为视障人士、听障人士和言语障碍者的旅行方便而配备的设备与设施,如电子显示屏幕、广播、电视、盲人有声读物装置等。图 2-6-1 所示为某站的爱心服务区,图 2-6-2 所示为某站母婴候车室。

图 2-6-1　爱心服务区

图 2-6-2　母婴候车室

另外，车站还应该充分考虑重点旅客的特殊需求，提供一些更能体现人文关怀的服务设备与设施，如为方便他们购票、候车，设置无障碍购票窗口、专门的候车室（如母婴候车室）等，为残障旅客提供轮椅、担架、助听器、专用电话，为携带婴幼儿旅客提供婴儿手推车、儿童游乐区及玩具等服务设备与设施。

德育天地

“158”精神闪耀车站

在南京站，有一个特殊的存在 ——“158” 雷锋服务站，其名取自 “义务帮” 的谐音。多年来，它宛如一盏明灯，照亮旅客的出行之路。1968 年，南京站建站伊始，客运员李慧娟积极响应 “向雷锋同志学习” 的号召，带头成立党员学雷锋小组。当时，站内条件有限，旅客出行多有不便，手工搬运行李、人工售票等烦琐流程，让旅客们疲惫不堪。李慧娟看在眼里，急在心中，她主动提出 “上班早到一小时、下班晚走一小时”，带领小组成员利用业余时间，义务帮助旅客运送行李、购买车票、缝补衣物。他们用肩扛手提的方式，为旅客解决一个又一个难题，开启了南京站学雷锋服务的先河，也让“158”精神的种子悄然种下。

时光流转至 1986 年，孙燕光面对日益增多的旅客，尤其是那些年迈、行走不便的人群，她自制了一辆平板车，车上贴着雷锋头像，从此，这辆 “雷锋车” 穿梭在车站的各个角落，帮助无数旅客搬运行李，送站上车。“雷锋车”一推就是 39 年，孙燕光用这看似简单的举动，将“158” 精神不断传承发扬，展现出对旅客如亲人般的关怀与担当。

2000 年，“158”雷锋服务站正式成立，施凤英接过服务的接力棒，成为第三代领头人。在她的带领下，“158”服务站的成员们不断提升服务技能，形成了“五到位”“五帮助”“五免费”“五感受”“五字亲情服务”的 “五五工作法”，让“158” 精神在新时代绽放出更加耀眼的光芒。

从学雷锋小组到“158”雷锋服务站，一代代铁路人在南京站这个舞台上，用坚守、奉献与创新，践行着 “敬业爱岗甘当螺丝钉，无私奉献甘当践行者，温暖社会甘当一团火”的“158”精神。他们的事迹，或许没有惊天动地的壮举，却如涓涓细流，汇聚成铁路服务的温暖海洋，让每一位旅客在出行途中都能感受到家一般的关怀，也让“158” 精神成为铁路服务领域熠熠生辉的精神旗帜。

二、VIP 旅客特需设备与设施

高速铁路车站应该向 VIP 旅客提供快速通道及舒适、完备的服务环境和条件。在站内设置绿色通道,方便旅客快速地直接进入贵宾休息室;为方便 VIP 旅客购票,在站内适当的位置设置专门的售票窗口(或售票处);为给 VIP 旅客创造良好的候车环境和完备的条件,在站内设置贵宾休息室并配备高档沙发、自动擦鞋机、各式各样的报纸刊物、精美的餐饮、个人专用衣架、国内直拨和传真电话等服务设备与设施。图 2-6-3、图 2-6-4 所示为某站的贵宾候车区。

图 2-6-3　贵宾候车区(一)

图 2-6-4　贵宾候车区(二)

三、无障碍通道设备与设施

国家标准《无障碍设计规范》(GB 50763—2012)对无障碍通道的定义是,在坡度、宽度、高度、地面材质、扶手形式等方面方便行动障碍者通行的通道。涉及的设备设施有缘石坡道、盲道、行进盲道、提示盲道、无障碍出入口、平坡出入口、轮椅坡道、无障碍通道、无障碍楼梯、无障碍电梯、升降平台、安全抓杆等。铁路在符合国家标准的基础上,在《铁路旅客车站设计规范》(TB 10100—2018)中制定了符合行业的有关无障碍设计的规定,以确保有无障碍通行需求的人能够安全地、方便地使用各种设施。图 2-6-5为某车站无障碍通道实景图。

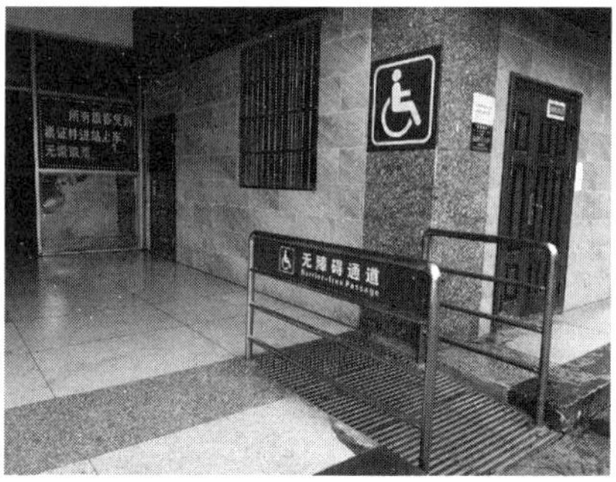

图 2-6-5　某车站无障碍通道

1. 缘石坡道

缘石坡道是位于人行道口或人行横道两端,为了避免人行道路缘石带来的通行障碍,方便行人进入人行道的一种坡道。图 2-6-6 为缘石坡道实景图。

图 2-6-6　缘石坡道

2. 盲道

盲道是在人行道上或其他场所铺设的一种固定形态的地面砖，使视觉障碍者产生盲杖触觉及脚感，引导视觉障碍者向前行走和辨别方向以到达目的地的通道，有行进盲道和提示盲道。

行进盲道（图 2-6-7、图 2-6-8）表面呈条状形、使视觉障碍者通过盲杖触觉和脚感，指引视觉障碍者可直接向正前方继续行走。

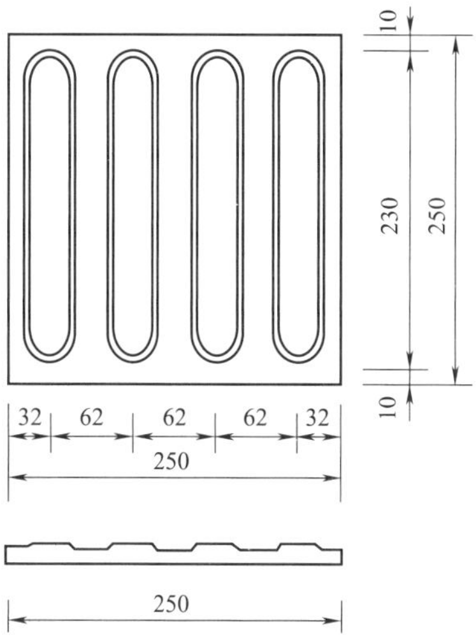

图 2-6-7　行进盲道技术要求（单位：mm）

图 2-6-8　车站内行进盲道

提示盲道（图 2-6-9、图 2-6-10）表面呈圆点形，用在盲道的起点处、拐弯处、终点处和表示服务设施的位置，以及提示视觉障碍者前方将有不安全或危险状态等，具有提醒注意作用。

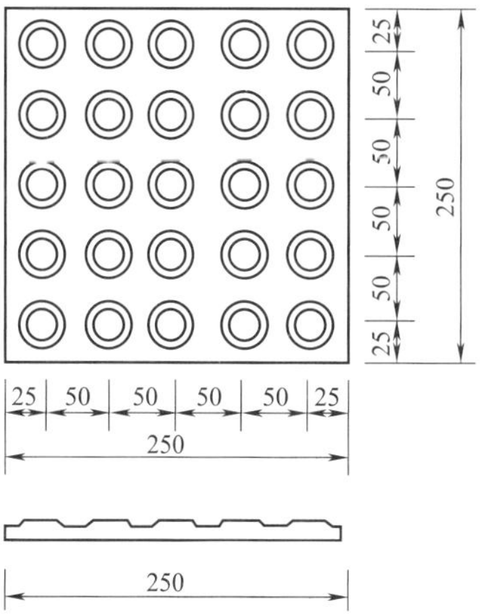

图 2-6-9　提示盲道技术要求（单位：mm）

图 2-6-10　车站内提示盲道

3. 无障碍出入口

无障碍出入口是在坡度、宽度、高度上，以及地面材质、扶手形式等方面方便行动障碍者通行的出入口。出入口的地面应平整、防滑。无障碍出入口主要有平坡出入口。

平坡出入口地面坡度不大于 1∶20，且不设扶手，是人们在通行中最为便捷的无障碍出入口。该出入口不仅方便了各种行动不便的人群，同时也给其他人带来了便利，在工程中，特别是在大型公共建筑中优先选用。

4. 轮椅坡道

轮椅坡道是在坡度、宽度、高度、地面材质、扶手形式等方面方便乘轮椅者通行的坡道。轮椅坡道的坡面应平整、防滑、无反光。轮椅在进入坡道之前和行驶完坡道,进行一段水平行驶,能使乘轮椅者先将轮椅调整好,这样更加安全。轮椅中途要调转角度继续行驶时同样需要有一段水平行驶。

5. 无障碍楼梯

无障碍楼梯是在楼梯形式、宽度、踏步、地面材质、扶手形式等方面方便行动及视觉障碍者使用的楼梯。

6. 无障碍电梯

无障碍电梯是适合行动障碍者和视觉障碍者进出和使用的电梯。图 2-6-11、图 2-6-12 为车站内无障碍电梯实景图。

图 2-6-11　车站进站无障碍电梯

图 2-6-12　车站站台无障碍电梯

7. 升降平台

升降平台(图 2-6-13)是方便乘轮椅者进行垂直或斜向通行的设施。

8. 安全抓杆

安全抓杆(图 2-6-14)是在无障碍厕位、厕所、浴间内,方便行动障碍者安全移动和支撑的一种设施。

图 2-6-13　升降平台

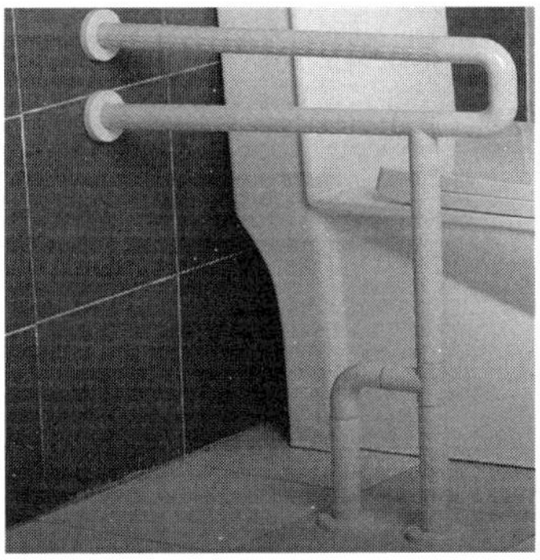

图 2-6-14　安全抓杆

任务训练

一、任务目标与实施

学完本部分知识，应能够掌握高速铁路车站特需服务设备与设施的主要构成。可分组讨论各种特需服务设备与设施的主要功能，然后总结。有实物设备、设施的，可进行实操练习使用。

二、训练建议

本任务训练建议教师理论部分采用课件、实物部分采用大量图片或视频教学，提高学生理论联系实际的能力。

复习思考题

1. 铁路客运站的基础设施主要有哪些？
2. 高速铁路车站的分类有哪些？
3. 高速铁路车站主要设备与设施有哪些？
4. 高速铁路车站为旅客提供的服务设备与设施有哪些？
5. 自助售退票设备主要有哪些？
6. 车站旅客乘降通道设备与设施有哪些？
7. 车站静态信息标识设备有哪些？
8. 车站候车室旅行生活服务设备与设施主要有哪些？
9. 车站动态信息显示屏有哪些？
10. 车站候车作业设备与设施主要有哪些？
11. 国家标准对无障碍通道的定义是什么？
12. 无障碍通道涉及的设备与设施主要有哪些？
13. 行进盲道和提示盲道有什么区别？

项目三 “和谐号”动车组列车设备与设施的认知与使用

学习目标

1. 知识目标

• 了解“和谐号”动车组列车的基本知识

• 掌握 CRH1 型动车组列车设备与设施的构成

• 掌握 CRH2 型动车组列车设备与设施的构成

• 掌握 CRH3 型动车组列车设备与设施的构成

• 掌握 CRH5 型动车组列车设备与设施的构成

• 掌握 CRH380A 型动车组列车设备与设施的构成

• 掌握 CRH2 型长编组卧车列车设备与设施的构成

• 掌握 CRH2E 型纵向卧铺动车组列车设备与设施的构成

• 掌握“和谐号”动车组列车安全应急设备与设施的构成

2. 能力目标

• 掌握 CRH1 型动车组列车设备与设施的使用方法

• 掌握 CRH2 型动车组列车设备与设施的使用方法

• 掌握 CRH3 型动车组列车设备与设施的使用方法

• 掌握 CRH5 型动车组列车设备与设施的使用方法

• 掌握 CRH380A 型动车组列车设备与设施的使用方法

• 掌握 CRH2 型长编组卧车列车设备与设施的使用方法

• 掌握 CRH2E 型纵向卧铺动车组列车设备与设施的使用方法

• 掌握“和谐号”动车组列车安全应急设备与设施的使用方法

3. 素质目标

• 具备乘坐高速动车组列车旅行时主动收集、学习动车组列车设备与设施的使用方法的意识

• 具备举一反三的知识迁移能力

典型工作任务一 “和谐号”动车组列车基本知识的认知

任务引入

高速铁路客运服务专业学生有必要了解我国各阶段的典型型号动车组列车及其技术特点。通过学习，掌握动车组列车的基本概念、分类及组成。熟悉我国动车组列车型号编排规则，形成对动车组列车的宏观认识，为后续章节的学习奠定基础。

请思考：

动车组列车的基本知识有哪些？

知识准备

动车组列车由动车(有动力)和拖车(无动力)组成，自带动力、固定编组、两端均可操纵驾驶。

一、动车组列车的分类

动车组列车的分类方式主要有三种：按动力配置方式分类、按牵引动力类型分类和按转向架连接方式分类。

1. 按动力配置方式分类

按照动力配置方式，可将动车组列车分为动力分散动车组列车和动力集中动车组列车。

(1)动力分散动车组列车：指动力设备分散布置在若干车辆上，并且每辆车均能载客的动车组列车，如我国的CRH1、CRH2、CRH3、CRH5、CR400、CR300型动车组列车等。

(2)动力集中动车组列车：指将列车的动力设备集中在列车的一端或两端车辆上且动力车辆不载客的动车组列车，如我国的CR200J型动车组列车。

2. 按牵引动力类型分类

按照牵引动力类型，可将动车组列车分为电动车组列车、内燃动车组列车、混合动力动车组列车。

(1)电动车组列车：指以电力为动力源的动车组列车，通常是在电气化铁路上运行。由于电力牵引具有牵引功率大、轴重轻、经济性好、利于环保等优点，因此，从世界各国高速铁路的发展状况来看，80%以上的高速动车组列车都是采用电力牵引。

(2)内燃动车组列车：指以内燃机为动力源的动车组列车。根据内燃机的种类，可分为柴油动车组列车和燃气轮动车组列车。我国铁路内燃动车组列车绝大多数是柴油动车组列车。内燃动车组列车因其运用线路投资少、见效快等优点，常用于尚未电气化的铁路区段。

(3)混合动力动车组列车：指以多种动力驱动的动车组列车，如油电混合型(内燃机+接触网电能或者内燃机+动力蓄电池)、电电混合型(接触网电能+动力蓄电池)等，可实现电气化和非电气化铁路间跨线运行,为旅客出行提供方便。

3. 按转向架连接方式分类

按照转向架连接方式,可将动车组列车分为独立式动车组列车和铰接式动车组列车。

(1)独立式动车组列车:指传统的转向架与车体的连接方式,每节车厢的车体都由两台转向架支撑,车辆与车辆之间通过车端连接装置相连接,动车组列车解编后车辆可独立行走。

(2)铰接式动车组列车:指动车组列车车体与车体之间用弹性铰相连接,在两个车体连接处共用一台转向架,因此每节车辆不能从动车组列车中解编下来独立行走。

二、动车组列车的构成

动车组列车通常包括车体、转向架、高压牵引系统、制动系统、网络系统、辅助供电系统、驾驶设施、车内设备等功能组成部分,如图 3-1-1 所示。

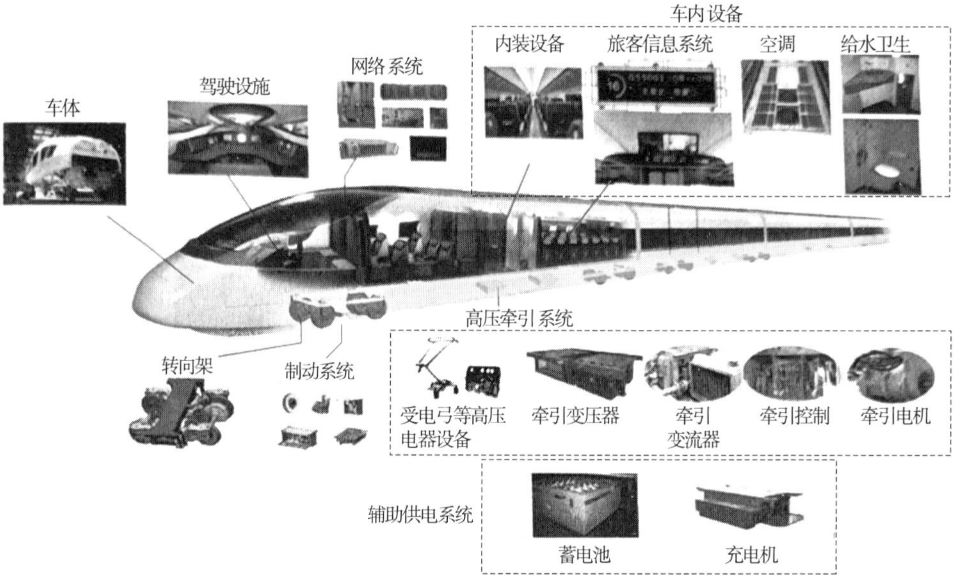

图 3-1-1　动车组列车的构成

(1)车体分为带司机室车体和不带司机室车体两种,是容纳旅客和司机驾驶的地方,同时也是安装与连接其他设备和部件的基础。车体多采用铝合金或不锈钢材料,车体前端的自动车钩具有重联和救援功能。

(2)转向架可分为动力转向架和非动力转向架。转向架处于车体和轨道之间,用来牵引和引导车辆沿轨道行驶,同时承受和传递来自车体及线路的各种载荷,缓和冲击和振动。

(3)高压牵引系统为动车组列车提供牵引动力,一般包括受电弓、主断路器、其他高压设备、牵引变压器、牵引变流器、牵引电机、齿轮箱等。

(4)制动系统是保证列车减速或准确停车及安全运行所必需的系统,主要有再生制动和空气制动两种形式,通常采用电空复合制动模式,一般包括供风装置、基础制动装置、制动控制装置等。

(5)网络系统主要负责对动车组列车牵引、制动、转向架、辅助供电、车门、空调等系统的控制、监视和诊断,主要由列车总线、车辆总线、中央控制单元等设备组成。

(6)辅助供电系统是为动车组列车辅助负载设备提供电能的系统,一般由辅助变流器、蓄电池、充电机等组成。

(7)驾驶设施是动车组列车司机操纵控制动车组列车的区域及其设备,包括司机操纵台、座椅、雨刮器、外部照明等。

(8)车内设备是指服务于旅客的车内附属装置,包括旅客信息系统、给水卫生、空调、采暖、照明、车窗、车门、座椅、行李架等设备和系统。

三、我国“和谐号”动车组列车车型介绍

我国“和谐号”动车组列车制造情况见表 3-1-1。

表 3-1-1 我国“和谐号”动车组列车制造情况

动车组列车类型	国内制造商
CRH1	青岛四方庞巴迪铁路运输设备有限公司(以下简称 BST)
CRH2	中车青岛四方机车车辆股份有限公司(以下简称四方股份)
CRH3	中车唐山机车车辆有限公司(以下简称唐厂)
CRH5	中车长春轨道客车股份有限公司(以下简称长客)

1. CRH1 型动车组列车

CRH1 型动车组列车先后生产了一系列车型,用不同的标记进行区分。

第一代 CRH1 型动车组列车由 8 辆车组成,其中 5 辆动车 3 辆拖车;首尾车辆设有司机室,可双向驾驶,编成后结构如图 3-1-2 所示,命名为 CRH1A。后来在 CRH1A 的基础上生产了 16 辆编组的 CRH1B,提高运能。再后来生产的 CRH1E 为 16 辆编组卧铺型。

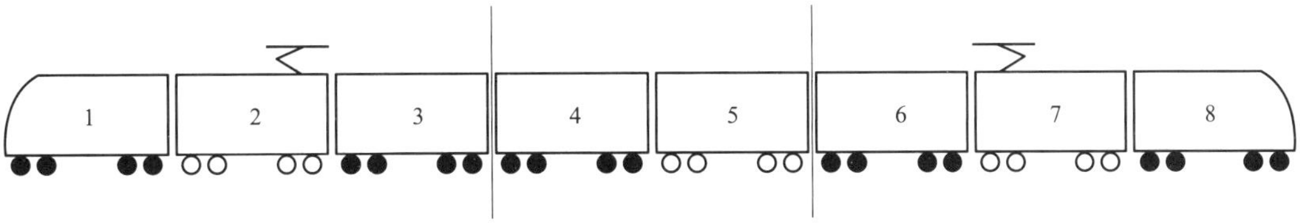

图 3-1-2 CRH1A 型动车组列车编组结构

图 3-1-2 中,1、3、4、6、8 节为动车,2、5、7 节为拖车,两列动车组列车可连挂运行。

(1)CRH1A 型动车组列车(图 3-1-3)。

图 3-1-3 CRH1A 型动车组列车

制造厂商:BST。

性能指标:最高运营速度为 200 km/h、250 km/h(不同批次列车最高运营速度不一样);最高试验速度为 275 km/h。

编组:8 辆。

动拖比:5 动 3 拖。

轴重:不大于 16 t。

车身宽度:3 388 mm。

编组总长度:213 500 mm。

牵引功率:5 300 kW。

CRH1A 型动车组列车头车长度为 26.95 m,中间车长度为 26.6 m,总长 213.5 m,车体宽度为 3.328 m,车体高度为 4.04 m。编组总重 420.4 t。

CRH1A 型动车组列车全列车基本设置在舒适度方面有两个等级:一等和二等。列车两头端车为一等座车,其余 6 辆为二等座车。一等座车内座椅 2+2 布置,二等座车 2+3 布置。一等座车座席宽 500 mm,座间距 1 000 mm,过道宽 600 mm。二等座车座席宽 458 mm,座间距 900 mm,过道宽 604 mm。

一等座车座椅为靠背可调式座椅,二等座车座椅为固定式座椅。其中早期生产批次中部分 CRH1A 动车组列车的座椅不可旋转。

(2)CRH1B 型动车组列车(图 3-1-4)。

制造厂商:BST。

性能指标:最高运营速度为 250 km/h;最高试验速度为 275 km/h。

编组:16 辆。

动拖比:10 动 6 拖。

轴重:不大于 16 t。

车身宽度:3 388 mm。

编组总长度:426 300 mm(使用新车头型的列车总长度为 428 900 mm)。

牵引功率:11 000 kW。

图 3-1-4 CRH1B 型动车组列车

(3)CRH1E 型动车组列车(图 3-1-5)。

制造厂商:BST。

性能指标:最高运营速度为 250 km/h;最高试验速度为 275 km/h。

编组:16 辆。

制造年份:2009 年。

动拖比:10 动 6 拖。

轴重:不大于 16 t。

车身宽度:3 388 mm。

编组总长度:428 900 mm。

牵引功率:11 000 kW。

图 3-1-5 CRH1E 型动车组列车

2. CRH2 型动车组列车

CRH2 型动车组列车先后生产了一系列车型，用不同的标记进行区分。

第一代 CRH2 型动车组列车由 8 辆车组成，4 辆动车 4 辆拖车；首尾车辆设有司机室，可双向驾驶，编成后结构如图 3-1-6 所示。CRH2 型动车组列车图谱如图 3-1-7 所示。

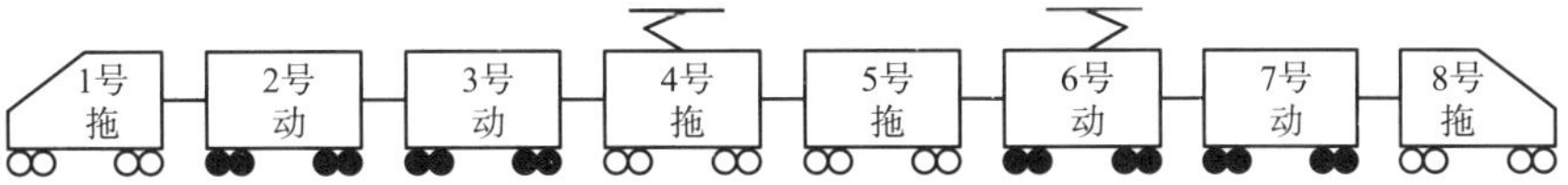

图 3-1-6 CRH2 型动车组列车编组结构

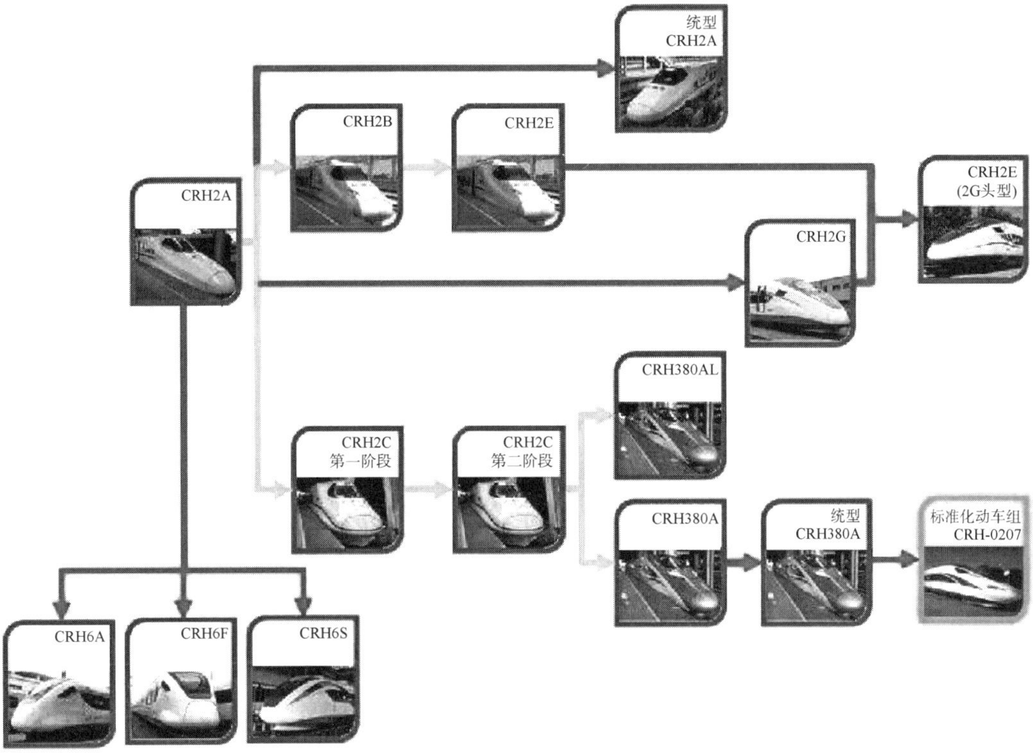

图 3-1-7 CRH2 型动车组列车图谱

CRH2B 型动车组列车是 CRH2A 型动车组列车的加长版，CRH2E 型动车组列车是 CRH2B 型动车组列车的卧铺版。

CRH2C 型动车组列车又分为一阶段和二阶段，区别是内饰和功率。一阶段列车功率为 7 200 kW，内饰参照 CRH2A 型动车组列车。二阶段列车功率提升至 8 760 kW，内饰仿照 CRH3C 型动车组列车风格修改，有了一定提升。

在 CRH2C 型动车组列车的基础上，为适应 350 km/h 等级高速铁路的开行，四方股份开发了具有自主知识产权的 CRH380A 型动车组列车，其头型采用了“长二捆”火箭的流线设计，动力学性能大大提高。

为了便于客运组织，在 CRH2A 型动车组列车基础上开发了 CRH2A 统型动车组列车，外观上的区别为取消司机室门，增加司机室侧窗。

CRH2G 型动车组列车（图 3-1-8）是高寒型，采用了全新的头型设计，车头的设计灵感取自“骏马”,该车曾在兰新线运用,后在西成、昆广、楚大、广丽等铁路运用。

根据CRH2G型动车组列车头型设计的新CRH2E型动车组列车,分为卧铺型、坐卧两用型、纵向卧铺型。

为了适应短途城际运输,在CRH2A型动车组列车基础上开发了CRH6型动车组列车(图3-1-9)。

图3-1-8　CRH2G型动车组列车

图3-1-9　CRH6型电力组列车

(1)CRH2A型动车组列车(图3-1-10)。

图3-1-10　CRH2A型动车组列车

两列动车组列车可连挂运行。

CRH2A型动车组列车头车长度25.7 m,中间车长度25 m,总长201.4 m,车体宽度3.38 m,车体高度3.7 m。编组总重为345 t。

CRH2A型动车组列车全列车有1辆一等座车和7辆二等座车。一等座车内座椅2+2布置,二等座车2+3布置。一等座车座席宽475 mm,座间距1 160 mm,过道宽600 mm。二等座车座席宽440 mm,座间距980 mm,过道宽600 mm。座席为旋转式可调靠背座席,全列车定员610人,一等座车座席51人,二等座车座席504人,二等座座车/餐车合造车座席55人,定员布置见表3-1-2。

表3-1-2　CRH2A型动车组列车车种代码、定员

车　号	1	2	3	4	5	6	7	8
车种代码	ZE	ZE	ZE	ZE	ZEC	ZE	ZY	ZE
定员	55	100	85	100	55	100	51	64

制造厂商：四方股份。

性能指标：最高运营速度 200 km/h；最高试验速度 275 km/h。

编组：8 辆。

动拖比：4 动 4 拖。

轴重：不大于 14 t。

车身宽度：3 380 mm。

编组总长度：201 400 mm。

牵引功率：4 800 kW。

(2)CRH2B 型动车组列车(图 3-1-11)。

图 3-1-11 CRH2B 型动车组列车

CRH2B 型动车组列车是在 CRH2A 型动车组列车的基础上扩编成为长编组列车，车厢内饰与 CRH2A 型动车组列车保持一致，但车头部分与 CRH2A 型动车组列车相比，在中部两侧添加了一对车头灯，以加强照明强度。

制造厂商：四方股份。

性能指标：最高运营速度 250 km/h；最高试验速度 275 km/h。

编组：16 辆。

动拖比：8 动 8 拖。

轴重：不大于 14 t。

车身宽度：3 380 mm。

编组总长度：401 400 m。

牵引功率：9 600 kW。

(3)CRH2C 型动车组列车(图 3-1-12)。

制造厂商：四方股份。

性能指标：最高运营速度 350 km/h；最高试验速度 380 km/h。

编组：8 辆。

动拖比：6 动 2 拖。

轴重：不大于 14 t。

车身宽度：3 380 mm。

编组总长度：201 400 mm。

图 3-1-12 CRH2C 型动车组列车(第一阶段)

牵引功率:一阶段 7 200 kW,二阶段 8 760 kW。

3. CRH3 型动车组列车

CRH3 型动车组列车的序号不是按照 A、B、C……的顺序,而是先有 CRH3C 型动车组列车,2008 年先应用于京津城际铁路,随后在京广高速铁路武广段、沪宁高速铁路等运用过。在 CRH3C 型动车组列车的基础上开发的动车组列车包括 CRH3A 型动车组列车、CRH380B 型动车组列车等系列产品。下面以第一代 CRH3C 型动车组列车的基本构成为例作介绍。

图 3-1-13 CRH3C 型动车组列车

第一代 CRH3C 型动车组列车(图 3-1-13)由 8 辆车组成,4 辆动车 4 辆拖车;动车组列车的控制车上设司机室,列车正常运行时由前端司机室操纵(只需一人操作)。两列动车组列车可以连挂在一起运行(只需一人操作)。

CRH3C 型动车组列车的动力配置与辅助供电系统如图 3-1-14 所示。

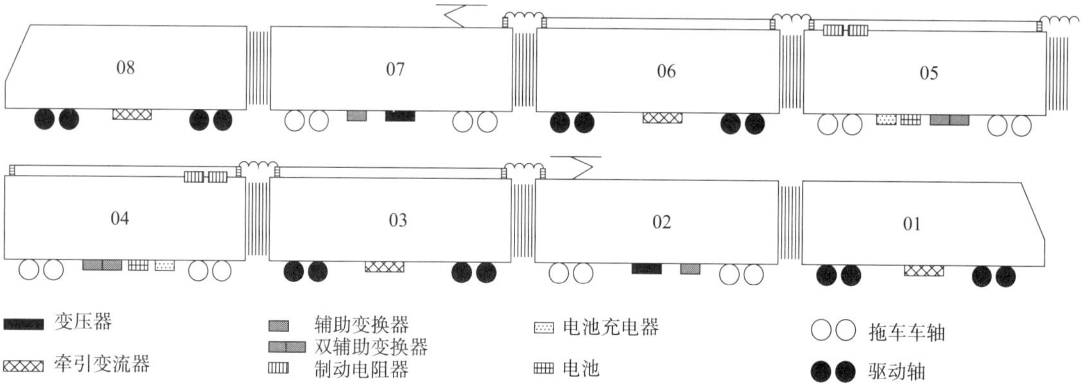

图 3-1-14 CRH3C 型动车组列车的动力配置与辅助供电系统

CRH3C 型动车组列车车体宽度 3.265 m,中间车辆车体长度 25 m,车辆高度(车顶距轨面高度,新轮,不含受电弓)3.89 m。

CRH3C 型动车组列车中设一等座车 1 辆(第 5 辆)、二等座车 6 辆和座车与餐车的合造车 1 辆(第 4 辆),总定员 556 人(表 3-1-3)。一等座车厢座席采取 2+2 布置,较高舒适性的宽体座椅采用丝绒座椅面料,设有脚蹬和可调节座椅靠背。二等座车座椅采用丝绒座椅面料,座椅后背可调。带司机室的车辆在司机室后方包房内设有特等座。一等座车座席宽 500 mm,过道宽495 mm。二等座车座席宽 458 mm,过道宽 520 mm。

表 3-1-3 CRH3C 型动车组列车车种代码、定员

车号	1	2	3	4	5	6	7	8
车种代码	ZE/T	ZE	ZE	ZEC	ZY	ZE	ZE	ZE/T
定员	68	80	80	50	50	80	80	68

4. CRH5 型动车组列车

第一代 CRH5 型动车组列车由 8 辆车组成，5 辆动车 3 辆拖车；首尾车辆设有司机室，可双向驾驶，编组后结构如图 3-1-15 所示。

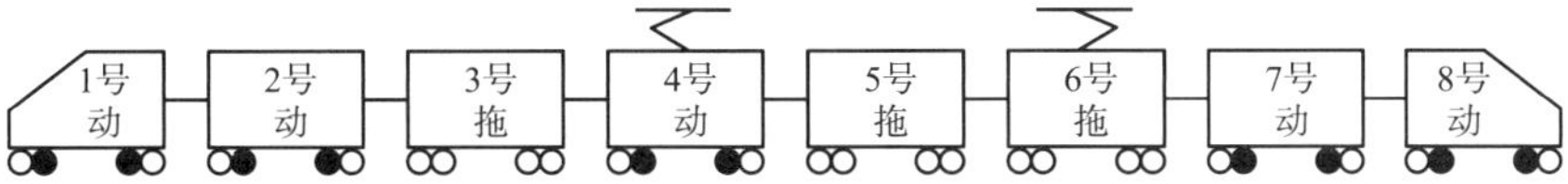

图 3-1-15 CRH5 型动车组列车编组结构

CRH5 型动车组列车头车长 27.6 m，中间车长 25 m，总长 211.5 m，车体宽 3.2 m，车体高 4.27 m。编组总重为 451 t。

CRH5 型动车组列车全列车有 1 辆一等座车和 7 辆二等座车。一等座车内座椅 2+2 布置，二等座车 2+3 布置。一等座车座席宽 480 mm，座间距 960 mm，过道宽 600 mm。二等座车座席宽 430 mm，座间距 960 mm，过道宽 570 mm。

CRH5A 型动车组列车部分座席不可旋转，其余为旋转可调靠背座席。

CRH5 型动车组列车有两种型号，全列车定员有 586 人（可旋转座椅）和 622 人（不可旋转座椅）两种情况，定员布置见表 3-1-4。

表 3-1-4 CRH5 型动车组列车车种代码、定员

车号	1	2	3	4	5	6	7	8
车种代码	ZE	ZE	ZE	ZE	ZE	ZEC	ZE	ZY
定员（622 人）	74	93	93	93	93	42	74	60
车种代码	ZY	ZE	ZE	ZE	ZE	ZEC	ZE	ZY
定员（586 人）	56	90	90	90	90	40	74	56

CRH5 型动车组列车 5 动 3 拖，可实现两列重联运行。实际最高运营速度 250 km/h。该款车型的一个最大特点就是耐寒，可承受的最低温度可达−40 ℃。在 CRH5A 型动车组列车的基础上又研制了 CRH5G 型动车组列车和 CRH5E 型卧铺动车组列车，CRH5 型动车组列车图谱如图 3-1-16 所示。

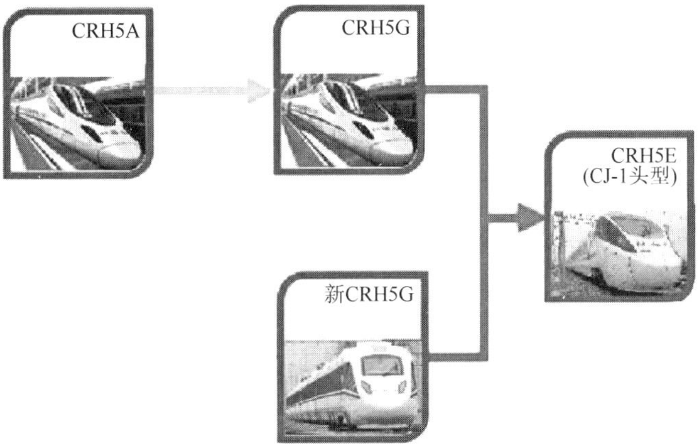

图 3-1-16 CRH5 型动车组列车图谱

(1)CRH5A 型动车组列车(图 3-1-17)。

图 3-1-17　CRH5A 型动车组列车

制造厂商:长客。

性能指标:最高运营速度 250 km/h;最高试验速度 275 km/h。

编组:8 辆。

动拖比:5 动 3 拖。

轴重:不大于 17 t。

车身宽度:3 200 mm。

编组总长度:211 500 mm。

牵引功率:5 500 kW。

(2)CRH5G 型动车组列车。

技术提升型的 CRH5G 型动车组列车如图 3-1-18所示。

图 3-1-18　CRH5G 型动车组列车

制造厂商:长客。

性能指标:运营最高速度 250 km/h;最高试验速度 275 km/h。

编组:8 辆。

动拖比:5 动 3 拖。

轴重:不大于 17 t。

车身宽度:早期 3 200 mm,技术提升型 3 300 mm。

编组总长度:211 500 mm。

牵引功率:早期 5 680 kW,技术提升型 7 480 kW。

5. CRH380 系列动车组列车

(1)CRH380A 型动车组列车。

CRH380A 型动车组列车(图 3-1-19)是在 CRH2C 型动车组列车基础上研发的高速动车组列车,最高运行速度 350 km/h。CRH380A 型动车组列车采用 6 动 2 拖的编组方式,定员为 480～556 人。CRH380AL 型动车组列车采用 14 动 2 拖的编组方式,定员为 1 028～1 061人。

图 3-1-19 CRH380A 型动车组列车

德育天地

“一定要造出中国人的高速列车”

梁建英，中国中车集团有限公司首席科学家。2004 年，我国拉开高速铁路发展大幕，外国合作方技术封锁，让她深知“巨人的肩膀不好站，还得让自己成为巨人”。2006 年，年仅 34 岁的她担任时速 300 km 高速动车组项目主任设计师，面对一列动车组五十余万个零部件、数万张设计图纸的庞大系统工程，她带领团队日夜攻坚，跨越一道道技术门槛，成功推出国内首列时速 300～350 km 动车组列车。此后，主持 CRH380A 型动车组列车研发时，为掌握高速运行规律，团队奔赴各地，凌晨 4:00 准备，白天跟车十多个小时，晚上整理数据，最终 CRH380A 型动车组列车跑出时速 486.1 km 的世界铁路运营试验最高速。2013 年负责“复兴号”动车组研发，为设计最佳头型，从 46 个概念头型筛选，数据打印纸堆 1 米多高；攻克噪声难题，进行3 000多次隔音试验；优化减振参数，反复推倒重来。正是这份对技术极致追求、对工作高度负责、对国家使命担当的精神，让“复兴号”动车组惊艳世界，彰显中国高速铁路实力，梁建英以实际行动诠释着铁路人敢为人先、追求卓越的精神。

(2)CRH380B 型动车组列车。

CRH380B 型动车组列车(图 3-1-20)，是在 CRH3C 型动车组列车基础上研发的高速动车组列车，最高运行速度 350 km/h。CRH380B 型动车组列车采用 4 动 4 拖的编组方式，定员为 556 人。CRH380BL 型动车组列车采用了 8 动 8 拖的编组方式，定员为 1 005～1 015 人。

图 3-1-20 CRH380B 型动车组列车

(3)CRH380CL 型动车组列车。

CRH380CL 型动车组列车(图 3-1-21)采用 16 辆编组，8 动 8 拖，定员为 1 015 人，最高运行速度 350 km/h。

图 3-1-21　CRH380CL 型动车组列车

(4)CRH380D 型动车组列车。

CRH380D 型动车组列车(图 3-1-22)采取 8 辆编组,4 动 4 拖,定员为 554 人,最高运行速度为 350 km/h。

图 3-1-22　CRH380D 型动车组列车

四、动车组列车型号编号规则

动车组列车型号编号规则如下:

1. 技术序列代码命名方式

动车组列车型号及车组号示意图如下:

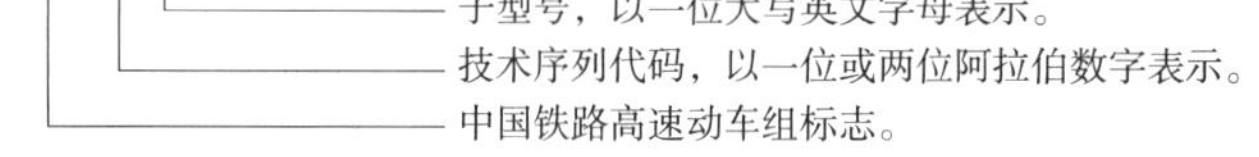

(1)技术序列代码。

技术序列代码以阿拉伯数字表示,由 1 开始顺序排列。

1——BST 研制生产的动车组列车。

2——四方股份研制生产的动车组列车。

3——唐厂研制生产的动车组列车。

5——长客研制生产的动车组列车。

6——四方股份/浦镇公司研制生产的城际动车组列车。

7 及后续数字——预留的动车组列车技术序列代码。

(2)子型号。

子型号以一位大写英文字母表示，由 A 开始顺序排列。

A——时速 200～250 km、8 辆编组、座车。

B——时速 200～250 km、16 辆编组、座车。

C——时速 300～350 km、8 辆编组、座车。

D——时速 300～350 km、16 辆编组、座车。

E——时速 200～250 km、16 辆编组、卧车。

F——时速 160 km、8 辆编组、城际动车组列车。

G——时速 200～250 km、8 辆编组、耐高寒座车动车组列车。

H——时速 200～250 km、8 辆编组、耐风沙及耐高寒座车动车组列车。

I——预留。

J——综合检测动车组列车。

K 及后续字母——预留的动车组列车子型号。

2. 速度目标值命名方式

动车组列车型号及车组号示意图如下：

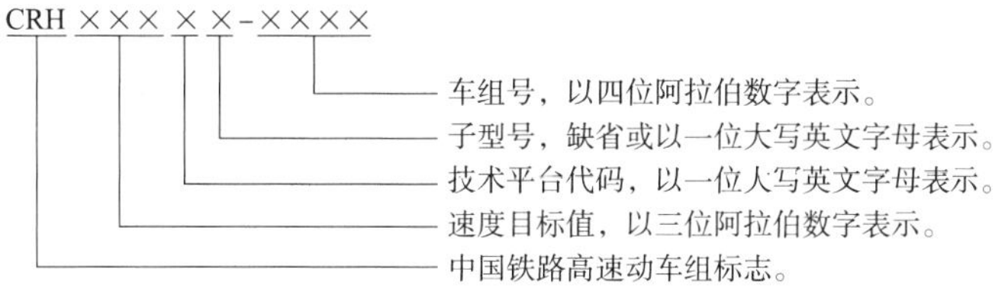

(1)速度目标值。

速度目标值以动车组列车设计的最高运行速度目标值的三位阿拉伯数字表示，例如，380 代表设计最高运行速度目标值为 380 km/h。

(2)技术平台代码。

技术平台代码以一位大写英文字母表示，由 A 开始顺序排列。

A——四方股份研制生产的动车组列车、8 辆编组、座车。

B——长客/唐厂研制生产的动车组列车、8 辆编组、座车。

C——长客研制生产的动车组列车(与 B 系列采用不同的牵引及控制系统)8 辆编组、座车。

D——BST 研制生产的动车组列车、8 辆编组、座车。

E——预留。

F——预留。

(3)子型号。

子型号以一位大写英文字母表示，由 G 开始顺序排列。缺省时为基本型。

G——耐高寒动车组列车。

H——耐风沙及高寒动车组列车。

I——预留。

J——综合检测动车组列车。

K——预留。

L——基本型的16辆编组动车组列车。

M——更高速度等级试验列车改为综合检测动车组列车。

N及后续字母——预留的动车组列车子型号。

德育天地

逐梦高铁,书写青春答卷

李鹏辉,中共党员,中国铁路武汉局集团有限公司武汉动车段武汉动车运用车间检修技术班地勤机械师,曾获全国五一劳动奖章、火车头奖章、铁路青年五四奖章、全路技术能手、铁路工匠等荣誉。2017年,22岁的他怀揣憧憬踏入动车段,面对成百上千陌生零部件和电器元件,他每日紧跟师傅,将检修流程烂熟于心,下班后便在宿舍钻研资料,床头一米多高的书堆满笔记,凭借这股子钻劲,他将各类电器元件技术原理铭记脑海。2018年,初出茅庐的他参加全路动车组技能竞赛,虽仅获第9名,但挫折并未打倒他。此后,他将每次故障处置当作比赛,找师傅"开小灶",不放过任何提升机会。2020年再次参赛,他凭借高强度训练和顽强毅力,即便膝盖半月板损伤仍咬牙坚持,最终斩获个人全能第六名,成为全路技术能手。赛场的历练让他在工作中更加得心应手,在他带动下成立的创新工作室,制作多套检修试验台,掌握多种配件自主维修能力,节约成本同时保障动车组列车安全运行。他身上,是精益求精、刻苦钻研、勇于创新的铁路精神写照。

任务训练

一、任务目标与实施

学完本部分知识,应能够正确理解动车组列车的构成,掌握动车组列车各车型的特点。可分组讨论不同车型的区别,然后总结。有实物设备与设施的,可进行实操练习使用。

二、训练建议

本任务训练,建议教师理论部分采用课件、实物部分采用大量图片或视频教学,提高学生理论联系实际的能力。

典型工作任务二　掌握CRH1型动车组列车设备与设施的使用

任务引入

本任务主要学习CRH1型动车组列车设备与设施的主要构成和使用性能,是动车组列车乘务岗位职工及管理人员必须掌握的知识。

请思考：

CRH1 型动车组列车内有哪些设备与设施？

知识准备

CRH1 型动车组列车(图 3-2-1)8 辆编组，可两组重联运行。车厢种类包括一等座车、二等座车；一等座车座位布置为 2+2，二等座车为2+3。适应站台高度为 1 200 mm。制动方式为直通式电空制动。

图 3-2-1 CRH1 型动车组列车

一、基础设备

(一)侧门

侧门采用电动单页滑动塞拉门，各门应有 800～1 250 mm 的站台，侧门宽度为 1 100 mm，如图 3-2-2、图 3-2-3 所示。

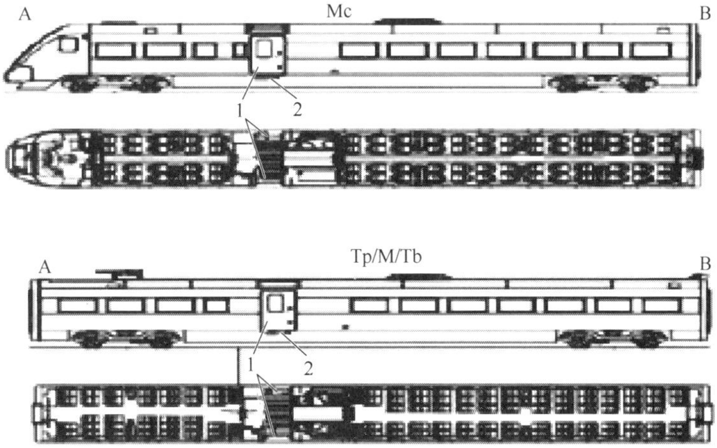

1—乘客车门；2—滑动脚踏板。

图 3-2-2 CRH1 型动车组列车侧门位置

1. 侧门开关装置

侧门设有开门按钮、手动开门把手、车门隔离装置等开关装置。

2. 正常开门操作

全列侧门的开启集中控制，由司机负责开关。司机通过操纵台的开关按钮集中控制侧门的开关，开/关门按钮灯亮同时蜂鸣器响起。当司机按下操纵台上的车门释放按钮后，此时有以下两种开门方式：

(1)乘客可以通过按动开门按钮打开本车厢该侧车门。

图 3-2-3 CRH1 型动车组列车侧门

(2)司机在司机室内操作同时打开全列一侧车门。

3. 正常关门操作

(1)正常情况下,车门打开 30 s 后会自动关闭。如果系统探测到有乘客移动,车门会自动打开。30 s 后,再次关闭。

(2)司机可在司机室操纵,集中控制关门。

(3)侧门立柱上设有光栏装置、紧急开门装置及本地控制面板,其中本地控制面板上设有状态指示灯和使用三角钥匙的操作开关。

4. 紧急开门装置

每个门有两个紧急装置(图 3-2-4),一个在内部,一个在外部。内部紧急开门装置位于侧门立柱内侧,外部紧急开门装置位于开口后面的裙板内侧。

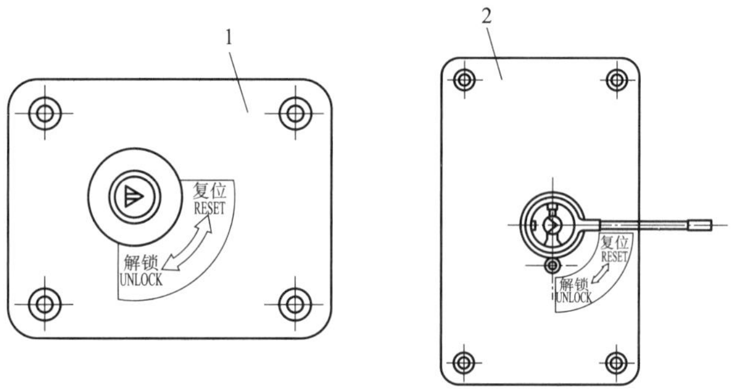

1—外部开门装置(只用三角钥匙);2—内部开门装置(手柄开门,三角钥匙复位)。

图 3-2-4　CRH1 型动车组列车紧急开门装置

(1)在有电情况下的紧急开门操作:

①用三角钥匙开关"本地操作",黄灯亮起。

②用三角钥匙开关"开/关本地车门",红灯亮,直到车门完全打开前不得松手。

③关门用三角钥匙插入"开/关本地车门"复位即可。

(2)在无电情况下的紧急车门操作:

①打开车内紧急开门装置(图 3-2-4),按下红色手柄,用手拉开车门。

②关门时,先手动把门合上,并用三角钥匙插于内部开门装置中的锁芯,复位即可。

5. 侧门控制

(1)如任一侧门处于开启状态,列车就不能开动。

(2)系统探测到车门附近有人或物移动时,将停止关门动作。

(3)侧门具有防挤压功能。

(二)内部门

内部门有手动车门和自动车门,司机室门和厕所门是手动车门,风挡门和过道门是电动感应式双扇拉门。风挡门位于每辆车的端部。过道门位于各车的过道和客室之间,如图 3-2-5 所示。

过道门和风挡门的操作如下:

(1)过道门和风挡门设有钥匙开关和主开关。

钥匙开关设有 A(自动)、C(关门锁定)、O(开门锁定)三个工位,用于设定车门的操作模式。主开关用于运行期间将门机构进行隔离。当主开关被启动时,无论钥匙开关处于哪个工位,车门都将关闭,然后可被手动打开。

(2)开关操作。

当钥匙开关处于“A”工位时,门可自动开关并具有防挤压功能。当门立柱发出“清洁模式”的指令时,所有的过道门和风挡门都被打开并锁定。当司机室发出“火灾模式”的指令时,所有的风挡门被关闭并锁定。过道门和风挡门可以手动打开,但它们会自动返回关闭状态。

当钥匙开关处于“O”位时,车门处于打开锁定位。当司机室发出“火灾模式”的指令时,风挡门即被关闭并锁定。

当钥匙开关处于“C”位时,车门处于关闭锁定位。

图 3-2-5 CRH1 型动车组列车过道门

(三)座位

1. 一等座车座位

一等座车座位为 2+2 布置(图 3-2-6),每个座椅的扶手处设有一个调节按钮,用于调节座椅靠背的角度。一等座车座椅主要包含了织物衬套、头枕片、扶手、小桌板、杂志网、脚蹬等。

2. 二等座车座位

二等座车座位为 3+2 布置(图 3-2-7),主要包含织物衬套、头枕片、小桌板、杂志网等。

图 3-2-6 CRH1 型动车组列车一等座车车厢

图 3-2-7 CRH1 型动车组列车二等座车车厢

3. 座椅旋转方法

设有转向调整装置的座椅,通过踩下座椅下部踏板,逆时针旋转座椅,就可以改变座椅方向。

(四)乘务员室

乘务员室设在 5 号车厢,设有车载信息系统智能显示器、旅客信息服务系统和烟火报警装置显示屏,如图 3-2-8 所示。

图 3-2-8 CRH1 型动车组列车乘务员室

二、服务设备

(一)照明

1. 概要

(1)客室和乘务员室天花板上、行李架和功能面板上设荧光灯。

(2)在过道和厕所外部区域天花板上设紧凑型荧光灯。

(3)厕所、风挡过道和乘务员室外部区域天花板上设聚光灯。

(4)过道内直接在乘客区域外门上方设聚光灯。

(5)乘客座椅上方设阅读灯。

2. 照明控制开关位置

列车照明可通过列车网络系统集中控制。其他辅助照明控制开关主要有门立柱开关、司机室及乘务员室电灯开关、厨房和餐厅区照明开关、阅读灯开关,如图 3-2-9 所示。

(1)门立柱照明控制开关设置在 1 号、5 号和 8 号车厢。

(2)司机室及乘务员室电灯开关设置在司机室及乘务员室。

(3)厨房和餐厅区照明开关设置在厨房。

(4)阅读灯开关安装在行李架上。

3. 照明控制

照明控制主要分为一般照明控制和紧急照明控制。

(1)“一般照明”是指除厨房灯、阅读灯、过道车内外门聚光灯及司机室内照明和乘务员室车顶聚光灯以外的照明,可以在司机室集中控制或在本车门立柱通过三角钥匙单独控制。

“一般照明”打开时,客室照明、餐厅区域客室、厨房照明、阅读灯照明可单独控制。

(2)“紧急照明”是指在电池充电失效时,由蓄电池系统进行供电的照明。紧急照明期间,餐厅区域客室照明可被单独控制。

(3)外门照明根据车门系统状态进行自动控制。

(4)司机室和乘务员室车顶聚光灯单独由司机室及乘务员室电灯开关控制。

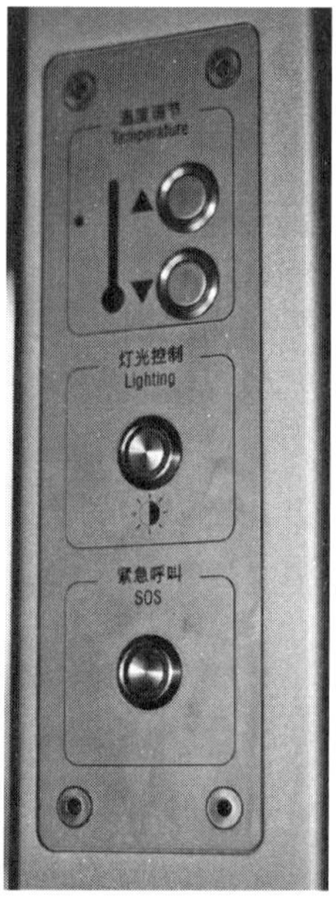

图 3-2-9 CRH1 型动车组列车照明设备开关

(二)餐吧车设备与设施

餐吧车(图 3-2-10)位于每组动车组列车中部,由餐吧车厨房区、吧台服务区、吧台服务区外储藏区组成,设有餐桌(坐式、立式)、椅子(倚靠栏)、吧台、陈列柜、咖啡机、微波炉、冷藏箱(柜)、储藏柜、电磁灶、电茶炉、水槽、垃圾箱、售货车。售货车配有防撞条、制动装置。

(三)卫生系统

卫生系统的功能是提供净水和收集废水。

1. 卫生系统主要设备

(1)卫生间。CRH1 型动车组列车卫生间均为集便器卫生间,分坐式和蹲式两种,坐式卫生间设在一等车,蹲式卫生间设在二等车。卫生间内设有整容镜、洗手盆、感应式水龙头、按压式洗手液装置、面巾纸、电源插座、卫生纸、按压式冲洗装置、芳香球、垃圾箱、烟火感应装置。无障碍卫生间内还有婴儿护理台和求助按钮等设备,如图 3-2-11 所示。当旅客在卫生间内发生紧急情况时,按下求助按钮,立即发出报警声,同时乘务室内显示屏显示求助信息。每个卫生间门框旁边设有“有无人显示”装置。

图 3-2-10 CRH1 型动车组列车餐车

图 3-2-11 CRH1 型动车组列车无障碍卫生间

(2)供水箱。除 5 号车,每个厕所间有一个供水箱。

(3)污水箱。5 号车有两个污水箱,其他车各有一个污水箱。

(4)工作原理。CRH1 型动车组列车采用在线型真空式集便系统。当乘客按下冲洗按钮后,压缩空气进入在线喷射器,在线喷射器启动;压缩空气从在线喷射器流向污物箱并在排污管道内形成间隙式真空,几秒钟后,真空度达到−30 kPa 左右,同时,水增压器的水从分流器出口喷射进入便器内进行冲洗。当便器内高液位传感器检测到便器内的液位达到一定高度值时,打开排放阀,通过间隙式真空的作用,污物经过喷射器抽吸端至污物箱之间的管路流向污物箱,而后间隙式真空消失,排放阀自动关闭。CRH1 型动车组列车集便器示意如图 3-2-12 所示。

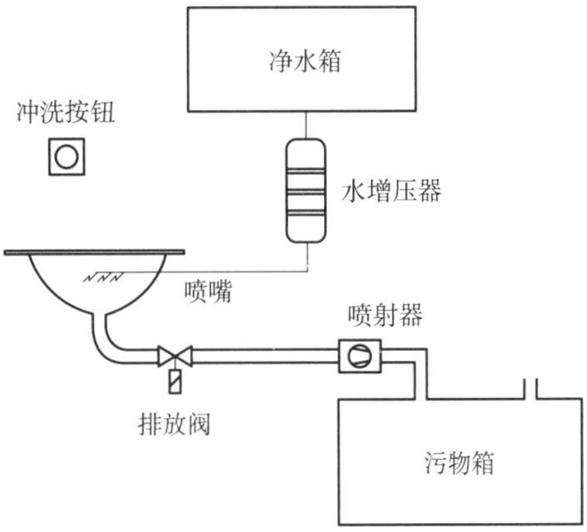

图 3-2-12 CRH1 型动车组列车集便器示意

2. 卫生系统设置区域

卫生系统的设置包括不同种类厕所的设置及餐吧厨房的设置,如图 3-2-13 所示。

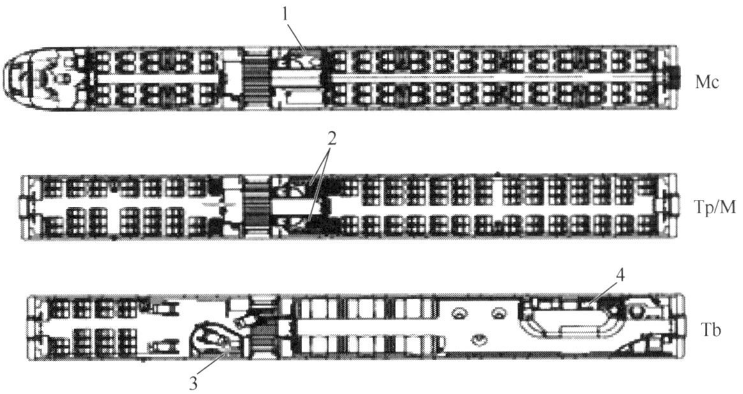

1—坐式卫生间;2—蹲式卫生间;3—无障碍卫生间;4—餐吧厨房。

图 3-2-13 卫生系统设置区域

3. 卫生系统污水箱位置

车厢污水箱及餐吧区污水箱位置如图 3-2-14 所示。

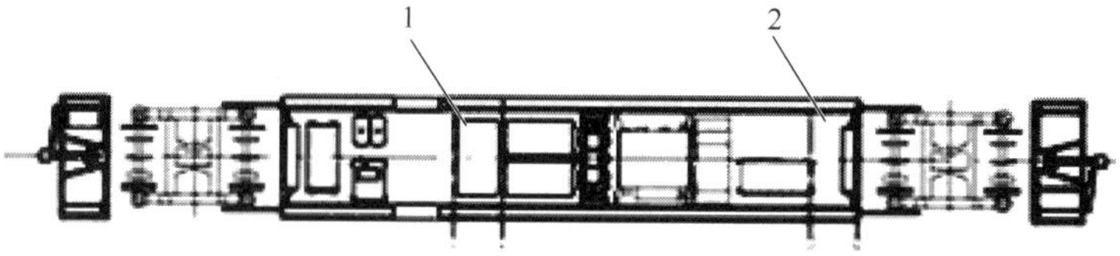

1—污水箱(在所有车的同一位置);2—餐吧区的污水箱(只 Tb 车)。

图 3-2-14 卫生系统污水箱位置

4. 厨房卫生系统指示面板

厨房内设有厨房卫生系统指示面板,提供餐吧区/无障碍卫生间的供水箱和餐吧区污水箱的液位指示。

5. CRH1 型动车组列车水箱、卫生间、污物箱

CRH1 型动车组列车水箱、卫生间、污物箱概况见表 3-2-1。

表 3-2-1 CRH1 型动车组列车水箱、卫生间、污物箱概况

序号	车种项目	Mc1 一等座车	Tp1 二等座车	M1 二等座车	M3 二等座车	Tb 餐车座车 合造车	M2 二等座车	Tp2 二等座车	Mc2 一等座车
1	水箱容积/L	630	860	860	860	1 000	860	860	630
2	水箱可用时间/h	48	48	48	48	48	48	48	48
3	卫生间形式	1 坐	2 蹲	2 蹲	2 蹲	1 坐 (无障碍 卫生间)	2 蹲	2 蹲	1 坐
4	污物箱容积/L	650	650	650	650	910	650	650	650
5	污物箱集污时间/h	48	48	48	48	48	48	48	48

6. 操作、功能和监控

卫生系统功能由本车控制实现,通过网络通信在工程师室内集中显示。

(四)乘客信息系统和影音系统

1. 乘客信息系统的功能

乘客信息系统提供与运行相关的信息,其主要具有两项功能:

(1)将有关运行的信息显示在贯通整个列车的电子显示屏上,并伴有通过扬声器系统播出的数字声音。

车内电子显示屏设在每个车厢两端的过道门上方,显示车号信息、厕所有无人信息、与运行相关的信息等。

车外电子显示屏设在每节车厢的车体两边外侧面。显示列车运行区间、车次和车厢号,如图 3-2-15 所示。

(2)处理列车员与旅客之间的声音通信。

图 3-2-15　车外电子显示屏

2. 影音系统的功能

影音系统提供影像和音乐播放，主要有三项功能：影像放映、播放 MP3 音乐、AM/FM 无线电广播。在一等座车和餐吧车内播放视频和音乐。全列车播放 MP3 音乐及全列车 AM/FM 广播。

3. 紧急通话

(1)每个车厢过道靠近门处设有紧急通话单元。出现紧急情况时，通过旅客紧急通话单元可实现旅客与司机的通信。

(2)紧急通话单元外形如图 3-2-16 所示。

(3)旅客紧急通信方法如下：

①旅客可按红色启动按钮或拉紧急手柄启动紧急通话单元。

②启动后，该紧急通话单元的红色 LED“等待”被启动；司机室播出注意提示音，按钮“紧急通话”开始闪亮；已启动的紧急通话单元的指示显示于界面数据单元(interface data unit，IDU)和旅客信息系统(passenger information system，PIS)显示屏上。

③司机按“紧急通话”按钮。

④按钮变为一直亮着，注意提示音播放停止；紧急通话单元的绿色 LED“通话”亮起，旅客即可与司机通话。

⑤司机保持“通话”按钮处于按下状态，通过鹅形麦克风向旅客讲话。特殊紧急通话单元的红色 LED“等候”被启动。

⑥司机释放“通话”按钮，等候旅客的回话；紧急通话单元的绿色 LED“通话”亮起，旅客即可与司机讲话。

⑦司机再按一次亮着的“紧急通话”按钮结束通信。

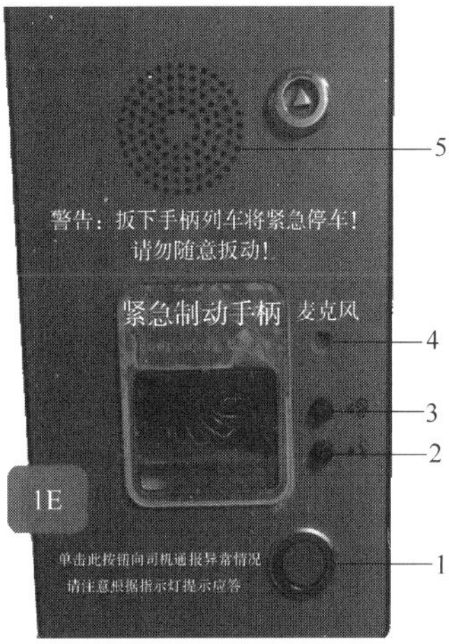

1—与司机进行通信连接的按钮(红)；
2—指示 LED“通话”(绿)；
3—指示 LED“等待”(红)；
4—麦克风；5—扬声器。

图 3-2-16　紧急通话单元

4. 广播系统

广播系统能自动播放音乐、播放预先储存的节目。车内联络电话设在司机室、乘务员室、吧台内。根据需要，每部电话均具备全列广播、单独拨号对讲功能。

任务训练

一、任务目标与实施

学完本部分知识,应能够正确掌握 CRH1 型动车组列车设备与设施的构成。可分组讨论 CRH1 型动车组列车的特点,然后总结。有实物设备与设施的可进行实操练习使用。

二、训练建议

本任务训练建议教师理论部分采用课件、实物部分采用大量图片或视频教学,提高学生理论联系实际的能力。

典型工作任务三　掌握 CRH2 型动车组列车设备与设施的使用

任务引入

本任务主要学习 CRH2 型动车组列车服务设备与设施的主要构成和使用性能,是动车组列车乘务岗位职工及管理人员必须掌握的知识。

请思考:

CRH2 型动车组列车内有哪些设备与设施?

知识准备

一、基础设备

1. 侧门

(1)侧门设置。

CRH2 型动车组列车(图 3-3-1)设置 30 个侧门(图 3-3-2),日常通过集中控制进行车门开启和关闭,每个车门内侧上方设有紧急解锁装置,特殊情况下使用专用钥匙,打开活动门将阀门扳至 90°,实现车门解锁,关闭时将阀门复位。

CRH2 型动车组列车每辆车两侧各设有两个气动内藏式侧门(CRH2G 型动车组列车、新 CRH2E 型动车组列车和 CRH2E 型纵向卧铺动车组列车采用塞拉门,结构与气动内藏门不同)。在司机室及乘务员室内设置有侧门集中控制开关,通过操作开关,可以以集中控制的方式,同时打开或关闭全列车的侧门。关闭侧门之后各车厢侧面的显示灯会熄灭(CRH2G 型动车组列车车门动作时车厢侧面指示灯会闪烁,而 CRH2E 型纵向卧铺动车组列车取消了侧面指示灯),司机室驾驶台的关门显示灯会亮起。司机在确认了显示灯状态之后,可以开车。

(2)侧门锁闭装置。

①侧门内部锁(图 3-3-3):在车门关闭状态下,在车内使用专用钥匙操作,可锁闭侧门(气密和非气密时都可以进行上锁)。

图 3-3-1　CRH2 型动车组列车

图 3-3-2　CRH2 型动车组列车侧门

②压紧装置：是通过油压动力缸来顶住侧门，将门和车体紧密贴近，保证车内的气密性。列车运行速度在 5 km/h 以上时，乘务员即使操作侧门开关，侧门也不会打开，这是关门保护电路在起作用；列车运行速度达到 30 km/h 以上时，压紧装置会启动，将门和车体紧密贴近，保证气密性。

③紧急开门开关：在每辆车侧门的上方，设有紧急开门开关。在紧急情况下，可通过操作车内侧门上部的气阀，将侧门气缸里的空气强行排出，然后可以手动打开门，如图 3-3-4 所示。

图 3-3-3　CRH2 型动车组列车侧门内部锁

图 3-3-4　侧门紧急开门开关

(3)使用方法。

侧门的开关可以在 1 号车、8 号车的驾驶室和 7 号车的乘务员室进行操作，正常情况下由司机集中操作。图 3-3-5(a)为侧门开门的位置，图 3-3-5(b)为开关按钮位置及列车员手动开关位置。

特殊情况需要列车员操作时，按如下步骤进行：

①将列车员钥匙插入靠站台侧的侧拉门操作开关[图 3-3-5(b)]。

②将列车员钥匙转到“合”位置。

③按下开门开关(车侧灯亮灯、车门打开、旅客上下车)。

④确认已无旅客上下车后按下关门开关。

⑤确认车侧灯已熄灭。

⑥将列车员钥匙转到“断”位置。

⑦拔出列车员钥匙。

2. 内部门

(1)内端拉门装置。

CRH2 型动车组列车设置 17 个内端拉门,均位于每节车厢风挡处,端门内外顶部设有感应器控制开关,日常可自动控制。需手动时将开关关闭(关一个即可),自动门由锁闭状态恢复到自动状态时应开启两个控制开关。

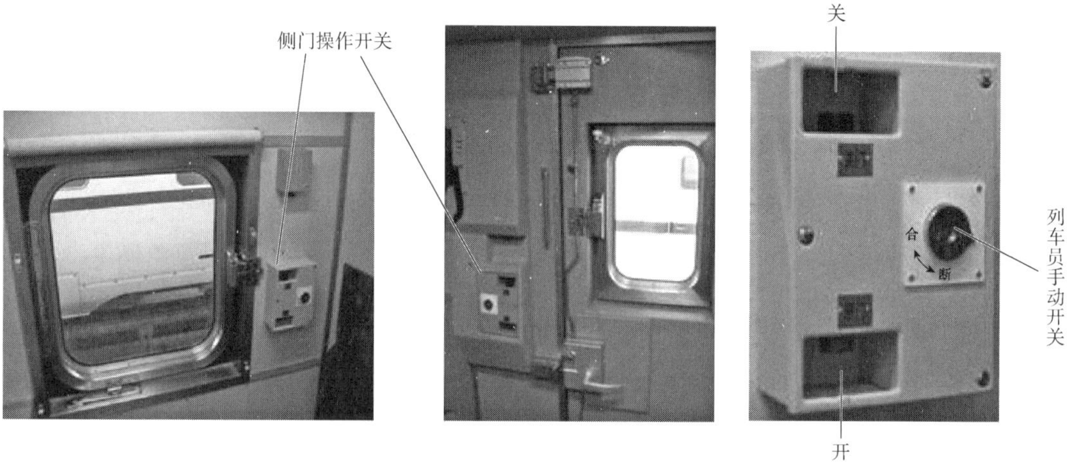

(a)　　(b)

图 3-3-5　侧门操作开关

内端拉门为电动式自动门,分为普通型(图 3-3-6)和方便轮椅使用者(7 号车后位,8 号车前位)的加宽型(图 3-3-7)两种类型,具备防积压功能。门控电源由设置在车门顶部滑槽内的开放开关控制,在“关”位时,可通过手动操作来开关门。在“开”位时,由天花板内置光线开关探测器控制门的开闭。自动门在有故障或停电时,能够手动开关门。

图 3-3-6　普通型内端拉门

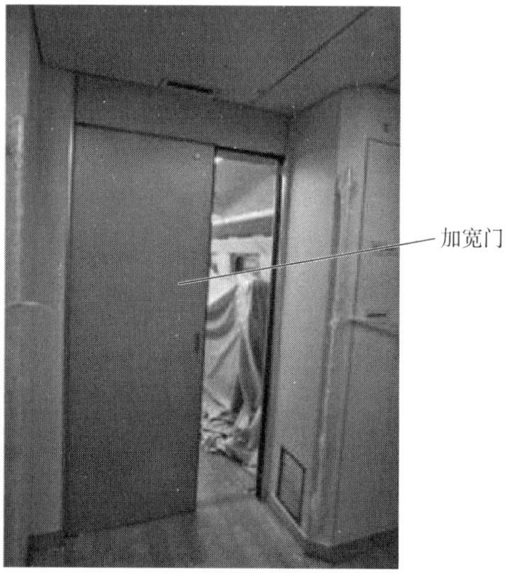

图 3-3-7　加宽型内端拉门

(2)外端拉门、防火隔断门。

外端拉门(图 3-3-8)为装在通道上的防火用不锈钢拉门(图 3-3-9),在 8 辆编组的 2～8 号车通道口的车端部,设有 1 处防火隔断门,且为了在全开、全关时能够保持其状态而设置了压紧装置。

图 3-3-8 外端拉门

图 3-3-9 防火隔断门

(3)多功能室拉门。

多功能室拉门上设有乳白色聚碳酸酯玻璃窗和换气用的通风板,锁为内侧搭扣方式,可在内侧开闭或在外侧用专用钥匙打开或锁闭拉门。

(4)卫生间拉门。

卫生间拉门(图 3-3-10)上设有把手和在内侧锁闭的暗锁。在外侧用专用钥匙可以打开或锁闭卫生间。适用于轮椅使用者(一等座车)的卫生间门加宽,设置了可通过按钮开关进行控制的自动开关式的拉门。

(5)卫生间折叠门。

卫生间折叠门(图 3-3-11)是向通道侧开的对折门,宽度上力求不妨碍通道上旅客的通行,折叠门上没有安装锁装置。

图 3-3-10 卫生间拉门

图 3-3-11 卫生间折叠门

(6)垃圾箱室门。

垃圾箱室门由氯乙烯发泡材料的夹板构成。按下锁的凸起部位即变为把手,旋转即可打开。关闭时,旋转把手。

3. 座椅

CRH2 型动车组列车共设置座椅 610 个(各车厢分布同定员),一等座车 2+2 布置,二等座车 2+3 布置。每组座椅下部设有方向可调装置,按照列车运行方向随时进行调节。每个座椅右侧扶手内侧设有黑白两个按钮,黑色按钮调节座席面前后距离,白色按钮调节靠背角度。此外,二等座车每个座椅背面设有折叠式小桌及网袋,供后面旅客使用。一等座车左侧扶手内设有可折叠式小桌,背面设有网袋,用于装置杂志、服务指南及清洁袋。二等座车座椅及其调节按钮如图 3-3-12 所示。

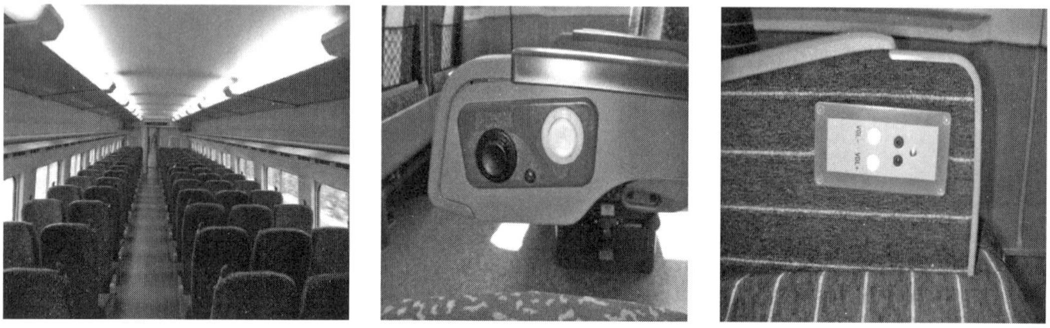

图 3-3-12　二等座车座椅及其调节按钮

4. 盥洗室

CRH2 型动车组列车设置 7 个盥洗室,除一等座车厢 1 个外,其他 1、3、5 号车厢各设 2 个,7 号车厢为单盆,其余车厢为双盆。盥洗室内设有皂液器、抽纸盒及隐蔽式垃圾箱。

5. 电茶炉

CRH2 型动车组列车设置 5 个电茶炉,其中 2、8 号车厢位于 1 位端大件行李存放处旁各 1 个,3、5 号车厢位于 2 位端洗面间对面各 1 个,餐车位于吧台内 1 个。使用时需将触摸开关按至底部(起防烫伤作用),缺水显示灯亮起时,表示水箱内缺水,此时机械师应立即关闭电茶炉电源开关。电茶炉的开水箱容量为 18 L。

6. 垃圾箱

CRH2 型动车组列车设置 11 个垃圾箱,其中大垃圾箱 6 个,小垃圾箱 5 个。小废物箱共 7 个,1、3、5 号车厢各 2 个,分别在两个盥洗室手盆下左右两侧,7 车废物箱位于盥洗室手盆台面右手位处。

7. 行李架

除餐车餐吧区外,每节车厢均设置行李架。

8. 乘务员室

CRH2 型动车组列车设置 1 个乘务员室,其位于 7 号车厢 1 位端处,内设有紧急制动阀 1 个,气密窗 1 个,车门控制盒 1 个,应急灯挂具 1 个,喇叭挂具 1 个,响墩挂具 1 个。

9. 机械师室

CRH2 型动车组列车设置 1 个机械师室,其位于 7 号车厢 1 位端处,内设有紧急制动阀 1

个，气密窗 1 个，车门控制盒 1 个，设备显示屏，广播断路器。

10. 物品室

CRH2 型动车组列车设置 2 个物品室，其位于 4、6 号车厢 1 位端处。

11. 水箱

CRH2 型动车组列车设置 4 个水箱，每 2 个车 1 个，容量 700 L/个。

二、安全设备

1. 灭火器

CRH2 型动车组列车设置灭火器(图 3-3-13)35 具(干粉灭火器 19 具；水雾灭火器 16 具)，每车两端各设 2 具，两端司机室各 1 具，乘务员室 1 具。

2. 紧急逃生窗

CRH2 型动车组列车设置紧急逃生窗(图 3-3-14)32 个(每车 4 个)，其位于每节车厢四角紧急破窗锤旁。

图 3-3-13 灭火器

图 3-3-14 紧急逃生窗

3. 紧急破窗锤

CRH2 型动车组列车设置紧急破窗锤(图 3-3-15)32 把(每车 4 把)，在每节车厢四角墙壁上悬挂。其使用方法为：摘下防护罩，握住手柄用力向上拔出，敲击紧急逃生窗玻璃任意部位，直至击碎。紧急破窗锤仅限紧急逃生时使用。

4. 紧急按钮

CRH2 型动车组列车设置紧急按钮(图 3-3-16)16 组(每车 2 组)，其位于每节车厢两端电子显示屏右侧墙壁。每组紧急按钮分为紧急制动和火灾报警两个按钮。紧急按钮仅限危及行车安全需紧急停车和发生火灾时使用，使用时，按下相应按钮，司机接收相应信息，由司机统一采取制动或断电措施。

5. 过渡板

CRH2 型动车组列车设置过渡板(图 3-3-17)2 架，位于 3 号、7 号车厢 1 位端备品室内，在动车组列车运行中途因故障不能继续运行时，可利用过渡板将乘客从故障动车组列车上转移至相邻线路的列车上,使用时需安装扶手。

6. 乘降梯

CRH2 型动车组列车设置乘降梯(图 3-3-18)2 架,位于 1 号、8 号车厢司机室内,在动车组列车运行中发生紧急情况,停车后,需利用乘降梯将乘客从动车组列车上转移到地面。但乘客下车时,要确保地面上的安全。

图 3-3-15　紧急破窗锤

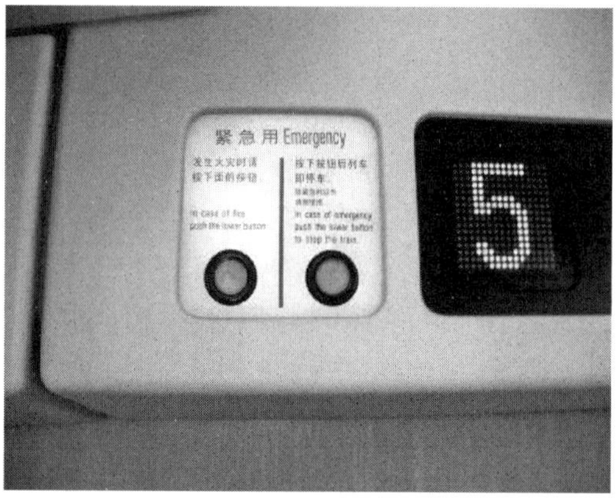

图 3-3-16　紧急按钮

图 3-3-17　过渡板

图 3-3-18　乘降梯

7. 紧急开门阀

CRH2 型动车组列车设置紧急开门阀(图 3-3-19)30 个,每辆车侧门的上方各一个。在车门需手动打开的情况下,可通过操作车内侧门上部的气阀,将侧门气缸里的空气强行排出,然后手动打开。

8. 紧急制动

CRH2 型动车组列车设置紧急制动(图 3-3-20)2 个,乘务员室和机械师室各一个。当列车发生紧急情况需停车时,拉下紧急制动,中途不得松手,迫使列车就地制动,其使用效果区别于车厢内紧急制动按钮。

图 3-3-19 紧急开门阀

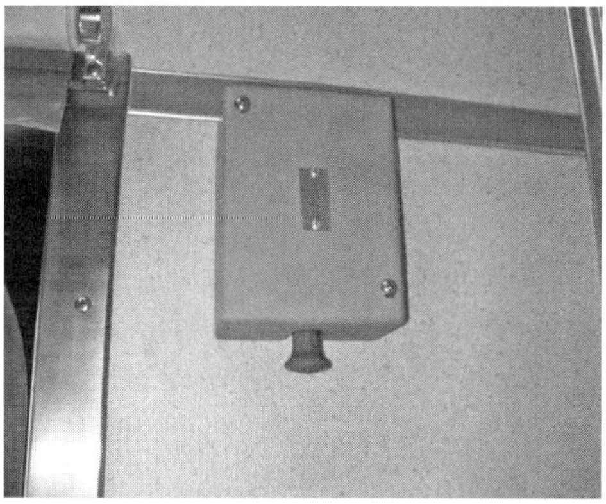

图 3-3-20 紧急制动

9. 气密窗

CRH2 型动车组列车设置气密窗(图 3-3-21)2 个,乘务员室、机械师室各 1 个,供机械师瞭望使用。

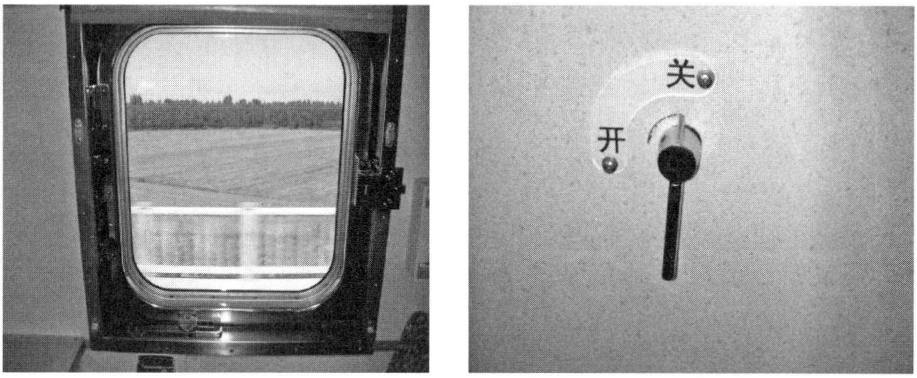

图 3-3-21 气密窗及开关

10. 紧急通风装置

CRH2 型动车组列车设置紧急通风装置(图 3-3-22)16 个,每车设置 2 个,位于车厢 1、2 位端(分别设于大垃圾箱、大件行李处、折页门厕所墙壁、通过台墙壁及餐吧售货车柜内)对角设置。列车断电后,该装置可自动进行通风换气,最长时间可达 2 h。

图 3-3-22 紧急通风装置

三、服务设备

1. 卫生间

CRH2 型动车组列车设置 12 个卫生间,其中 4 个蹲式卫生间(每车 1 个),8 个坐式卫生间(每车 2 个,如图 3-3-23 所示)。每车分布位置为盥洗室旁 1 个坐式,盥洗室对面左侧为蹲式,右侧为坐式。

每个卫生间内设有触摸式冲水阀、洗手盆、紧急呼叫开关、废物箱及卷纸、抽纸、坐便垫放置位置。

CRH2 型动车组列车的集便器采用重力式。当按下冲洗按钮时,便器排污口的瓣阀打开,同时压缩空气作用于水增压器,产生大于 0.3 MPa 的压力水,通过冲洗喷嘴冲洗便器,污物在压力水冲洗及重力的双重作用下被排放到污物箱内,随后瓣阀关闭,水增压器恢复水位。同时,废排风扇启动将异味排到废排风道中。这种集便器相当于直排式厕所加装污物箱,结构较为简单,但是对安装位置提出了很高要求。

2. 多功能室

CRH2 型动车组列车设置多功能室(图 3-3-24)1 个,位于 7 号车厢 2 位端盥洗室旁,用于对旅客进行紧急救护时使用,使用时分步打开呈铺状。上部墙壁上挂钩可用以悬挂吊瓶。

图 3-3-23　CRH2 型动车组列车卫生间

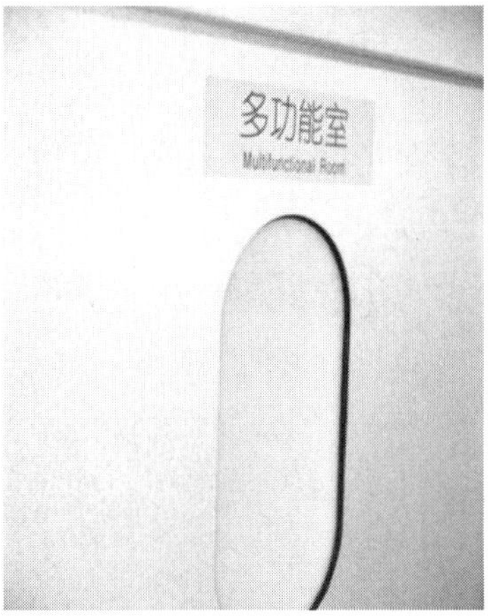

图 3-3-24　多功能室

3. 大件行李存放处

CRH2 型动车组列车设置大件行李存放外(图 3-3-25)9 个,2、3、4、6 号车厢 1 位端各 1 个,1、2、4、5、7 号车厢 2 位端各 1 个,用于放置体积较大的行李物品。

图 3-3-25　大件行李存放处

4. 无障碍服务设施

无障碍服务设施分为轮椅固定设施和无障碍卫生间。

图 3-3-26 轮椅固定设施

CRH2 型动车组列车设置轮椅固定设施(图 3-3-26)2 个,位于 7 号车厢 49 号座椅和 8 号车厢 3 号座椅处;使用时,将座席边缘子扣缓缓拉出,绕过轮椅与母扣连接,以固定轮椅。座席面上子母扣连接,起到保护旅客的作用。

CRH2 型动车组列车设置无障碍卫生间 1 个,位于 7 号车厢 2 位端多功能室对面;使用时,可通过按下墙壁上的卫生间门自动开关按钮控制开关门,并通过卫生间内的门锁装置进行门的锁闭,厕所内还设有不锈钢扶手和紧急呼叫按钮,方便使用轮椅的旅客使用。

5. 婴儿护理台

CRH2 型动车组列车婴儿护理台(图 3-3-27)位于盥洗室对面两个卫生间内墙壁上。使用时,抬起把手将婴儿护理台打开,使用安全带进行婴儿固定。

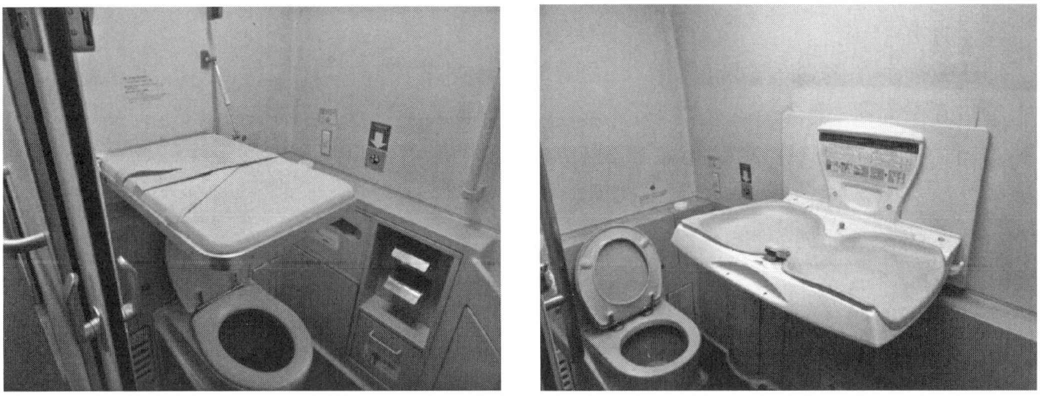

图 3-3-27 婴儿护理台

6. 影视系统

CRH2 型动车组列车设置电视 11 台,一等座车车厢两端墙壁上 3 台,顶棚每 2 台为一组,共 3 组(可折叠),餐车就餐区和休闲区两端墙壁上各 1 台;设置控制器 2 台,一等座车控制器位于多功能室内,餐车控制器位于 5 号车厢 1 位端餐吧售货车柜上方柜门内。CRH2 型动车组列车内电视如图 3-3-28 所示。

此外,一等座车每个座椅右侧扶手内侧设有耳机插孔及音量调节按钮,可由旅客自行调节音量。

7. 电源插座

CRH2 型动车组列车设置电源插座(图 3-3-29)42 个,2、4、6、8 号车厢分别于每节车厢两端第一排座席下方对角设置3个,在大垃圾箱内设置1个;1、5号车厢内各设置4个,分别位于每个车厢第一排座席下方、盥洗室两侧墙壁;3号车厢设置5个,除与1号车厢四个位置相同外,增加大垃圾箱内1个;餐吧设置6个,其中吧台内4个,餐车显示屏下两边座椅后侧墙壁各1个;7号车厢设置7个(其中2个与1号车厢内位置相同),其中盥洗室墙壁1个,多功能室、机械师室、乘务室各1个,大垃圾箱内1个。

图3-3-28　CRH2型动车组列车内电视

图3-3-29　电源插座

8. 显示屏

CRH2型动车组列车显示屏(图3-3-30)能显示列车运行日期、车次、时速、列车运行时间、列车编组及车厢号,服务设施介绍、车外温度、安全提示、投诉电话等信息。CRH2A统型动车组列车和其他CRH2型动车组列车显示屏颜色和字体有所区别。除CRH2A统型动车组列车外的其他CRH2型动车组列车的显示屏为三色,LED点阵密度小,字体略宽,CRH2A统型动车组列车的显示屏只能显示黄色,LED点阵密度大,字体为标准的宋体。

(a) 其他CRH2型动车组列车

(b) 统型CRH2A型动车组列车

图3-3-30　CRH2A型动车组列车显示屏

9. 宣传镜框

CRH2型动车组列车设置宣传镜框47个,其中每车风挡各1个,共14个;每节车厢四角墙壁各1个(一等座车1个),共29个;每个盥洗室旁墙壁各1个,共4个。

任务训练

一、任务目标与实施

学完本部分知识，应能够正确掌握 CRH2 型动车组列车设备与设施的构成。可分组讨论 CRH2 型动车组列车的特点，然后总结。有实物设备与设施的，可进行实操练习使用。

二、训练建议

本任务训练建议教师理论部分采用课件、实物部分采用大量图片或视频教学，提高学生理论联系实际的能力。

典型工作任务四 掌握 CRH3 型动车组列车设备与设施的使用

任务引入

本任务主要学习 CRH3 型动车组列车服务设备与设施的主要构成和使用性能，是动车组列车乘务岗位职工及管理人员必须掌握的知识。

请思考：

CRH3 型动车组列车内有哪些设备与设施？

知识准备

CRH3 型动车组列车分为 CRH3A 型动车组列车和 CRH3C 型动车组列车两种车型（图 3-4-1）。

(a) CRH3A型动车组列车　　(b) CRH3C型动车组列车

图 3-4-1　CRH3 型动车组列车

一、基础设备

1. 侧门

CRH3 型动车组列车设置 22 个侧门,日常通过集中控制进行车门开启和关闭。

2. 感应式内端门

CRH3 型动车组列车设置 20 个感应式内端门,其中 2 位端共计 12 个,1 位端共计 8 个。感应式内端门由自动门感应器、紧急按钮、开门锁定机制、关闭锁定机制、手柄组成。

3. 座椅、小桌、脚踏座椅

CRH3 型动车组列车设置 556 个座椅(各车厢分布同定员),一等座车 2+2 布置,二等座车2+3 布置。每组座椅下部设有方向可调装置(同时可进行座椅靠背复位),如图 3-4-2 所示,按照列车运行方向随时进行调节。一、二等座车均可对靠背角度进行前后调节,一等座车调节按钮在扶手内侧(图 3-4-3),二等座车调节按钮在扶手下方。此外,二等座车每个座椅背面设有折叠式小桌及网袋(餐车就餐区座椅除外),如图 3-4-4 所示,供后面旅客使用。一等座车扶手内设有可折叠式小桌,背面设有网袋,用于放置杂志、服务指南及清洁袋。一等座车座椅背面下方及车厢两端墙壁设有脚踏板,提高乘坐的舒适度。

图 3-4-2　座椅方向调节装置

图 3-4-3　一等车座椅调节按钮

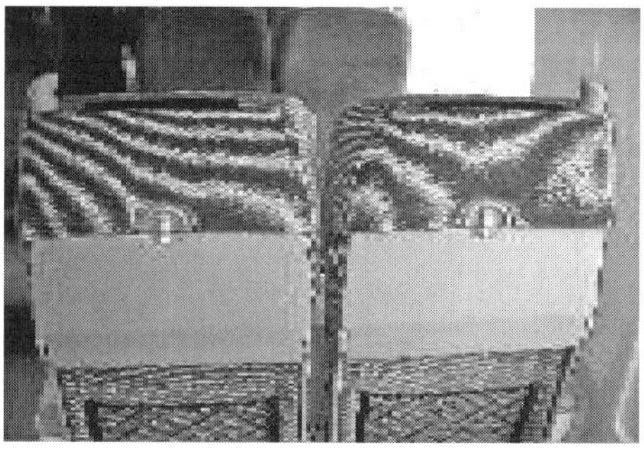

图 3-4-4　折叠小桌及网袋

4. 车窗

CRH3 型动车组列车采用光学折射原理的减速玻璃,减小因动车组列车高速运行产生的视觉冲击而给旅客带来的身体不适感。车窗内部设有半透明内嵌下拉式窗帘。

5. 电茶炉

CRH3C 型动车组列车设置 8 个电茶炉(图 3-4-5),1、3、5、6、8 号车厢均设置于车厢 2 位端,2、7 号车厢设置于车厢 1 位端,4 号车厢设置于吧台外侧墙壁内。使用时需将按压开关按至底部(起防烫伤作用),缺水显示灯亮起时,表示水箱内缺水,应立即通知机械师关闭电茶炉电源开关。

电茶炉提供旅客用的热水。开水箱和净水箱是分开的。开水和净水不会混在一起。只要电茶炉接通电源,开水就会保持在 90 ℃以上。

在车内环境温度低于 4 ℃或高于 45 ℃时,热饮水机将进入自动保护状态,并停止工作。

电茶炉上有一个排水按钮(图 3-4-6),按下这个按钮将自动打开电茶炉内部的排水电磁阀,电茶炉内的水可以通过管路流到导轨上。

1—指示器板;2—水龙头;3—排水装置。

图 3-4-5 电茶炉

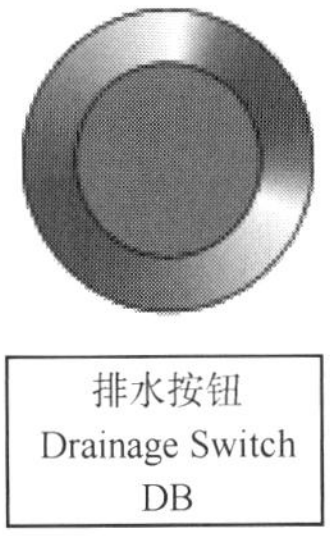

图 3-4-6 排水按钮

电茶炉前面的指示器显示含义见表 3-4-1。

表 3-4-1 指示器显示含义

指 示 器	含 义
电源  Power	(1)接通电源时亮 (2)闪亮时指示: ①出现一个错误 ②防冻排水正在运行
加热  Hot	(1)热饮水机工作时亮 (2)闪亮时指示出现一个错误
缺水  Unfilled	(1)净水供给中断的情况下亮 (2)闪亮时指示: ①出现一个错误 ②防冻排水正在运行

6. 垃圾箱

CRH3 型动车组列车设置 32 个垃圾箱，其中小废物箱 10 个(每个卫生间内 1 个)，车厢垃圾桶 22 个(两头观光室各 1 个，餐吧车 4 个，其余车厢每车 2 个)。

7. 行李架

除餐车休闲区外，每节车厢均设置行李架。

8. 乘务员室

CRH3 型动车组列车设置 1 个乘务员室，位于 4 号车厢 2 位端。乘务员室内设有列车 PIS 通信装置 1 台，紧急制动阀 1 个，列车影视操作控制系统 1 台，MMI 显示屏 1 台(可控制车内温度、照明，查询车内有无异常并显示有解决提示等)。

9. 水箱

CRH3 型动车组列车 1、8 号车厢水箱容量为 160 L，4 号车厢(餐吧车)水箱容量为 700 L，2、3、5、6、7 号车厢水箱容量分别为 300 L；有卫生设施的车厢车底设有废水箱，容量为 450 L。

二、服务设备

1. 卫生间

CRH3 型动车组列车设置 10 个卫生间，2、3、5、6、7 号车厢每车 2 个，均为坐式卫生间(其中 5 车设有 1 个无障碍卫生间)。每个卫生间内设有触摸式冲水阀、洗手盆、烟火报警装置(顶棚上)、废物箱及卷纸、抽纸、坐便垫放置位置。

CRH3C 型动车组列车的卫生间采用真空保持式集便器(图 3-4-7)，不同于 CRH1 型动车组列车的在线型集便器，只在排污管内形成负压，CRH3C 型动车组列车的集便器系统通过真空发生器上的喷射器将整个污物箱和排污管抽成负压，在污物箱和排便管内建立并保持一定的真空度。冲洗时，压缩空气作用于水增压器，产生一定压力的水流冲洗便器，排泄阀打开；在压力水流及污物箱和管路负压力的双重作用下，污物被吸入污物箱；紧接着排泄阀关闭，水增压器恢复水位，为下次冲洗做好准备。

2. PIS 通信装置

CRH3 型动车组列车设置 6 台 PIS 通信装置(图 3-4-8)，其中 1 台设置于乘务员室内，另外 5 台分别设置于 2、3、5、6、7 号车厢 2 位端车门一侧壁板内，便于列车广播及工作人员联络使用。使用时，先按下话筒挂钩开关，然后从托架上取下话筒。为基本乘客广播键，按下此按钮后再按下话筒内侧的通话按钮并保持其处于按下状态即可广播，广播时所有话筒上的 AOC 指示灯◉ AOC亮起(车厢扬声器占用)，表明车厢广播系统当前被占用，且所有其他听筒的这一功能都被阻止。靠近话筒的车厢扬声器被设定为无声；为基本内部通信(对驾驶员)，按下此键后所有驾驶室(在双牵引机车上最多为 4 个)的托架扬声器上响起“驾驶员”的振铃信号，等待驾驶员回应呼叫，然后建立通话，如果驾驶员话筒以外的某个话筒被拿起，该话筒上的 TOC 指示灯(电话占线)亮起(该指示灯将一直亮着，直到话筒被重新放回托架)，它指示电话系统当前占线，所有其他话筒的这一功能都被阻止；为信号铃键(驾驶员使用)，如驾驶员按下驾驶室的内部通信装置上的“信号铃”键，则整列列车的所有车厢扬声器中都响起信号铃音。

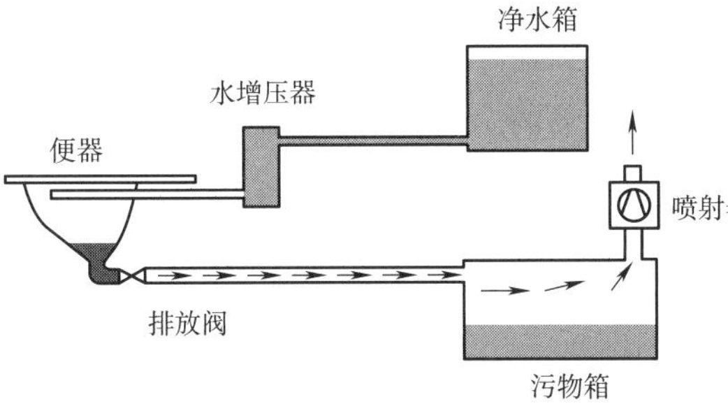

图 3-4-7 真空保持式集便器示意

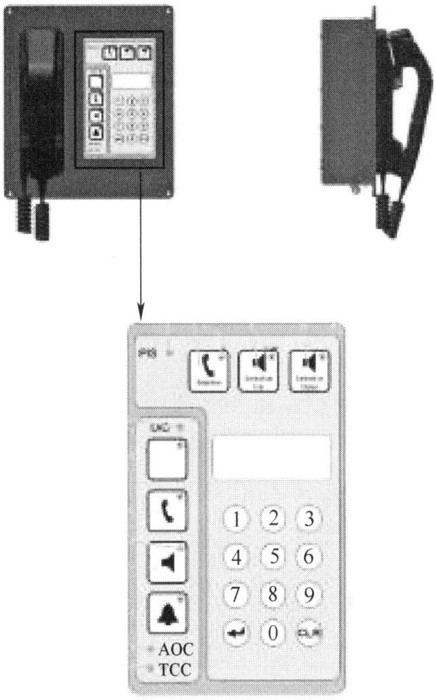

图 3-4-8 PIS 通信装置

3. 储物柜

CRH3 型动车组列车设置 7 个储物柜，其中 4 号车厢吧台内 1 个，4 号车厢 2 位端 6 个。

4. 大件行李存放处

CRH3 型动车组列车设置 11 个大件行李存放处，其中 1、8 号车厢 2 位端各 1 个，5 号车厢 1 位端 1 个，2、3、6、7 号车厢 1、2 位端各 1 个，用于放置体积较大的行李物品。

5. 无障碍服务设施

CRH3 型动车组列车设置残障旅客专用区域、无障碍卫生间及无障碍弯道。残障旅客专用区域位于 5 号车厢内 2 位端 1、2 号座席对面空档处；无障碍卫生间及无障碍弯道均位于 5 号车 2 位端。无障碍卫生间设有内外触摸式门锁、紧急呼叫按钮，马桶两侧设有两个不锈钢扶手。无障碍卫生间自动触摸式开关门装置如开门后没有任何操作，则 45 s 后自动关门。无障碍卫生间的手动开关门锁在卫生间门左侧墙板上方，如锁闭手动开关门锁，则自动门锁装置失效。无障碍卫生间内的 SOS 紧急呼叫按钮按下后，则紧急呼叫被可视化地显示在乘务室 MMI 显示屏的状态区域

，同时会通过车厢扬声器发出叮当的声音。只要该紧急呼叫未得到答复，即使紧急呼叫按钮被重复按下，也不会触发其他求助呼叫，必须通过再次按下 SOS 按钮

手动取消由通用卫生设施中触发的未处理的紧急呼叫。

6. 婴儿护理台

CRH3 型动车组列车设置 1 个婴儿护理台，位于 5 号车厢 2 位端无障碍卫生间内。使用时，抬起把手将婴儿护理台打开即可使用。

7. 影视、音乐播放系统

CRH3 型动车组列车设置 6 个播放装置,一等座车两端墙壁上各 1 个,顶棚每 2 台为一组,共 2 组 4 台(不可折叠)。一等座车每个座椅右侧扶手内侧设有音乐、影视控制器,可自主调节电视及音乐的音量。

8. 电源插座

CRH3 型动车组列车设置 47 个电源插座,其中 1～8 号车厢内 1、2 位端墙壁下方各 1 个,4 号餐吧车内 5 个(其中 3 个带有插座开关)、乘务员室 1 个,5 号车厢每排座席靠近通道一侧座席下各 1 个(共 25 个)。

9. 电子显示屏

CRH3 型动车组列车设置 17 块电子显示屏,其中 1～8 号车厢客室两端内端门上方各 1 块,4 号车乘务室墙壁背面上方 1 块。显示列车运行日期、车次、时速、列车运行时间、列车编组及车厢号,服务设施介绍、车外温度、安全提示、投诉电话。电子显示屏容量为 256 K,最多可容纳 131 072 个字,可显示 3 行,最上面一行只能显示数字。

任务训练

一、任务目标与实施

学完本部分知识,应能够正确掌握 CRH3 型动车组列车设备与设施的构成。可分组讨论 CRH3 型动车组列车的特点,然后总结。有实物设备与设施的,可进行实操练习使用。

二、训练建议

本任务训练建议教师理论部分采用课件、实物部分采用大量图片或视频教学,提高学生理论联系实际的能力。

典型工作任务五　掌握 CRH5 型动车组列车设备与设施的使用

任务引入

本任务主要学习 CRH5 型动车组列车设备与设施的主要构成和使用性能,是动车组列车乘务岗位职工及管理人员必须掌握的知识。

请思考:

CRH5 型动车组列车内有哪些设备与设施?

知识准备

CRH5A 型动车组列车(图 3-5-1)单列编组 8 辆,动力配置为 5 动 3 拖,列车由 2 个牵引单元组成,包括 8 节车辆,可两列重联。每个牵引单元由 4 辆车组成。其中一个牵引单元包括

3 辆动车(Mc2、M2s 和 M2)和 1 辆拖车(Tp)。另一个牵引单元包括 2 辆动车(Mh、Mc1)和 2 辆拖车(T2、Tpb)。每个牵引单元配一个主变压器和相应的受电弓。CRH5A 型动车组列车大定员车体为 1 辆一等座车(席位 2+2 设置)和 7 辆二等座车(席位 2+3 设置),定员 622 人;小定员车体为 2 辆一等座车和 6 辆二等座车,定员 586 人。CRH5A 型动车组列车 6 号车为餐吧车,7 号车设有残障旅客座席。

图 3-5-1 CRH5A 型动车组列车

一、基础设备

1. 侧门

CRH5A 型动车组列车每节车厢两侧各设有一个集控车门,如图 3-5-2 所示。

(1)外侧控制装置。

车门外侧主要控制装置包括触摸式开门按钮(图 3-5-3)、车门紧急解锁拉手、内凹式拉手、手动车门锁。

图 3-5-2 CRH5A 型动车组列车集控车门

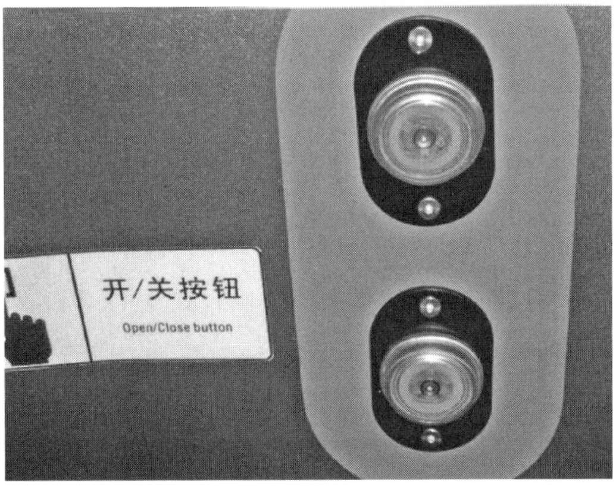

图 3-5-3 触摸式开门按钮

在车门外开门时,将车门紧急解锁拉手(图 3-5-4)扳至 90°位置,同时拉动车门即可开启车门;司机释放后可以使用触摸式开门按钮开门(司机释放后按钮内部灯呈亮灯状态,未释放为灭灯状态),上部按钮供成人使用,下部按钮供儿童及残障旅客使用。

(a)

(b)

图 3-5-4　车门紧急解锁拉手

(2)内侧控制装置。

车门一侧壁板设有紧急三角锁、蜂鸣器、紧急开门按钮(外侧有保护罩)、车门紧急解锁拉手(图 3-5-4),在手动解锁车门时使用。手动解锁有两种方法:一是用三角钥匙向左侧拧动紧急三角锁,同时蜂鸣器蜂鸣,向下扳动车门紧急解锁拉手至 90°位置后拉动车门打开(关闭时,用三角钥匙将侧面的紧急三角锁向右拧到位,同时车门蜂鸣器无蜂鸣声即可);二是直接将紧急开门按钮外部防护罩按破后,按住按钮,再将车门紧急解锁拉手向下扳动至 90°位置后拉动车门。

车门另一侧壁板设有触摸式红色关门按钮、绿色开门按钮,用于车厢内操作开、关车门。按钮必须在司机释放后方可使用,司机释放后开关门按钮内部灯呈亮灯状态,未释放为灭灯状态。

(3)车门踏板。

每个客室门的入口处均设有一个车门踏板(图 3-5-5),其基本结构为一个仅由两个铰链支撑的踏板。这两个铰链将根据站台高低升降车门踏板,低站台情况下将其提升,高站台情况下将其降下。通过一个气动弹簧可吸收主作用力以方便乘务员操作。在顶部或底部位置时,必须使用三角钥匙锁定车门踏板。在两个锁壳处执行锁定操作,每个锁壳上配有 1 个限位开关,可将自动踏板的实际位置信息传输至车门控制单元(door control unit,DCU)。

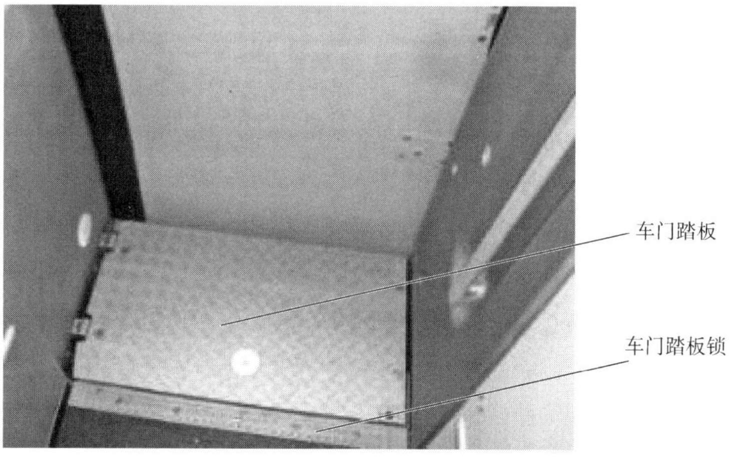

图 3-5-5　车门踏板

(4)站台补偿器。

车门踏板装有一个电驱动可伸缩站台补偿器(图 3-5-6),用于搭接在高站台和门口之间。站台补偿器位于车门踏板边缘,列车停稳、开门后,站台补偿器自动伸出。自动装置故障时应通知机械师使用三角钥匙调整。

图 3-5-6 站台补偿器

(5)锁定、安全和车门控制。

车门和可伸缩踏板的安全操作要求概述如下:

①当列车加速至 5 km/h 或该速度以上时,由乘务员操作的车门开启授权和车门开启控制可自动取消,当列车减速至 5 km/h 或该速度以下时则无法取消。

②速度为 5 km/h 或超过该速度时,车门必须自动关闭。

③车门开启过程中,如可伸缩踏板未处于正确位置,则必须阻止车门开启。

④车门关闭过程中,如可伸缩踏板未返回至其原始位置,则必须阻止车门关闭。

⑤车门上设有若干敏感边条,如关闭过程中在车门和门框之间碰到任何人或物体,则敏感边条会使车门重新完全开启。约 5 s 后,车门将自动重新关闭。该循环会重复操作,直至障碍物被清除,即使无安全装置保护,手指(最小直径 10 mm)也不可能被夹在车门和门框之间。因此,车门会一直运动直至关闭循环结束。

⑥踏板上设有收回装置,当作用于其上的重量超过 300 N 时,踏板停止关闭。如果关闭过程中检测到踏板上有障碍物,则踏板会打开至完全开启位置并尝试重新关闭。尝试几次后,踏板停止并发出故障示。

⑦每个车门上均设有声音信号蜂鸣器。车门即将关闭时,鸣响 2 s;因检测到障碍物开启时,鸣响 2 s。车门处于停用状态,但踏板未收回时,鸣响 20 s。

(6)车门指示灯。

客室门的车门关闭和开启信号装置,车门内侧设有内凹式拉手,上方有红色、绿色、白色三个显示灯(图 3-5-7),在通过台区的内部可见。绿灯表示车门正常,车门完全关闭、锁定且踏板收回;红灯表示车门故障,车门未完全关闭或踏板未收回;白灯表示车门隔离、停用。

2. 电动内端门

每节车厢两端各设有一个电动内端门(图 3-5-8),用于保持车厢温度和隔离运行中车间连接处产生的噪声。

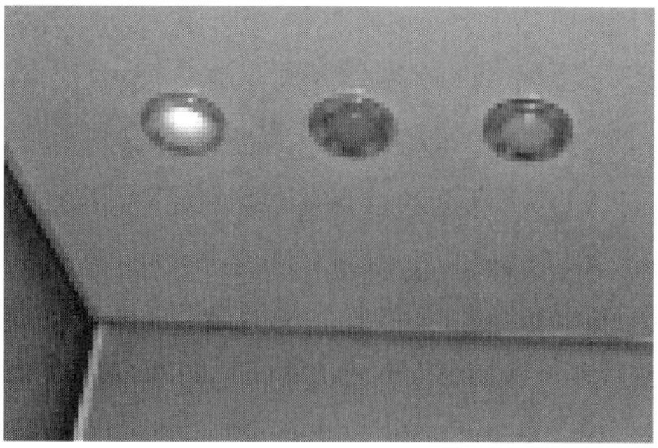

图 3-5-7　显示灯

图 3-5-8　电动内端门

电动内端门的主要控制装置由黄色开启按钮、红色解锁复位按钮、三角锁和内凹式拉手组成。

通过电动内端门时,只需按下内侧或外侧黄色按钮,端门即可打开,延时数秒后自动关闭。

需长时间开启内端门时,须按下内侧或外侧红色按钮。再次按下红色按钮,电动内端门关闭,恢复自动状态。

以上操作需将三角锁置于解锁状态,在锁定状态时各按钮不可用。

3. 监控室

监控室位于餐吧车 2 位端,设有随车机械师监控装置和车载电话等设备,如图 3-5-9 所示。

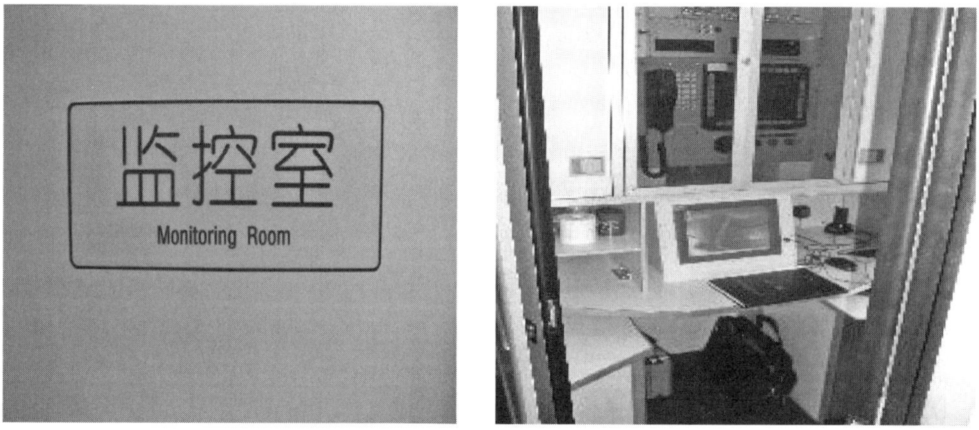

图 3-5-9　监控室

4. 综合控制箱

单组 2～7 号车分别设有综合控制箱(图 3-5-10),内有车载电话(6 号车在机械师室内)、照明开关、紧急通风按钮、空调调节旋钮、液位仪和集便器指示灯。另外,1 号车、8 号车司机室内设有车载电话、液位仪和集便器指示灯。

5. 座椅、小方桌、衣帽钩

(1)一等座车座椅采用2＋2 方式布置,主要设备有:织物衬套、头枕、头枕片、扶手、小方桌、杂志网、脚踏板等。座椅上方设有阅读灯。

(2)二等座车座椅采用 3＋2 方式布置(图 3-5-11),主要设备有:织物衬套、扶手、小方桌、杂志网等。

1—听筒；2—电话匣门；3—客室。

图 3-5-10 综合控制箱

图 3-5-11 CRH5 型动车组列车二等座车座椅

(3)每个座椅的扶手处设有一个调节按钮(图 3-5-12)，用于调节座椅靠背的角度。大定员车体座椅调整时，向上扳动座席下方的拉手，同时身体向前滑动即可进行座席调整。

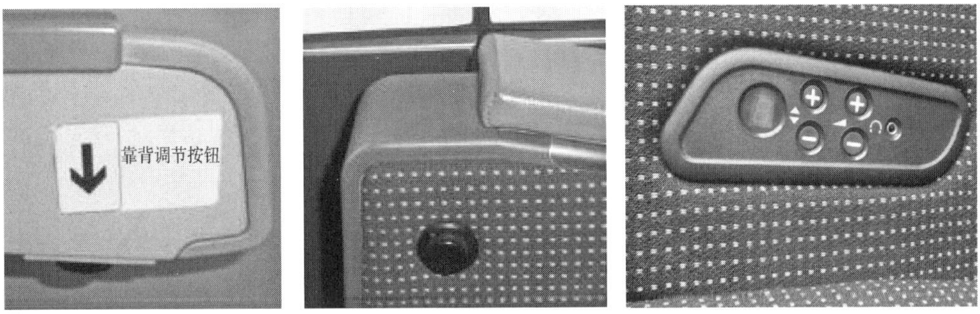

图 3-5-12 调节按钮

(4)设有旋转装置的座椅可以旋转(大定员车体的座椅不能旋转)。调换方向时，须将座椅、茶桌板归位，然后轻轻踩住座椅下方的脚踏板(图 3-5-13)，按顺时针方向旋转座椅。

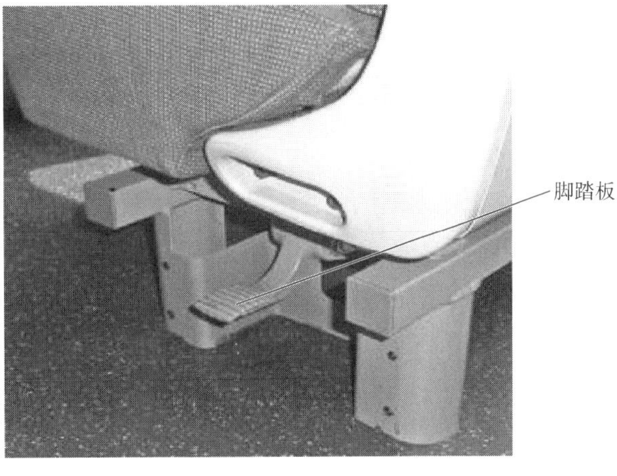

图 3-5-13 转椅脚踏板

(5)背靠折叠桌(图 3-5-14)展开即可使用；位于扶手内的折叠小桌需打开扶手活动盖板，向上取出后打开使用。

(6)座椅侧面墙壁设有衣帽钩，按压下部悬挂点弹出。

(7)单组 7 号车 2 位端设有残障旅客专用区域及无障碍弯道，以供残障人士使用。大定员车体设有残障旅客座椅(图 3-5-14)，位于 74 号座位，座椅靠墙壁一侧有紧急求助按钮。

图 3-5-14　折叠桌及残障旅客座椅

(8)轮椅可存放在 7 号车厢残障旅客专用区域(设有防护带),使用时需将防护带轻轻拉出、扣紧,将轮椅固定好即可。

6. 行李架、空调出风口

每车节厢座席上方设有行李架、空调出风口。

7. 垃圾箱

车厢连接处和电茶炉下各设有一个垃圾箱(餐吧车除外)。

8. 备品柜

全列共设备品柜 5 个,其中 1 个位于 6 号车机械师室对面,2 个位于 7 号车 2 位端,其余 2 个分别位于 1、8 号车 2 位端。

二、服务设备

1. 照明灯、阅读灯及电源插座

(1)每节车厢配均有照明设备(图 3-5-15),由随车机械师统一操纵。

(2)一等座车在行李架底面设有阅读灯,按下开关键灯即亮起,灯座可根据旅客需要进行角度调整。

(3)车厢内的电源插座(图 3-5-16)。在座席下方、卫生间、大件行李存放处及过道墙壁适当设有部分电源插座。

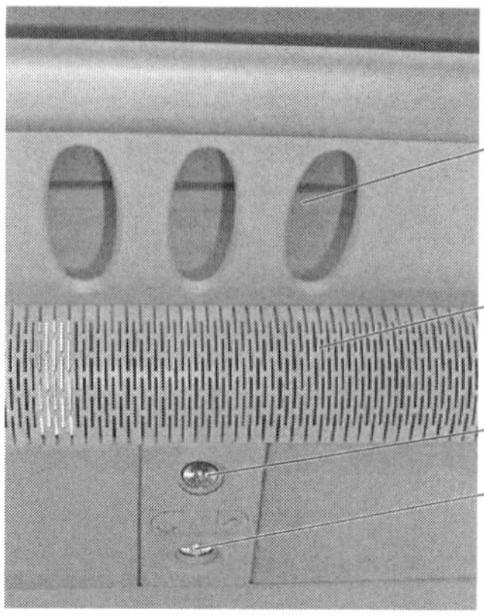

图 3-5-15　照明设备

图 3-5-16　电源插座

2. 车窗遮阳幕

动车组列车由于速度高，所以采用减速玻璃。车窗处设有半透明内嵌下拉式遮阳幕，如图 3-5-17 所示。

图 3-5-17 车窗遮阳幕

3. 大件行李存放处

部分车厢 2 位端设有大件行李存放处，每处为三层结构。

4. 卫生间

(1)卫生间分蹲式便器和坐式便器两种，均采用真空集便器。

(2)每个卫生间设有洗手盆、感应器、洗手液盒、干手器、芳香盒、烟雾感应装置(顶棚上)、电源插座、扶手、垃圾箱、触摸式冲水按键及卷纸、抽纸、坐便垫储放位置等设施，卫生间门设有“有无人”显示装置。垃圾箱拆卸后，应注意禁止任何物品触碰到电器线路。

(3)无障碍卫生间设在 7 号车厢，采用坐式便器，设有内、外触摸式自动门锁、紧急求助按钮、不锈钢扶手、婴儿整理台、电源插座等设备。使用时按下外部黄色按钮即可开门，进入后，先按下黄色按钮，在门完全关闭后再按下红色按钮，锁闭卫生间门。出来时按黄色按钮开门。无障碍卫生间标识如图 3-5-18 所示。

图 3-5-18 无障碍卫生间标识

(4)当需要求助时，可按下坐便器一侧或内门上的 SOS 残疾人紧急求助按钮(图 3-5-19)。紧急呼叫显示在机械师室显示屏内，同时机械师室和车厢内扬声器会发出提示音，再次按下 SOS 按钮，可取消紧急呼叫。

(5)CRH5 型动车组列车采用真空中转式集便器(图 3-5-20)。这种集便器的原理是将污物通过中转箱收集到一个常压的污物箱中。该集便器将水增压器、喷射器、排泄阀、中转箱等机构集成在集便器内部，形成一个模块，安装空间非常紧凑。冲洗时，中转箱首先产生负压力，同时水增压器冲洗便盆，随后中转箱进口阀打开，利用负压将污物吸入；然后进口阀关闭，中转箱再产生正压力，与车下污物箱相通的出口阀打开，将污物推向污物箱。

(6)婴儿护理台(图 3-5-21)使用方法：抬起把手，将婴儿护理台打开，确定整理台平稳，即可正常使用。

图 3-5-19　紧急求助按钮

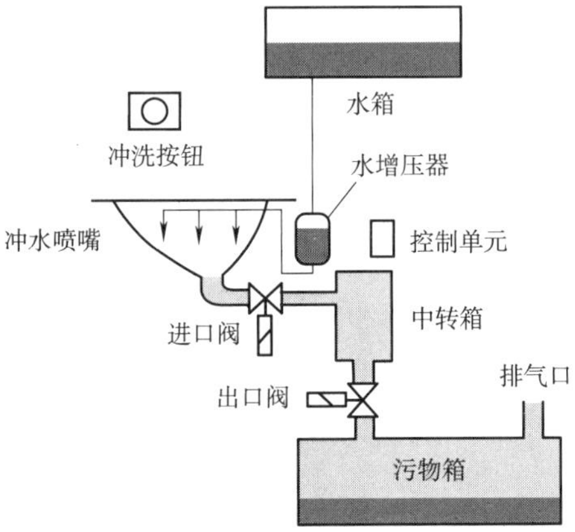

图 3-5-20　CRH5 型动车组列车集便器示意

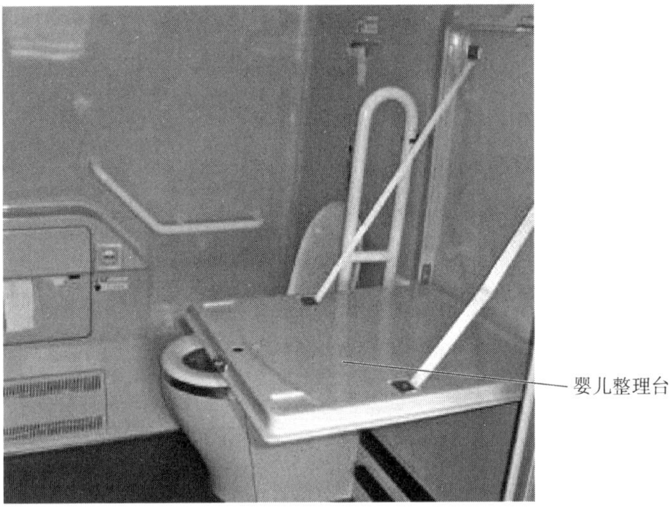

图 3-5-21　婴儿护理台

5. 餐吧车

餐吧车(图 3-5-22)位于单组车体 6 号车,重联时为 6 号、14 号车。餐吧车设备有:餐桌、依靠栏、吧台、陈列柜、微波炉、冷藏柜、储藏柜、电茶炉、水槽、售货车、垃圾箱等。售货车应配有防撞胶条和制动装置,放置于吧台一侧。

图 3-5-22　餐吧车

6. 广播和对讲设备

司机和列车长均可通过位于每节车及司机室内的听筒发起广播(PA)呼叫。通过扬声器和座椅音频广播通知。通知的优先级高于头戴式耳机的娱乐音频。每个听筒均设有一组按键,这些按键可通过软件用司机室听筒和列车长室听筒(图 3-5-23、图 3-5-24)设备启用/禁用。

司机室听筒和列车长室听筒比车辆听筒增设更多功能。

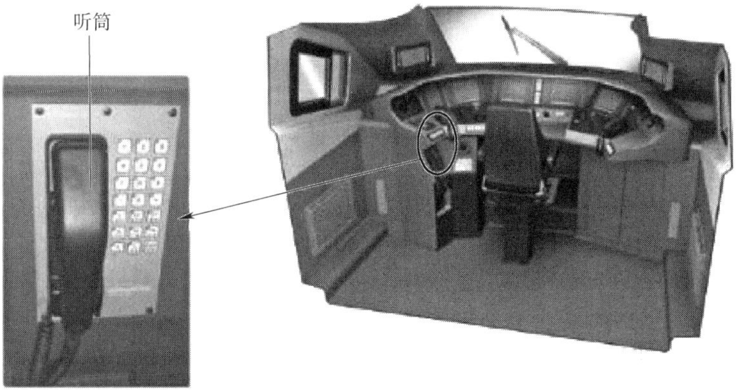

图 3-5-23 司机室听筒

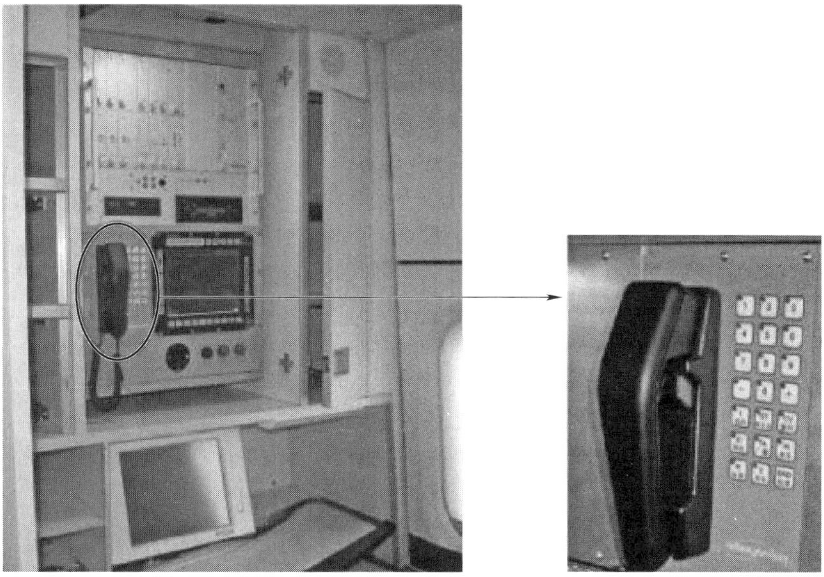

图 3-5-24 列车长室听筒

7. 显示屏单元。

(1)内部显示屏单元。

内部 LED 显示屏单元(图 3-5-25)为单路 LED 型,可视屏 570 mm×92 mm。内部 LED 显示屏单元安装在客室天花板上。

内部 LED 显示屏单元上显示的信息可视距离为 10 m。该单元由车辆 RS-485 总线驱动,并由音频供电单元(简称 APU)和音频控制单元(简称 ACU)进行管理。

内部 LED 显示屏单元以中英文交替显示、终到站、下一站、进路时刻表、日期和时间、速度、车内和车外温度、列车长发送的即时信息等。

内部 LED 显示屏单元支持水平滚动和垂直滚动,易于设计信息持续显示时间。

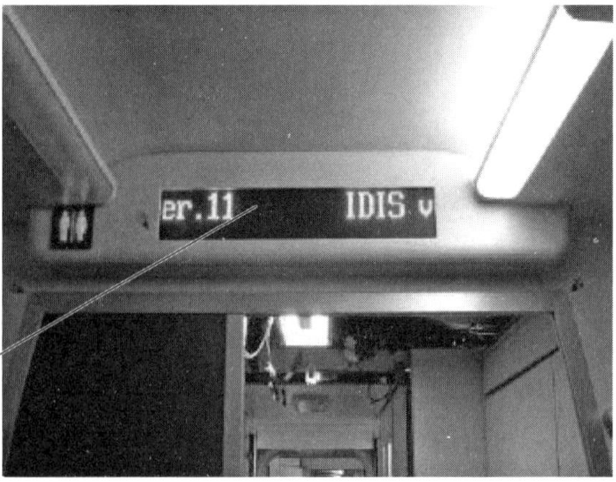

图 3-5-25　内部 LED 显示屏单元

(2)外部 LED 显示屏单元。

外部 LED 显示屏单元(图 3-5-26)分为三个不同的区域，分别用于显示车号、车次号和进路信息(始发站和终到站)。

进路信息以中英文交替显示，特征与内部 LED 显示屏单元相同。当车速大于 45 km/h 时，外部 LED 显示屏单元关闭。

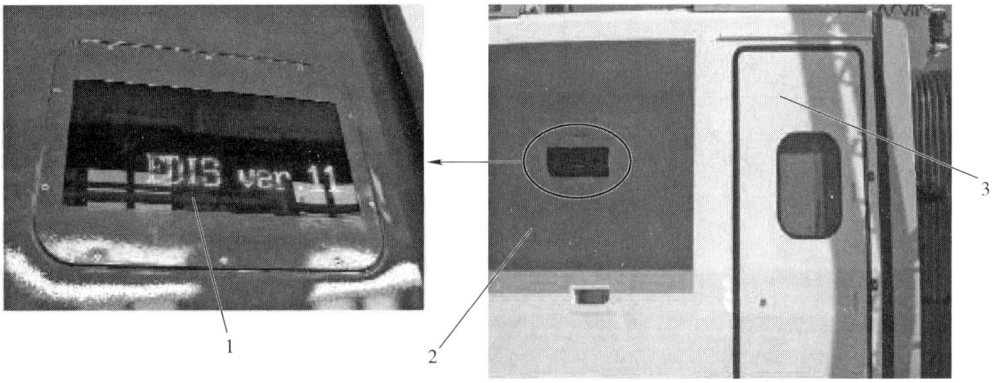

1—外部 LED 显示屏单元；2—外部侧墙；3—客室门。

图 3-5-26　外部 LED 显示屏单元

任务训练

一、任务目标与实施

学完本部分知识，应能够正确掌握 CRH5 型动车组列车设备与设施的构成。可分组讨论 CRH5 型动车组列车的特点，然后总结。有实物设备与设施的可进行实操练习使用。

二、训练建议

本任务训练建议教师理论部分采用课件、实物部分采用大量图片或视频教学，提高学生理论联系实际的能力。

典型工作任务六 掌握 CRH380A 型动车组列车设备与设施的使用

任务引入

本任务主要学习 CRH380A 型动车组列车设备与设施的主要构成和使用性能，是动车组列车乘务岗位职工及管理人员必须掌握的知识。

请思考：

CRH380A 型动车组列车内有哪些设备与设施呢？

知识准备

一、基础设备

CRH380A 型动车组列车(图 3-6-1)采用 6 动 2 拖的编组方式，早期列车设有带一等包厢座位的一等座车(ZY)2 辆、二等座车(ZE)3 辆、带观光座的二等座车(ZEG)2 辆和带餐吧的二等座车(ZEC)1 辆。其中一等座车采用 2＋2 方式布置，二等座车为 2＋3 布置。除了带餐吧的二等座车、一等包厢座位外，其他车厢所有座位均能旋转。列车设有观光座定员 12 人，一等包厢定员 6 人，一等座车定员 89 人，二等座车定员 373 人，全列定员 480 人。后期生产的 CRH380A 型动车组列车进行了统型处理，取消了一等包厢，观光座改为商务座。

1. 车厢内部布局

(1)一等座车。

3 号、4 号车是一等座车(ZY)，座椅按 2＋2 形式设置。其中 3 号车厢定员 44 人，包括 1 个包厢，内设 6 个座位和一张大办公桌，装有自动门，形成一个封闭的会议室，可用于商务洽谈；4 号车厢定员 51 人。一等座车厢内部布局如图 3-6-2、图 3-6-3、图 3-6-4 所示。

(2)观光座、特等座和商务座。

1 号车和 8 号车(长编组为 16 号车)各设一个观光区，早期生产的 CRH380A 型动车组列车设有 6 个观光座(后改为特等座)，统型版设有 5 个商务座(图 3-6-5、图 3-6-6)。长编组列车观光区设有 2 个商务座和 3 个一等座车。

图 3-6-1 CRH380A 型动车组列车

图 3-6-2 CRH380A 型动车组列车一等座车

图 3-6-3　CRH380A 型动车组列车一等座车包厢车

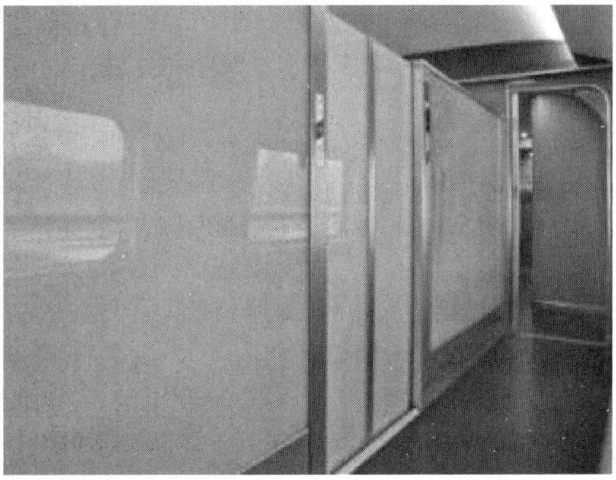

图 3-6-4　CRH380A 型动车组列车一等座车包间

图 3-6-5　观光区商务座

图 3-6-6　商务座

(3)二等座车。

2 号、6 号、7 号是二等座车厢,座席按 2+3 形式设置,如图 3-6-7 所示。

(4)5 号车是二等座车,设有餐车,客室座席按 2+3 形式设置,餐席 16 个,如图 3-6-8 所示。

图 3-6-7　二等座车厢

图 3-6-8　二等座车/餐车合造车

2. 乘务员室

5 号车厢设 1 个乘务员室。

3. 座椅、小桌

可旋转、可调靠背座椅如图 3-6-9 所示，折叠小桌如图 3-6-10 所示。

图 3-6-9 旋转座椅

图 3-6-10 折叠小桌

4. 电茶炉

CRH380A 型动车组列车设置电茶炉 7 个，分别位于 1、2、3、4、6、7、8 号车厢。

5. 垃圾箱

CRH380A 型动车组列车设置垃圾箱为 8 个。

6. 洗手间

CRH380A 型动车组列车设置洗手间 7 个，分别位于 1、2、3、4、6、7、8 号车厢，如图 3-6-11 所示。

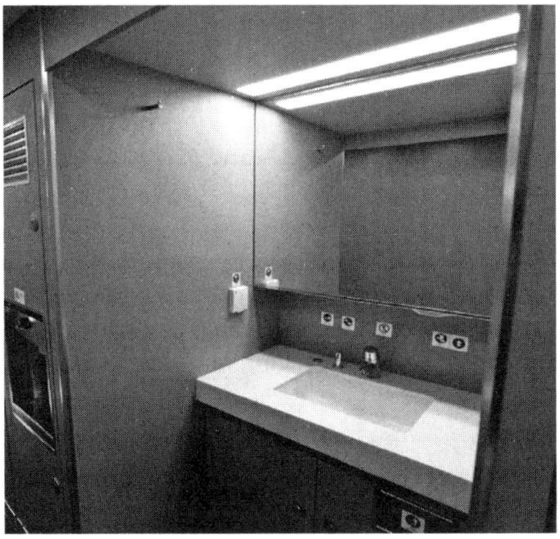

图 3-6-11 洗手间

二、服务设备

1. 卫生间

CRH380A 型动车组列车设置卫生间 12 个，1、8 每车各设 1 个卫生间，2、3、4、6、7 号每车 2

个，均为蹲式卫生间（其中 4 号车设 1 个无障碍卫生间），如图 3-6-12 所示。

2. 行李存放设施

行李存放设施设有透明玻璃行李架和大件行李存放处（图 3-6-13），设 7 个存放区。

图 3-6-12　无障碍卫生间设施

图 3-6-13　大件行李存放处

3. 其他设备

插座、照明设备、脚踏板、卫生间“SOS”紧急呼叫设备分别如图 3-6-14、图 3-6-15、图 3-6-16、图 3-6-17 所示。

图 3-6-14　插座

图 3-6-15　照明设备

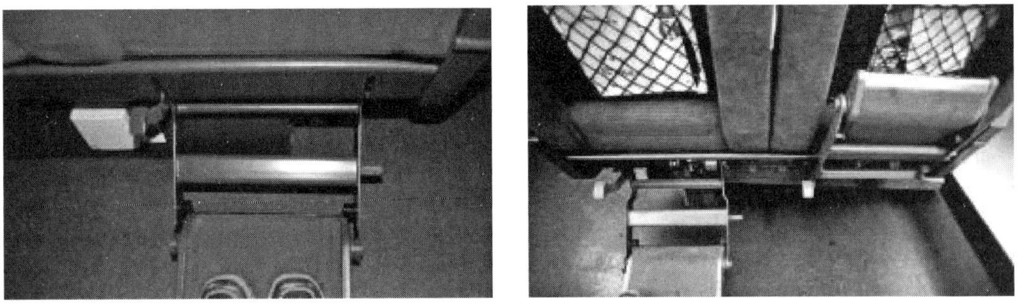

图 3-6-16 脚踏板

三、通信设备

高速铁路乘务通信设备有车内通话设备、应急广播联络设备(图 3-6-18)、乘务人员随身携带通信设备等。

图 3-6-17 卫生间“SOS”紧急呼叫设备

图 3-6-18 应急广播联络设备(乘务室)

任务训练

一、任务目标与实施

学完本部分知识,应能够正确掌握 CRH380A 型动车组列车设备与设施的构成。可分组讨论 CRH380A 型动车组列车的特点,然后总结。有实物设备与设施的,可进行实操练习使用。

二、训练建议

本任务训练建议教师理论部分采用课件、实物部分采用大量图片或视频教学,提高学生理论联系实际的能力。

典型工作任务七　掌握 CRH2 型长编组卧铺动车组列车设备与设施的使用

任务引入

本任务主要学习 CRH2 型长编组卧铺动车组列车服务设备与设施的主要构成和使用性能,是动车组列车乘务岗位职工及管理人员必须掌握的知识。

请思考:

CRH2 型长编组铺车动车组列车内有哪些设备与设施呢?

知识准备

一、概述

时速 200～250 km、16 辆编组的 CRH2 型长编组卧铺动车组列车采用动力分散型交流传动的牵引方式。

CRH2 型长编组卧铺动车组列车以 8 辆动车和 8 辆拖车构成一个固定编组(图 3-7-1),其中 T 表示拖车,M 表示动车,C 表示驾驶室车,1 号、16 号车为二等座车,2～7 号、9～15 号车为软卧车,8 号车为餐车。

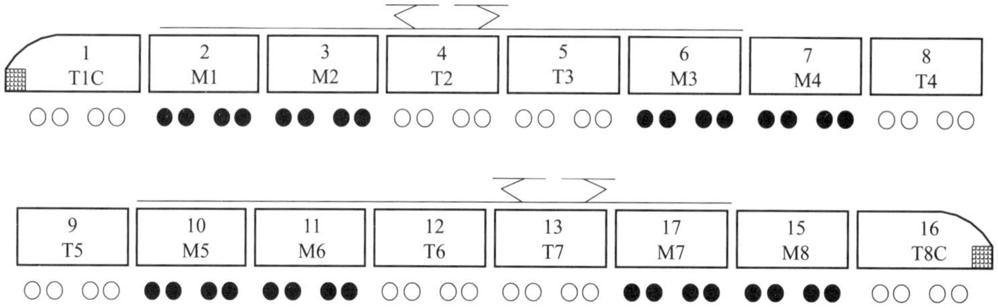

图 3-7-1　列车编组

二、列车主要设备布置

CRH2 型长编组卧铺动车组列车主要设备配置见表 3-7-1。

表 3-7-1　卧铺动车组列车主要设备配置

车号	代号	定员/人	主要设备	其他
1	T1C	55	二等座车:司机室、电开水炉、储藏柜、洗脸室、坐式卫生间、蹲式卫生间、乘务员室	
2	M1	40	软卧车:洗脸室、坐式卫生间、蹲式卫生间、车上水箱、水泵室	
3	M2	40	软卧车:洗脸室、坐式卫生间、蹲式卫生间、电开水炉	

续上表

车号	代号	定员/人	主要设备	其他
4	T2	40	软卧车:洗脸室、坐式卫生间、蹲式卫生间、备品柜	装受电弓
5	T3	40	软卧车:洗脸室、坐式卫生间、蹲式卫生间、电开水炉	
6	M3	40	软卧车:洗脸室、坐式卫生间、蹲式卫生间、车上水箱、水泵室	
7	M4	40	软卧车:洗脸室、坐式卫生间、蹲式卫生间、电开水炉	
8	T4		餐车:配餐室、乘务员室、机械师室、吧台、休闲区、餐厅、备品洁具柜、储藏柜	
9	T5	40	软卧车:洗脸室、坐式卫生间、蹲式卫生间、电开水炉	
10	M5	40	软卧车:洗脸室、坐式卫生间、蹲式卫生间、车上水箱、水泵室	
11	M6	40	软卧车:洗脸室、坐式卫生间、蹲式卫生间、电开水炉	
12	T6	40	软卧车:洗脸室、坐式卫生间、蹲式卫生间、备品柜	
13	T7	40	软卧车:洗脸室、坐式卫生间、蹲式卫生间、电开水炉	装受电弓
14	M7	40	软卧车:洗脸室、坐式卫生间、蹲式卫生间、车上水箱、水泵室	
15	M8	40	软卧车:洗脸室、坐式卫生间、蹲式卫生间、电开水炉	
16	T8C	55	二等座车:司机室、备品洁具柜、储藏柜、坐式卫生间、蹲式卫生间、洗脸室、乘务员室	
合计		630		

三、旅客影视广播信息系统

旅客信息系统、广播系统、影视系统和呼唤服务系统集成一体,是一个能够随时给旅客提供一些重要信息的系统。动车组列车能够及时发送列车当前到站、前方到站、正晚点情况、当前时间、运行速度、临时停车等信息。

旅客信息系统包括信息显示、车内外标识、列车运行信息与自动报站、列车广播、电视、呼唤显示、列车通话系统等。

影视服务系统主要包括各车影视主机、交换机、机顶盒、影视显示器、包间控制器、本车控制板、包间控制面板等构成。

1. 座车影视广播信息系统

座车影视广播信息系统由座车影视系统电源、影视主机功放、座车影视主控制机、视系统主机交换机、座车餐车解码板、本车控制板组成。

座车在客室顶板上设 2 组、客室端墙设 2 个 15 寸数字液晶显示屏,用于视频节目的播放,通过扬声器播放视频节目的伴音,各终端只能同时播放一套视频节目,旅客不能选择节目的播出。当进行列车广播时,客室扬声器转换为广播状态,影视伴音停止,当广播结束时,自动恢复为原来的状态。

液晶显示屏采用电动可旋转式安装结构,由随车机械师或乘务员通过本车控制板(图 3-7-2)控制。

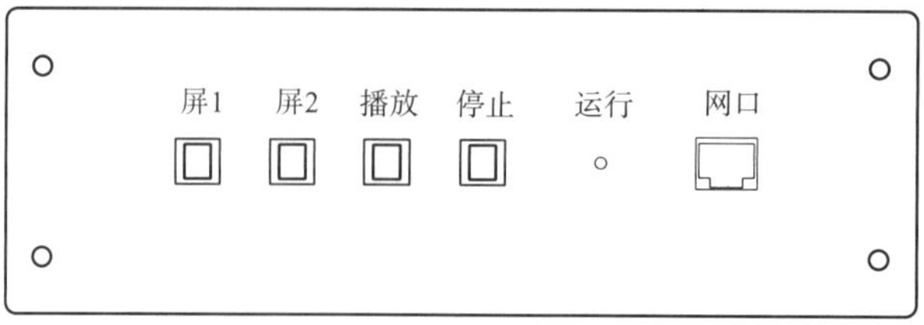

图 3-7-2　1 号、16 号车本车控制板

2. 软卧车影视广播信息系统

软卧车影视广播信息系统由软卧车影视系统电源、影视主机功放、包间音频转换器、影视系统主机交换机、软卧车包间转换机、软卧车机顶盒、软卧车影视主控制机、本车控制板、软卧车包间影视控制板、包间电源组成。

软卧车影视系统在 13 节软卧车厢中每节车厢各有一套。

软卧车每个包间内设 4 台各自独立的 15 寸数字液晶显示屏,每个数字液晶显示屏设独立的节目控制面板并带耳机插孔。在同一时刻,系统同时播出四套视频节目,每位乘客可通过节目控制面板选择其中的一套节目,通过耳机收听视频伴音。当进行列车广播时,耳机应播放广播内容,同时影视伴音停止,当广播结束时,自动恢复为原来的状态。

3. 餐车影视广播信息系统

餐车影视广播信息系统由餐车影视系统电源、影视主机功放、餐车影视控制机、影视系统主机交换机、座车餐车解码板、本车控制板、列车干线网络远程控制终端组成。

在餐车餐厅设 2 台壁挂式数字液晶显示屏,在休闲区设 1 台壁挂式 15 寸数字液晶显示屏用于视频节目的播出,通过扬声器播放视频节目的伴音,各终端只能同时播放一套视频节目,旅客不能选择节目的播出。当进行列车广播时,影视伴音停止,客室扬声器转换为广播状态,当广播结束时,自动恢复为原来的状态。

四、呼唤控制系统

为方便旅客服务,动车组列车设置了由包间控制器、呼唤显示屏等组成的服务系统。

包间控制器(图 3-7-3)设置用于调节包间内的广播音量和向外发出呼唤信息的按键。触摸呼唤按键,呼唤显示屏即发出呼唤信号,同时点亮该包间外的呼唤指示灯。

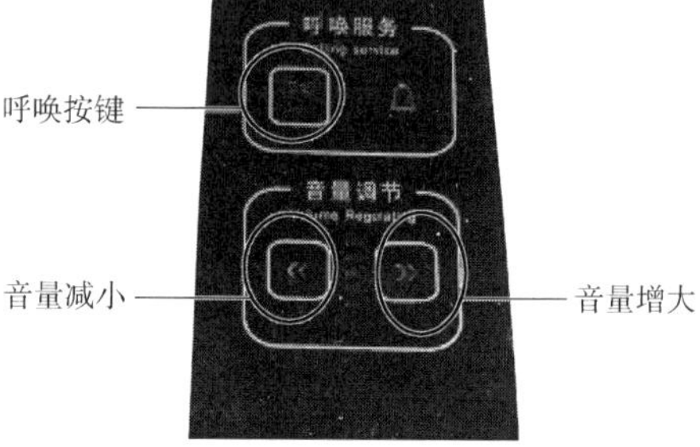

图 3-7-3　包间控制器

除餐车外,动车组列车其他车厢每车设一个呼唤显示屏,各车呼唤显示屏通过广播系统列车干线网络进行通信,显示全列车的呼唤信息(文本显示车号、卫生间、包间号)。

呼唤显示屏每个页面只能显示 4 个相邻车厢的信息,乘务员可通过触摸翻页按键查看其他车厢的呼唤信息,如图 3-7-4 所示。

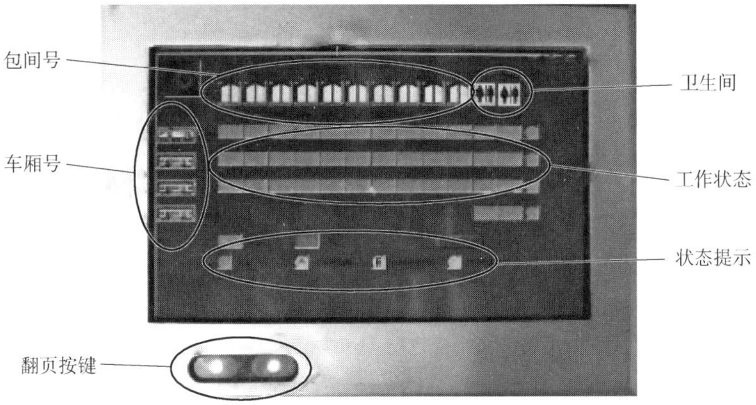

图 3-7-4 呼唤显示屏

显示屏显示车厢包间号或卫生间工作状态的指示灯颜色分别代表不同的含义:灰色表示正常,没有呼唤信息;黄色表示当前设备通信故障;绿色表示该包间或卫生间有情况,旅客已按下呼唤按钮,此时,乘务员应立即前往该区域查看相关情况。

五、包间设备布置

每个包间内设有 2 个上铺及 2 个下铺,下铺带有可调节靠背,具体布置如图 3-7-5 所示。

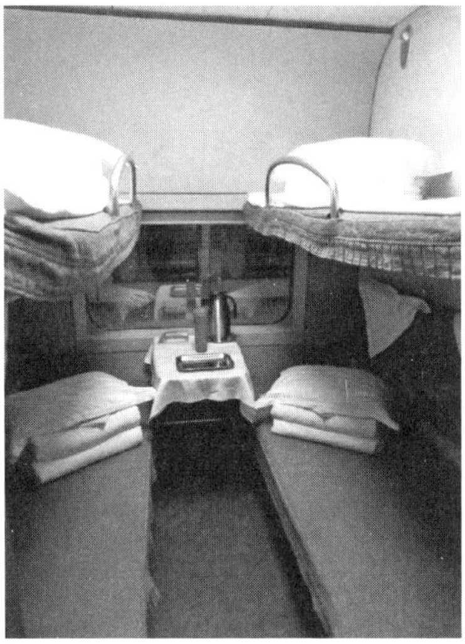

图 3-7-5 包间设备布置

上铺底板四周框架采用铝型材插接结构,底板采用铝蜂窝板,铝型材及铝蜂窝板表面喷漆处理,上铺设有防护栏杆,起保护上铺旅客的作用,防护栏杆与上铺底板采用机械连接结构。

上铺垫表面为蒙面纺织布,内部为高回弹聚氨酯泡沫塑料及防火阻燃毡,具有良好的防火性能。上铺垫与上铺底板采用尼龙搭扣粘结结构,拆卸方便。

上铺与横向间壁采用对穿螺栓固定,两侧通过连接轴与纵向间壁及侧墙上的支撑固定,支撑带有支撑罩,上铺能够承受不大于 2 kN 的垂向载荷。

上铺底板和上铺垫应注意尽量避免刮擦,更换上铺垫时,不需要拆卸上铺,只需向上轻拉上铺垫,使上铺垫与上铺底板脱离,取下上铺垫,打开上铺垫后部的拉链即可更换上铺垫蒙面纺织布。

需要拆卸上铺时,只需把两侧支撑上的盖板卸下,拆卸与横向间壁的固定螺栓,即可把上铺卸下。

下铺设有三个铺腿,每两个铺腿之间设有足够的空间提供给旅客放置行李、物品,下铺靠背具有距离调节功能,可以有效消除旅客长时间乘车的疲劳感。

下铺底板四周框架采用铝型材插接结构,底板采用铝蜂窝板,铝型材及铝蜂窝板表面喷漆处理,卧铺垫与地板采用尼龙搭扣粘结,下铺底板及卧铺垫的结构同上铺。

下铺铺腿与地板及间壁采用机械固定,铺腿内为回风系统,铺腿两侧设有通风口,放置行李时请注意与通风口保持一定距离,如需要检修回风口时,只需拆卸铺腿围板的固定螺钉,卸下铺腿围板即可检修。

下铺铺面与铺腿采用螺钉固定。如需拆卸下铺面,只需移开卧铺垫,卸下下铺面与铺腿固定螺钉即可。

任务训练

一、任务目标与实施

学完本部分知识,应能够正确掌握 CRH2 型长编组卧铺动车组列车设备与设施的构成。可分组讨论 CRH2 型长编组卧铺动车组列车的特点,然后总结。有实物设备与设施的,可进行实操练习使用。

二、训练建议

本任务训练建议教师理论部分采用课件、实物部分采用大量图片或视频教学,提高学生理论联系实际的能力。

典型工作任务八　掌握 CRH2E 型纵向卧铺动车组列车设备与设施的使用

任务引入

本任务主要学习 CRH2E 型纵向卧铺动车组列车设备与设施的主要构成和使用性能,是动车组列车乘务岗位职工及管理人员必须掌握的知识。

请思考:

CRH2E 型纵向卧铺动车组列车内有哪些设备与设施呢?

知识准备

一、概述

图 3-8-1　CRH2E 型纵向卧铺动车组列车

CRH2E 型纵向卧铺动车组列车(图 3-8-1)内部采用车辆中央单通道,卧铺对称通道、平行运行方向的纵向布局模式,上下铺交错布置。每个上下铺位都单独对应窗户,从外侧看有双层列车的错觉,实际主通道还是单层布置。

CRH2E 型纵向卧铺动车组列车采用 16 节大编组,8 动 8 拖,最高运行速度 250 km/h。头尾车均为软卧车,定员 40 人;中间卧铺车由横向卧铺时的定员 40 人增至 60 人;9 号车厢为餐卧合造车，定员 20 人，有 5 个传统的软卧包厢。通过优化空间布局，现有车型比早期生产的卧铺动车组列车 40 人的中间车定员增加三分之一，全车定员也增加到 880 人，比早期 CRH2E 型卧铺动车组列车 630 人定员（二等座车 110 人，软卧 520 人）增加 37%。

二、车型规格

CRH2E 型纵向卧铺动车组列车头型采用骏马衔生造型。车体高度为 4 050 mm，车宽为 3 300 mm，中间车体长度为 25 650 mm，头车车体长度为 26 825 mm，列车的总长度约为 412.8 m。

CRH2E 型动车组列车车门统一设在每节车厢的 2 位端附近。此外，车外电子显示屏设在车门附近的盲窗内，方便旅客查看。列车受电弓设在 4 号车、5 号车、12 号车、13 号车，共 4 处；转向架全部采用轮盘制动。

三、特点

1. 铺位纵向布置

车厢中间为中央通道，两侧设置双层卧铺，铺位采用纵向布置，与列车的运行方向平行，空间独立，像是一格格的小“包间”，如图 3-8-2 所示。

另外，铺位的隔板上配有靠背，并且可以按需求调整倾斜角度。

2. 独立车窗

上、下铺旅客都享有独立车窗，如图 3-8-3 所示。

CRH2E 型纵向卧铺动车组列车增加了车体高度，上铺空间增大，旅客在上铺能舒适坐卧。

图 3-8-2 铺位布置

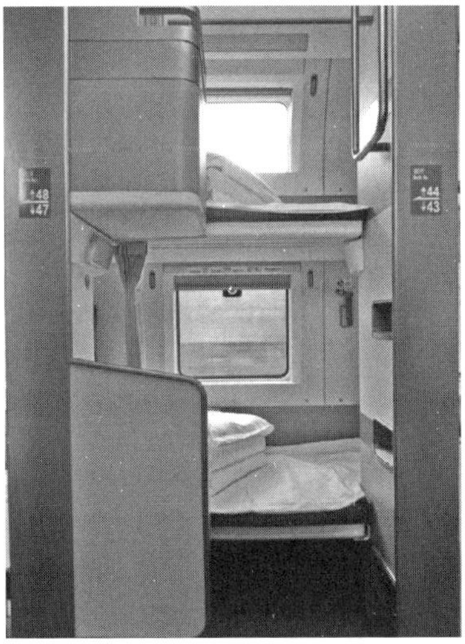

图 3-8-3 独立车窗

3. 独立床位配套

每个床位配置了双眼、三眼插座和 USB 接口。插座旁边的开关用来控制铺位照明灯，铺位照明灯与走廊灯关联，当走廊灯设为全夜灯模式时，可以通过该开关控制所在铺位的照明灯的亮灭,当走廊灯设为半夜灯或灭灯后铺位照明灯无法开灯,旅客可打开铺位的阅读灯进行照明,如图 3-8-4 所示。

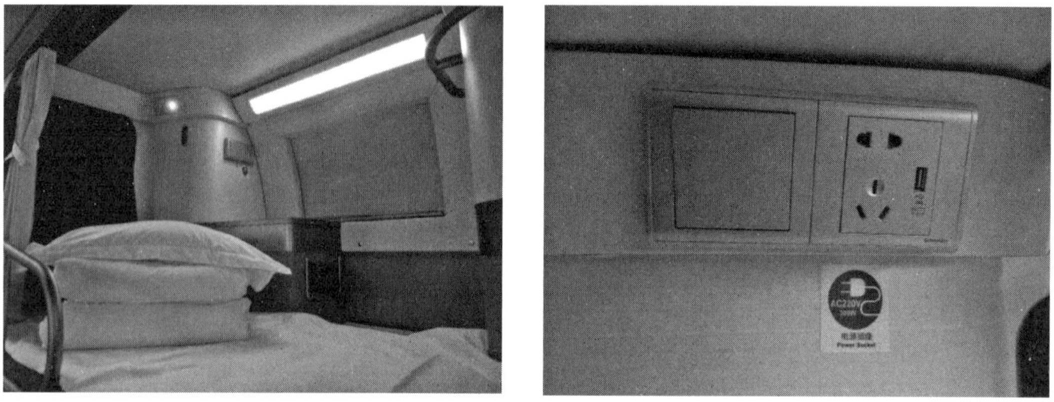

(a) 铺位整体布局　　(b) 照明开关和插座

图 3-8-4　独立床位配套

每个床位都配备了隐私窗帘,窗帘拉起来后,每个卧铺空间就与外界相对独立,保护了旅客隐私。

每个铺位设有单独的空调送风口,再也不会出现“上铺冷,下铺热”的现象。每个铺位还有单独的茶桌、书报网、书报袋、扶手、裤挂和衣帽钩等设备。

4. 减噪设计

CRH2E 型纵向卧铺动车组列车进一步优化了减振降噪设计,车厢内部的噪声被控制在 62 dB 以内。

5. 铺位设计优化

(1)下铺(图 3-8-5)。

床铺面积和 25 型客车软卧相当,在铺位旁设立了一个床头小桌台,该桌台内部为前一个铺位旅客放脚的位置。这样的设计大大节约了车内空间,使得单节车厢定员为 60 人,数量接近于 25 型客车横向硬卧定员的 66 人。

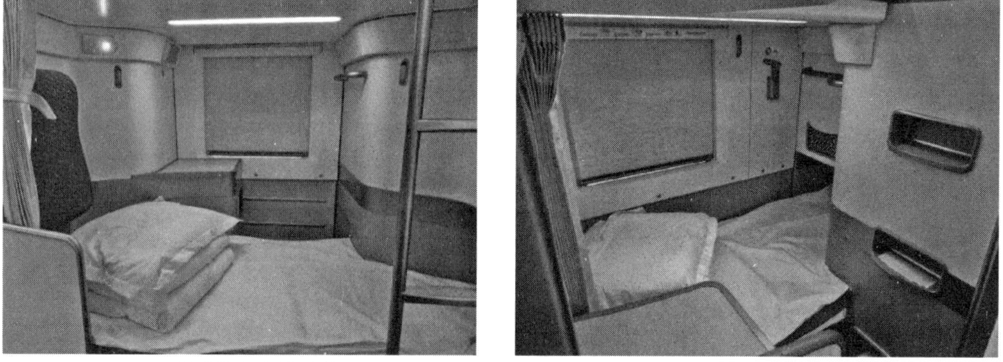

(a) 铺位靠走廊的下铺　　(b) 铺位靠窗的下铺

图 3-8-5　下铺

(2)上铺。

上铺整体布局类似下铺,但是铺位的位置决定了进入上铺的形式。铺位靠走廊的上铺,旅客通过不锈钢梯进入上铺,铺位靠窗的上铺(图 3-8-6),旅客要踩着车体凹陷式爬梯进入上铺。此外,铺位靠走廊的上铺,床铺和车窗之间有一定的空间可放置物品,而铺位靠窗的上铺,铺位和走廊之间是悬空的,无法放置物品。

6. 多种卫生间

每节车厢都有 2 个卫生间,分别为蹲式卫生间和坐式卫生间,以满足不同旅客的需要,如图 3-8-7 所示。

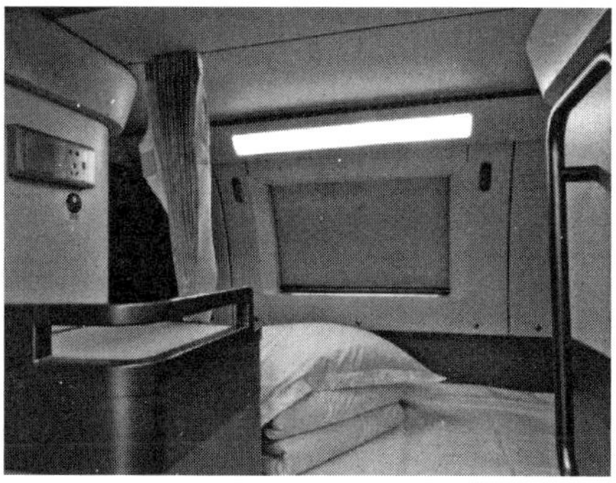

图 3-8-6 铺位靠窗的上铺

(a) 蹲式卫生间

(b) 坐式卫生间

图 3-8-7 卫生间

任务训练

一、任务目标与实施

学完本部分知识,应能够正确掌握 CRH2E 型纵向卧铺动车组列车设备与设施的构成。可分组讨论 CRH2E 型纵向卧铺动车组列车的特点,然后总结。有实物设备与设施的,可进行实操练习使用。

二、训练建议

本任务训练建议教师理论部分采用课件、实物部分采用大量图片或视频教学,提高学生理论联系实际的能力。

典型工作任务九 掌握“和谐号”动车组列车安全应急设备与设施的使用

任务引入

本任务主要学习“和谐号”动车组列车安全应急设备与设施的主要构成和使用性能,是动车组列车乘务岗位职工及管理人员必须掌握的知识。

请思考：

“和谐号”动车组列车内有哪些安全应急设备与设施呢?

知识准备

本任务以CRH380A型动车组列车为例,介绍“和谐号”动车组列车安全应急设备与设施的使用。

一、灭火器

“和谐号”动车组列车每节车厢均配备干粉灭火器和手提式水雾灭火器各1个。配备具体位置各车型有所不同,基本都在车厢端部方便拿取的位置。灭火器使用步骤如图3-9-1所示。

(a)将灭火器从灭火箱中取出

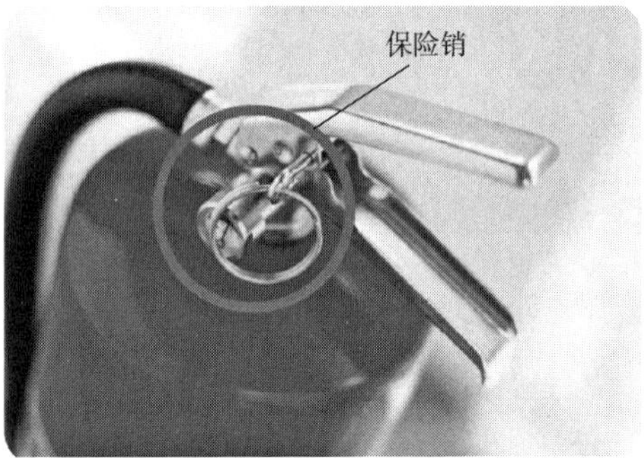

(b)拔去保险销

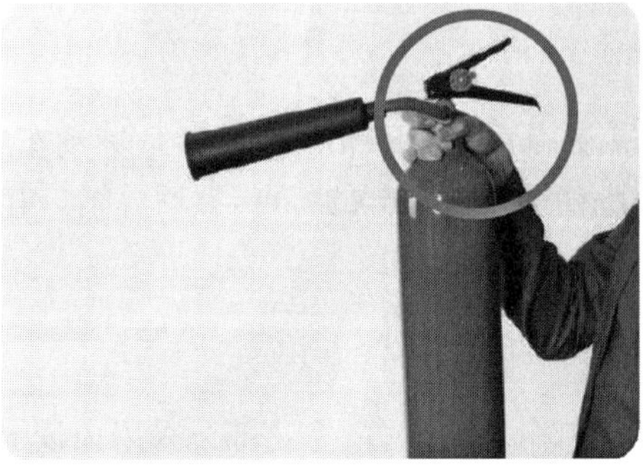

(c)将喷嘴对准火源压下鸭嘴阀，即可将灭火剂喷出

图3-9-1　灭火器使用步骤

干粉灭火器适用于扑救各种易燃、可燃液体火灾,易燃、可燃气体火灾,以及电器设备火灾。

手提式水雾灭火器主要适用于扑救固体物质火灾,如木材、棉麻、纺织品等的初起火灾。另外,对一些易溶于水的可燃、易燃液体还可起稀释作用。

二、紧急逃生窗及紧急破窗锤

紧急逃生窗(图3-9-2)及紧急破窗锤(图3-9-3)各车型均配备,9号车四角及中部各1把紧急破窗锤,其余每车座席区四角各设1把。

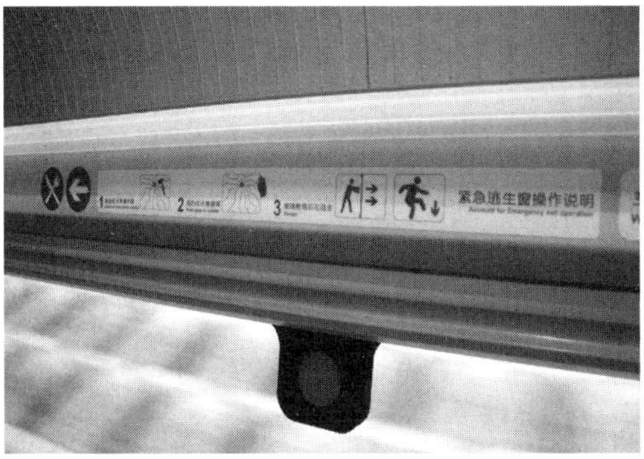

图 3-9-2 CRH380A 型动车组列车紧急逃生窗

图 3-9-3 CRH380A 型动车组列车紧急破窗锤

CRH380AL 型动车组列车每节车厢四角设有紧急逃生窗，在逃生窗旁的墙壁或行李架下设有紧急破窗锤，每车 4 把，供旅客在紧急情况下逃生使用。使用时，握住紧急破窗锤把手，用力向外侧拔出，拔出时铅封即开，对准车窗上击打位置标记或车窗玻璃，用力击打，利用把手外侧将未完全脱落的玻璃推向车体外侧，操作时注意保护手的安全，仅限紧急逃生时使用。

三、紧急制动装置

“和谐号”动车组列车各车型都配备紧急制动装置，具体位置、性能及使用方法各不相同。CRH380AL 型动车组列车乘务员室和机械师室各配备 1 个，共 2 个。当列车发生紧急情况需停车时，不必先行破封，只需打开保护盖，拉下紧急制动拉手(拉动后，在动车组列车完全停车前，不得松手)，迫使动车组列车就地制动。紧急制动装置的使用效果区别于车厢内紧急制动按钮。紧急制动装置如图 3-9-4所示。

图 3-9-4 紧急制动装置

四、紧急用梯子

CRH380AL 型动车组列车 1 号、16 号车备品室各配备 1 套紧急用梯子(图 3-9-5)，当列车运行中遇特殊情况，需将旅客疏散到地面上时使用。使用方法：①取出紧急用梯子，拿到指定位置；②打开车门；③架设紧急用梯子；④确认稳固；⑤专人防护。使用紧急用梯子时，乘务员必须先下车，协助旅客安全下车。

五、过渡板

CRH380AL 型动车组列车共配备 4 套过渡板(图 3-9-6)，4 号、8 号、10 号、15 号车备品室内各配备 1 套，主要在需要将旅客从故障动车组列车转移至相邻线路的动车组列车时使用。使用方法：①取出过渡板，拿至指定位置；②拉出渡板，旋紧旋钮加固；③打开扶手，确认支撑牢固；④架设过渡板，两端加固防护。注意梯身自带扶手，向上拉起，用套管将扶手固定即可。过渡板的安装过程如图 3-9-7 所示。

图 3-9-5 CRH380AL 型动车组列车紧急用梯子

图 3-9-6 CRH380AL 型动车组列车过渡板

(a) 安装前　(b) 安装过程　(c) 安装后

图 3-9-7 过渡板安装过程

六、防火隔断门

各型动车组列车车厢连接处端墙板内设有防火隔断门。发生火灾等特殊情况下，在旅客及其财物疏散后，可按规定操作打开门板侧面的防火隔断门，将相邻两辆车隔断，可阻止或延缓火势蔓延。

CRH380AL 型动车组列车在 2～16 号车的 1 位端各有 1 个防火隔断门，在 8 号车的 2 位端也有一个防火隔断门，其材质为具有防火性能的不锈钢，发生火灾时，可阻止或延缓火势蔓延，最长阻燃时间为 30 min。发生火灾需要隔离时，拽出隐藏在车辆连接处两侧的防火隔断门，关紧并使用车钥匙加锁。需要注意的是，必须确认需要隔离的车厢内所有人员全部撤离方可锁闭隔断门。部分车型防火隔断门如图 3-9-8 所示。

(a) CRH2型动车组列车的防火隔断门　　(b) CRH3型动车组列车的防火隔断门

图 3-9-8　部分车型防火隔断门

七、站台补偿器

部分动车组列车设置站台补偿器，以补充站台与车体之间的空隙，防止旅客下车时因踩空而发生意外。在列车停稳开门后，站台补偿器自动落下。当站台补偿器失去自动功能时，可使用钥匙手动打开补偿器，站台补偿器方可落下，收起时需用手将补偿器搬起（不得松手），同时用钥匙将手动开关关闭即可。此操作必须在车门关闭前完成，否则车门无法关闭。CRH5 型动车组列车站台补偿器如图 3-9-9 所示。

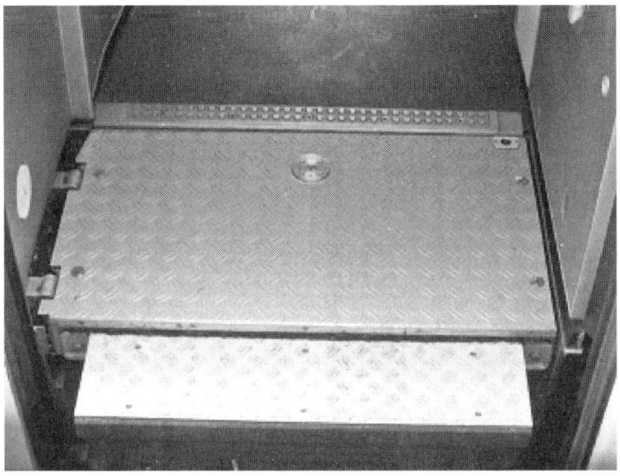

图 3-9-9　CRH5 型动车组列车站台补偿器

八、防护网

CRH380AL 型动车组列车配备 20 个防护网，分别在 4 号、9 号车备品室内，主要用于空调失效超过 20 min 需要开门通风时,防止人员从车门口处坠车。使用方法:①打开防护网;②检查防护网状态;③固定防护网;④随车机械师确认;⑤开启车门。使用时必须由随车机械师确认是否安装牢固。CRH380AL 型动车组列车防护网及其安装如图 3-9-10、图 3-9-11 所示。

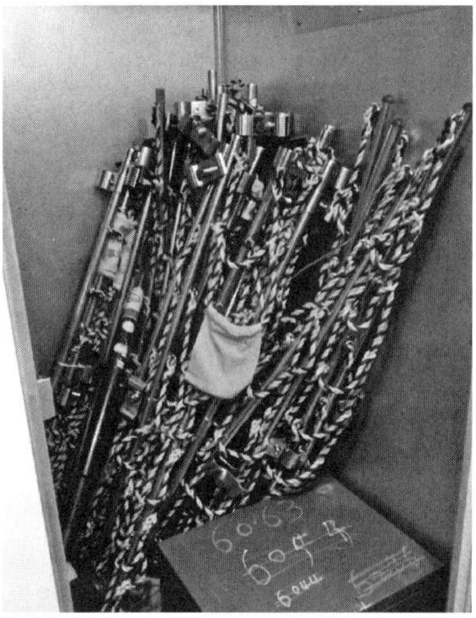

图 3-9-10　CRH380AL 型动车组列车防护网

图 3-9-11　CRH380AL 型动车组列车防护网安装

九、紧急开门装置

CRH380AL 型动车组列车每辆车侧门的上方各设 1 个紧急开门装置,在车门需手动打开的情况下,可通过操作车内侧门上部的气阀,将侧门气缸里的空气强行排出,然后手动打开车门。具体打开车门方法:①用钥匙打开保护盖小门;②向下拨动把手至垂直位置;③拉动车门。注意保证紧急开门阀(图 3-9-12)保护盖及时加锁。

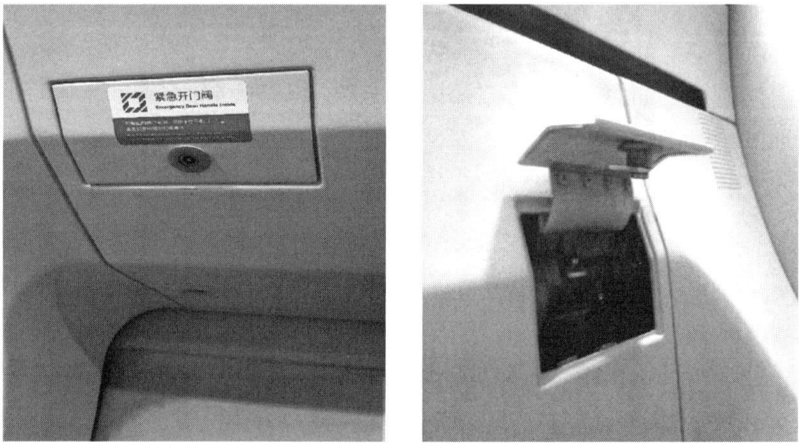

(a)　　(b)

图 3-9-12　CRH380AL 型动车组列车紧急开门阀

十、紧急按钮

大部分高速动车组列车设置紧急按钮，遇到紧急情况通知司机时使用。CRH380AL 型动车组列车每节车厢设置在客室两端门上方的墙壁上。紧急呼叫按钮为两个一组，一个为火灾报警按钮，另一个为紧急情况按钮。按下按钮后，司机室会有给司机的提示信号，司机会与列车长联系，确定需停车后，司机会采取停车措施。CRH380AL 型动车组列车紧急停车按钮如图 3-9-13 所示。

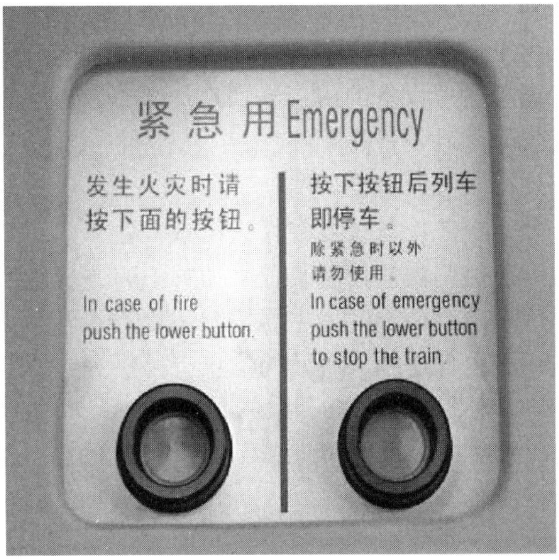

图 3-9-13　CRH380AL 型动车组列车紧急按钮

任务训练

一、任务目标与实施

学完本部分知识，应能够正确掌握“和谐号”动车组列车安全应急设备及设施的构成。可分组讨论“和谐号”动车组列车安全应急设备及设施使用注意事项，然后总结。有实物设备与设施的，可进行实操练习使用。

二、训练建议

本任务训练建议教师理论部分采用课件、实物部分采用大量图片或视频教学，提高学生理论联系实际的能力。

复习思考题

1. 什么是动车组列车？
2. 动车组列车的牵引动力配置模式是什么？

3. 动车组列车主要由哪些设备构成?
4. 简述目前我国动车组列车主要车型、制造厂商及原型。
5. 动车组列车的型号系列代码按动车组列车的速度等级、车种如何划分?
6. 对比不同型号动车组列车的设备构成及其特点。
7. CRH1 型动车组列车紧急开门装置设置及操作方法是什么?
8. CRH1 型动车组列车乘客信息系统和影音系统的构成有哪些?
9. CRH1 型动车组列车乘客紧急通信方法是什么?
10. CRH2 型动车组列车侧门的数量和设置方式是什么?
11. CRH2 型动车组列车安全设备有哪些?
12. CRH2 型动车组列车安全设备的用途分别是什么?
13. CRH3 型动车组列车基础设备有哪些?
14. CRH3 型动车组列车服务设备有哪些?
15. CRH3 型动车组列车服务设备设置在什么位置?
16. CRH5 型动车组列车侧门内侧控制装置手动解锁的方法是什么?
17. CRH5 型动车组列车电动内端门的主要控制装置有哪些?
18. CRH5 型动车组列车内部显示屏单元的信息有哪些?
19. CRH380A 型动车组列车车厢内部是如何布局的?
20. CRH380A 型动车组列车车厢服务设施有哪些?
21. 高速铁路乘务通信设备有哪些?
22. CRH2 型长编组卧铺动车组列车主要设备有哪些?
23. CRH2 型长编组卧铺动车组列车旅客影视广播信息系统由哪些部分组成?
24. CRH2E 型纵向卧铺动车组列车的服务设施与设备的主要特点有哪些?
25. 动车组列车安全应急设备及备品由哪些部分组成?
26. 动车组列车紧急破窗锤如何使用?
27. 动车组列车紧急用梯子如何使用?
28. 动车组列车过渡板如何使用?

项目四　“复兴号”动车组列车设备与设施的认知与使用

学习目标

1. 知识目标
- 了解“复兴号”动车组列车基本知识
- 掌握“复兴号”动车组列车设备与设施构成
- 掌握“复兴号”动车组列车安全应急设备与设施的构成

2. 能力目标
- 掌握“复兴号”动车组列车设备与设施的使用方法
- 具备利用车内设备与设施提供良好服务的技能
- 掌握“复兴号”动车组列车安全应急设备与设施的使用方法

3. 素质目标
- 具备乘高速动车组列车旅行时主动收集动车组列车设备与设施的使用方法的意识
- 具备举一反三的知识迁移能力

典型工作任务一　“复兴号”动车组列车基本知识的认知

任务引入

“复兴号”动车组列车是我国自主研发的动车组列车，了解列车的基本知识，有助于高速铁路乘务人员提高对车内设备与设施的认识，更好地做好服务工作。

请思考：

“复兴号”动车组列车有哪些特征？

知识准备

“复兴号”动车组列车是为了适应我国的高速铁路运营环境和条件，满足复杂多样、长距离、长时间、连续高速运行等需求，打造适合我国国情、路情(持续高速运行、长距离、开行密度较高、载客量较大、高寒、多雪、高原风沙、沿海湿热及柳絮等条件)的高速动车组列车，实现高速动车组列车技术的全面自主化。“复兴号”动车组列车大量采用了中国国家标准、行业标准等一系列技术标准。与此同时,为了与国际接轨,促进中国装备走出去,“复兴号”动车组列车也积极采用了一些国际标准及国外先进标准。2015 年 6 月 30 日,两列“复兴号”动车组列车顺利下线,进行试验。2016 年 7 月,“复兴号”动车组列车在徐兰高速铁路郑徐段进行了 420 km/h 的交会实验,2017 年 1 月 3 日,国家铁路局为“复兴号”动车组列车颁发型号合格证和制造许可证,且分别定型为 CR400AF(图 4-1-1)与 CR400BF(图 4-1-2)。2017 年 2 月 25 日,“复兴号”动车组列车在京广高速铁路载客运营,2017 年 6 月在京沪高速铁路载客运营。CR 的意思是中国铁路,数字代表目标速度值,A 与 B 分别代表生产企业——四方股份和长客,F 代表动力分散。

图 4-1-1　CR400AF 型“复兴号”动车组列车

图 4-1-2　CR400BF 型“复兴号”动车组列车

“复兴号”动车组列车高度为 4 050 mm,宽度为 3 360 mm,二等座椅间距为1 020 mm,一等座椅间距为 1 160 mm。与其他动车组列车相比,车内空间更大,座位空间更宽敞。相比 CRH380B 型动车组列车的 556 人定员,“复兴号”动车组列车定员增加了 20 人,为 576 人。

在“复兴号”动车组列车研制之前,各种型号的高速动车组列车技术指标、座席分布各不相同。当某款动车组列车临时更改车型,或者在运行过程中发生故障,启用热备动车组列车接续后续交路时,往往出现席位不匹配的情况,旅客不得不临时调整车厢号和席位号,这给高速铁路客运组织带来比较大的影响。使用“复兴号”动车组列车后,席位统一,更换车型时组织旅客调整席位的概率大大降低。

2024 年 12 月 29 日,CR450 型动车组列车样车在国家铁道试验中心惊艳亮相,标志着“CR450 科技创新工程”取得重大突破。

一、“复兴号”动车组列车的几种类型举例

1. CR400AF-Z 型“复兴号”智能动车组列车

这是基于 CR400AF 型动车组列车生产平台开发的智能动车组列车。该动车组列车采用银灰色底色配以朱红、正红及黄色三色飘带,形似祥龙飞舞,寓意科技创新引领中华民族伟大复兴。CR400AF-Z 型“复兴号”智能动车组列车为 8 辆标准编组,最高运营时速 350 km,车宽 3 360 mm,车高 4 050 mm,全车总长 208.95 m,定员 578 人。

2. CR400BF-AZ 型“复兴号”智能动车组列车

这是另一款基于 CR400BF 型动车组列车生产平台的智能动车组列车,采用 16 辆编组,最高运营时速 350 km,定员 1 195 人。该型动车组列车对网络、旅客信息、转向架、车载安全监测等系统进行了智能化升级,设置了超过 3 000 余项监测项点,全面提升了安全监测能力及智

能化服务水平。

3. CR300AF 型“复兴号”动车组列车

这是“复兴号”系列中的一款动力分散式动车组列车，采用 8 辆编组(4M4T)配置，编组长度为 209 m。CR300AF 型“复兴号”动车组列车具备较高的运行速度和效率，适应于高速铁路和城际铁路的运输需求。

4. CR450AF 型动车组列车

CR450AF 型动车组列车是中国铁路自主研发的电力动车组列车，由 BST 生产制造。CR450AF 型动车组列车车头部位与列车车厢的流线造型更为明显，能够降低更高速度下带来的风阻，外形彰显“锐龙追梦”。CR450AF 型动车组列车试验速度 450 km/h，运营速度 400 km/h，采用 8 辆编组(4M4T)配置。

CR450 型动车组列车(图 4-1-3)运营速度、运行能耗、车内噪声、制动距离等主要指标国际领先，更高速、更安全、更节能、更舒适、更智能，让旅客乘坐体验更好、出行更加安全便捷高效。

图 4-1-3　CR450 型动车组列车样车

二、CR400BF-Z 型“复兴号”动车组列车基本常识

CR400BF-Z 型“复兴号”动车组列车是在 CR400BF-C 型“复兴号”动车组列车的基础上设计的。这款动车组列车最大的特点就是它的智能配置和高速性能。它采用了低阻力新头型设计和智能配置模块，具备更强的动力分散能力。同时，它还采用了先进的通信技术和智能化控制系统，实现了对动车组列车状态的实时监控与诊断。

从最初的 CR400BF 型“复兴号”动车组列车基础量产版，到后来的 16 辆长编组 CR400BF-A 型“复兴号”动车组列车，再到 17 辆长编组 CR400BF-B 型“复兴号”动车组列车，这一系列的发展过程中，每一款车型都体现了我国对“复兴号”动车组列车的不断改进与创新。之后，还针对特殊环境设计出了 CR400BF-G 型高寒“复兴号”动车组列车和 CR400BF-C 型“复兴号”智能动车组列车，它们分别适用于东北、西北地区及京张铁路等特殊场景。而 CR400BF-Z 型“复兴号”动车组列车正是在此基础上设计的 8 辆编组“复兴号”智能动车组列车，于 2021 年 6 月 25 日正式投入京广高速铁路运营。

CR400BF-Z 型“复兴号”动车组列车外观设计方面，设计独特，灵感来源于中国传统文化中的“龙凤呈祥”方案。车体外观融入了龙和凤的图腾形象，以及舞龙和飞凤等意象，寓意着科技创新引领中华民族的伟大复兴，中国高速铁路技术领先世界并造福全人类。这种设计是对祖国繁荣昌盛、人民幸福安康的美好祝福的表达。从外观上看，CR400BF-Z 型“复兴号”智能动车组列车最显著的特点是它的全新头型和涂装,除此之外,还特别设置了独立的司机室门。这个司机室门的设计不仅提高了司机的视觉和操作效果,还为旅客的安全和便利提供了额外的保障。此外,车体的外观涂装采用了先进的技术和工艺,使得车身的颜色更加鲜艳、持久,同时也提高了车体的抗腐蚀性能和使用寿命。

1. CR400BF-Z 型“复兴号”动车组列车含义

CR——中国铁路;400——速度等级;B——长客股份申请定型的动车组列车;F——动力分散电动车组列车;Z——智能配置。

2. CR400BF-Z 型“复兴号”动车组列车特点

CR400BF-Z 型“复兴号”动车组列车在列车操纵和智能化方面进行了许多升级和改进。该动车组列车采用了多种先进技术和设备,如智能化控制系统、电力驱动系统、牵引变流器、传感器等,能够实现高速、稳定、安全、舒适的运输,为旅客提供了更加便捷、高效的出行方式。列车状态全息化感知、无障碍车厢设计、人性化座椅设计、旅客信息娱乐系统优化、节能环保设计和车载安全监测系统及故障预测和健康管理系统等升级和改进,进一步提高了该动车组列车的性能和智能化水平。借助更成熟、更强大的以太网控车技术、智能感知智能诊断技术和智能辅助驾驶系统,实现对列车状态的全面感知,对故障进行智能化诊断;车厢内设置盲文标识,同时配置开放式餐吧,提升服务便捷性;基于人机工程原理,对座椅进行全面升级,提升乘坐私密性、舒适性、便捷性;提供休闲娱乐、交互体验、信息共享、手机投屏等功能,提升服务体验;采用变频空调机组,卫生间内设智能照明,提升节能环保效能;通过搭载车载安全监测系统及故障预测和健康管理等系统,可以提前预判列车和线路状态,提供安全预警和快速处理提示。这些改进更好地保障了行车安全,提高了旅客的乘坐体验和舒适度。

任务训练

一、任务目标与实施

学完本部分知识,应能够正确掌握“复兴号”动车组列车基础知识。可分组讨论“复兴号”动车组列车的特点,然后总结。有实物设备与设施的,可进行现场参观。

二、训练建议

本任务训练建议教师理论部分采用课件、实物部分采用大量图片或视频教学,提高学生理论联系实际的能力。

典型工作任务二　掌握“复兴号”动车组列车设备与设施的使用

任务引入

“复兴号”动车组列车设备与设施的设计更加人性化,熟练掌握车内设备与设施的布置及使用方法是高速铁路乘务人员提供良好服务的基本保障,是动车组列车乘务岗位职工及管理人员必须掌握的技能。

请思考：

“复兴号”动车组列车设备与设施有哪些特征？

知识准备

一、基础设备

“复兴号”动车组列车采用 8 辆编组，分别为 1 辆商务/一等座车合造车，6 辆二等座车，1 辆商务/二等座车合造车。1 号、3 号、6 号、8 号车是动车，其他是拖车，席位如图 4-2-1 所示。

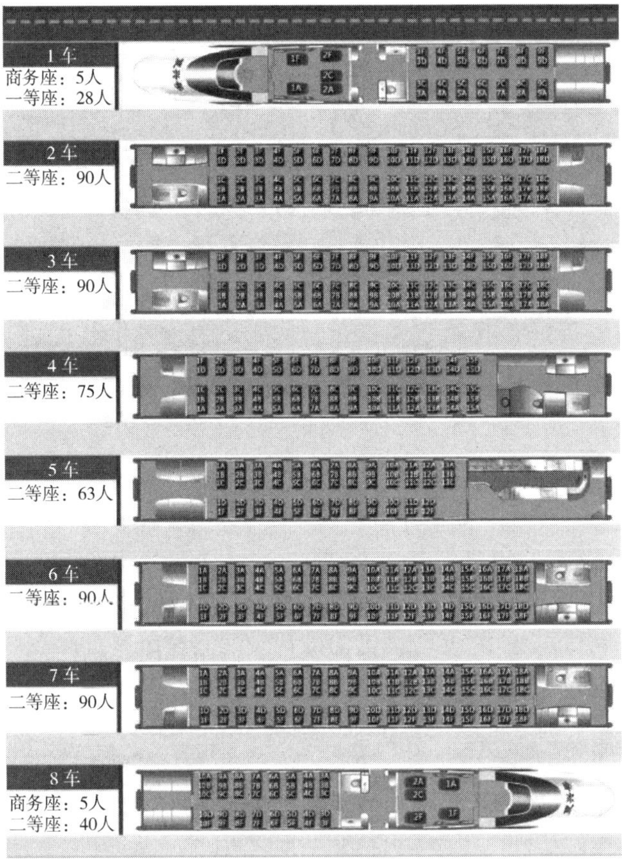

图 4-2-1 CR400 型动车组列车席位示意

二、车厢布置

1. 一等座车

一等座车采用 2+2 方式布置(图 4-2-2)，全车一等座车定员 28 人，分布在 1 号车厢内。

2. 商务座车

列车商务座车(图 4-2-3)定员 10 人，1 号、8 号车各设 5 个座位，舱内宽敞明亮，色调温馨，配航空头等舱级座椅。商务舱座椅可通过座席右侧的按钮进行调节。

图 4-2-2　CR400AF 型动车组列车一等座

(a) CR400AF型动车组列车商务座

(b) CR400BF型动车组列车商务座

图 4-2-3　商务座

3. 二等座车

二等座车厢(图 4-2-4)整体采用暖色调,座位号码牌采用电子屏,旁边设有席位指示灯(图 4-2-5),可在列车开车后接收来自 TRS(中国铁路车票发售和预订系统)传来的席位占用信息。红灯表示该席位已经售出,黄灯表示该席位下一站售出,绿灯表示席位空闲。这样的设计大大方便了列车乘务员查验车票。

(a) CR400AF型动车组列车二等座

(b) CR400BF型动车组列车二等座

图 4-2-4　"复兴号"动车组列车二等座

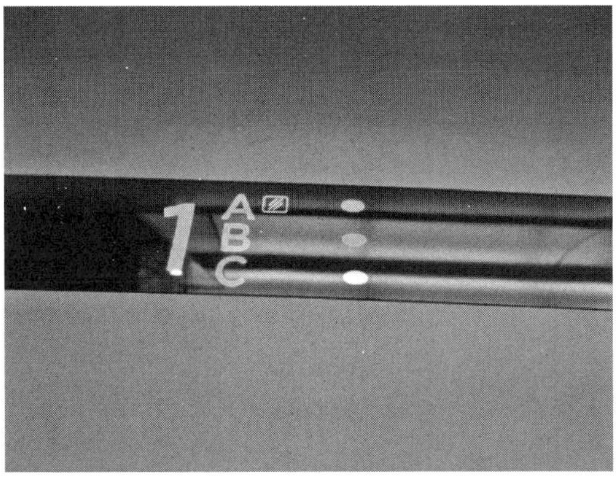

图 4-2-5 "复兴号"动车组列车席位指示灯

二等座为 2+3 布置，全列二等座车定员 538 人。

4. 二等座车/餐车合造车

餐车在 5 号车厢内，为二等座车/餐车合造车，设有雅致的吧台，如图 4-2-6 所示。

(a) 餐吧内设备与设施　　(b) 吧台外观

图 4-2-6 餐吧车

5. 乘务员室

5 号车厢设 1 个乘务员室。

6. 服务设施

(1)座椅、小桌。

"复兴号"动车组列车采用旋转座椅，配有小桌，一等座配有脚踏板，如图 4-2-7 所示。

图 4-2-7 一等座椅及脚踏板

(2)卫生间。

车内卫生间有蹲式、坐式两种，分布在各车厢尾部(餐车除外)。无障碍卫生间设在 4 号车厢，如图 4-2-8 所示。卷筒纸设备比其他动车组列车大，如图 4-2-9 所示。

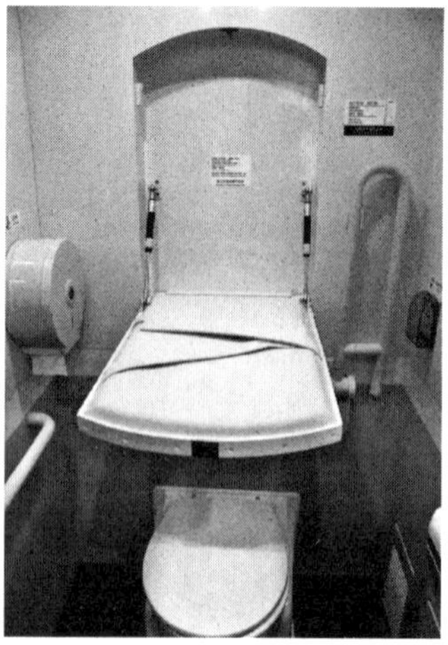

图 4-2-8　有婴儿护理桌的无障碍卫生间

图 4-2-9　卷筒纸设备

车内洗手池分布在各车厢尾部(餐车除外),每个卫生间门口均对应一个洗手池,如图 4-2-10 所示。

(3)电茶炉。

"复兴号"动车组列车设 7 个电茶炉,分布在 1 号、2 号、3 号、4 号、6 号、7 号、8 号车厢。电茶炉设置了安全锁。

(4)垃圾箱。

"复兴号"动车组列车每个车厢都设有垃圾箱。

(5)行李架。

"复兴号"动车组列车设行李存放设施,每辆车都有行李架和大件行李存放处(图 4-2-11)。

图 4-2-10　CR400BF 型动车组列车洗手池

图 4-2-11　大件行李存放处

(6)其他设备。

①插座。

每排座位都设置了 220 V 不间断电源插座,并有 USB 接口,一等座的插头位于扶手下(图 4-2-12),二等座的插头位于相邻座位接缝处(图 4-2-13)。

图 4-2-12 一等座的插座

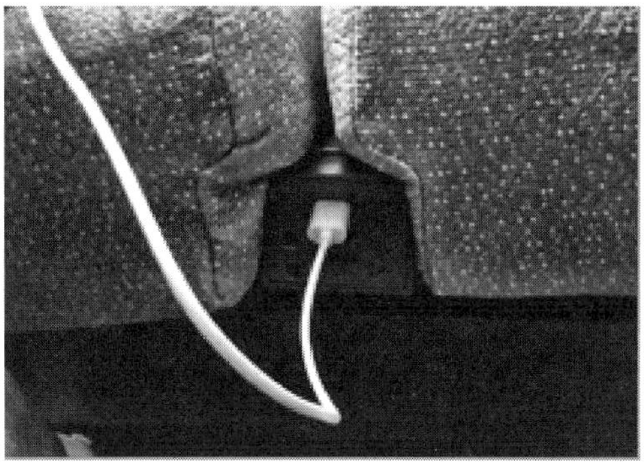

图 4-2-13 二等座的插座

②Wi-Fi。

车厢里设置免费 Wi-Fi，Wi-Fi 连接界面如图 4-2-14 所示。

③空调、照明设备。

“复兴号”动车组列车的空调系统充分考虑了车外压力波的影响，当列车通过隧道或列车交会时，旅客耳部不适感减小。

列车采用双层内嵌式椭圆形灯具，线条简洁、明快，极富现代气息，一等座车灯具比二等座车灯具大。

除此之外，“复兴号”动车组列车的行李架与其他动车组列车也有所不同，将 LED 灯融合到行李架设计中，使旅客在旅途过程中感受到灯效带来的不一样的舒适与温暖，如图 4-2-15 所示。

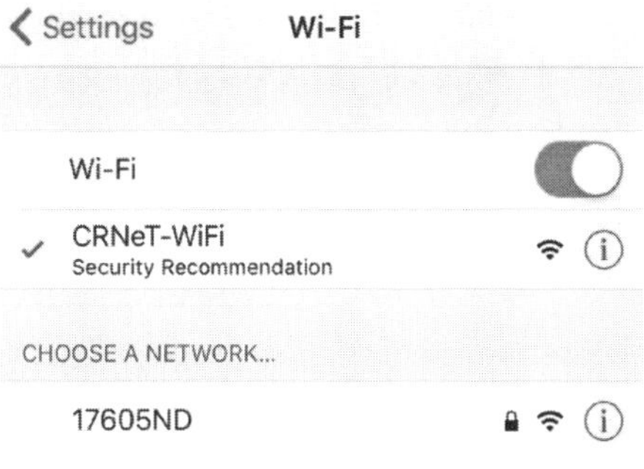

图 4-2-14 Wi-Fi 连接界面

商务座还配有筒状阅读灯(图 4-2-16)，旅客可根据自己的需求调节灯光亮度、色温。

图 4-2-15 照明

图 4-2-16 阅读灯

三、CR400BF-Z 型“复兴号”智能配置动车组列车

1. C. 1R400BF-Z 型“复兴号”动车组基本列车概况

动车组列车全列 8 辆编组，1 号车为商务/一等座车，定员 6＋28 人；2 号、3 号、6 号、7 号

车为二等座车,定员 90 人;4 号车为二等座车(带无障碍卫生间),定员 75 人;5 号车为二等座车/餐车,定员 63 人;8 号车为商务/二等座车,定员 6+40 人。总定员 578 人,其中商务座 12 人,一等座 28 人,二等座 538 人,如图 4-2-17 所示。

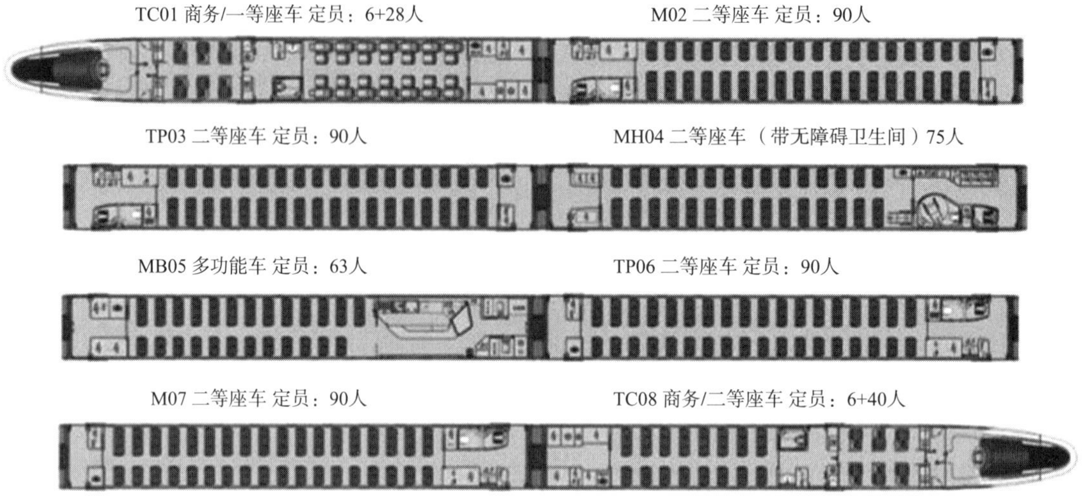

总定员:578人(商务座12人,一等座28人,二等座538人)								
车号	1	2	3	4	5	6	7	8
等级	商务/一等	二等	二等	二等	二等	二等	二等	商务/二等
定员(人)	6/28	90	90	75	63	90	90	6/40

图 4-2-17　CR400BF-Z 型动车组列车平面布置

2. CR400BF-Z 型"复兴号"动车组列车车内服务设备设施特色

CR400BF-Z 型"复兴号"动车组列车具有以下特色:

(1)智能控制:采用了先进的智能化控制系统,可以实现对动车组列车状态的实时监控与诊断。

(2)高速性能:采用了低阻力新头型设计和智能配置模块,具有较强的动力分散能力,能够实现高速运行。

(3)多种车型:CR400BF-Z 型"复兴号"动车组列车有多种车型,如商务座车、一等座车、二等座车、二等座车(带无障碍卫生间)、二等座车/餐车及商务/二等座车等,可以满足不同人群的出行需求。

(4)人性化设计:CR400BF-Z 型"复兴号"动车组列车在设计和配置上充分考虑了旅客的需求和舒适度。

(5)服务升级:CR400BF-Z 型"复兴号"动车组列车还提供了更优质的服务。

CR400BF-Z 型"复兴号"动车组列车在老型号"复兴号"动车组列车的配置下,增加了许多更加人性化的设施和设备,包括以下 8 种:

(1)商务舱座椅。

图 4-2-18　CR400BF-Z 型动车组列车商务舱座椅

商务舱座椅(图 4-2-18)经过全新设计采用

包厢式设计，过道两侧设置半高隔断和内藏式拉门，打造“一人一舱”的私密空间。商务座靠近车窗座椅增设阅读灯、照明多种模式，旅客可根据需要自行调节。

德育天地

以专业技术守护“复兴号”安全

王金聪，2015 年到哈尔滨动车段开始追逐他的“高铁梦”。2023 年 1 月初，“复兴号”高寒智能动车组首次“落户”集团公司，30 岁的王金聪凭借扎实的现场经验和过硬的技术本领，成为该段首个“复兴号”班组的随车乘务队长。为保障动车组运行安全，王金聪发挥专业特长，结合实际作业需要，深挖技术、突破壁垒，完善“复兴号”动车组应急基础操作 24 项、应急处置脚本 18 项、随车作业标准 38 项，填补了段配属 CR400BF-GZ 新车型的“技术空白”，成了随车机械师队伍里最闪亮的应急先锋和技术领航者。

(2)一等座椅。

为了提升列车整车座椅的舒适度，一等座椅(图 4-2-19)基于人机工程学原理，增加可调头枕、电动腿靠等，将原来设置在座椅扶手上的小桌板改为设置在前排座椅靠背上。

(3)二等座椅。

重新设计的二等座椅(图 4-2-20)增加桌板水杯槽深度，并且在每一个座位都设置了 USB 充电接口，更加方便旅客为手机等移动电源设备充电。

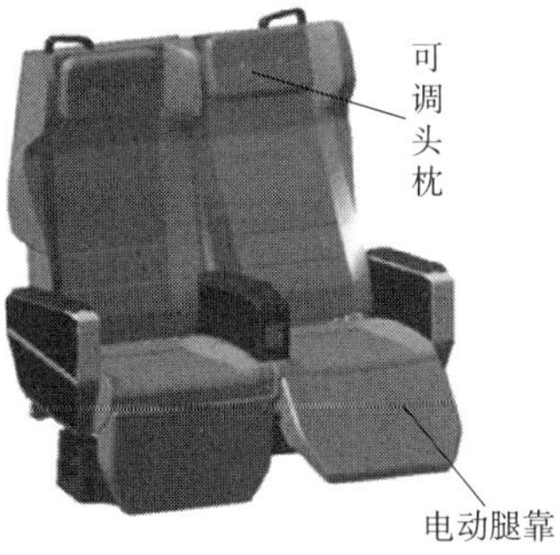

图 4-2-19　CR400BF-Z 型动车组列车一等座椅

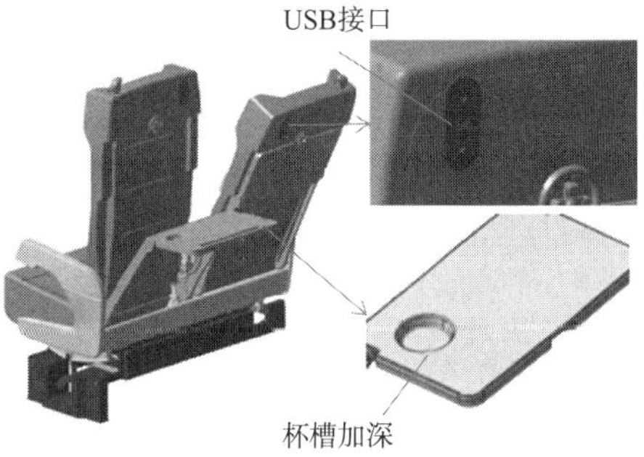

图 4-2-20　CR400BF-Z 型动车组列车二等座椅

(4)行李放置区。

增设旅客大件行李安全保存措施，在原有车体大件行李处中部设置了铝框架隔板，分为上下两层，增大了大件行李存放量，特别是 4 号车厢大件行李存放处增设了残障人士专用区(图 4-2-21)，设置了轮椅专用固定带，提升了残障人士乘车旅行安全系数。

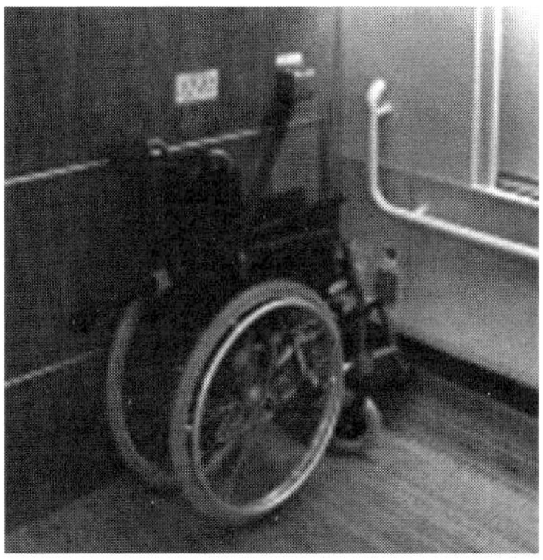

图 4-2-21　轮椅存放区

(5)无障碍车厢。

列车设置无障碍车厢(图 4-2-22)，配备更宽阔的通过门、无障碍卫生间、轮椅放置区等，为方便盲人旅客能便利使用服务设施，在多个服务设施设置 25 种盲文标识，具有旅客引导、车内布置、功能按钮、座位号等提示功能，为特殊旅客乘车提供更好的服务。

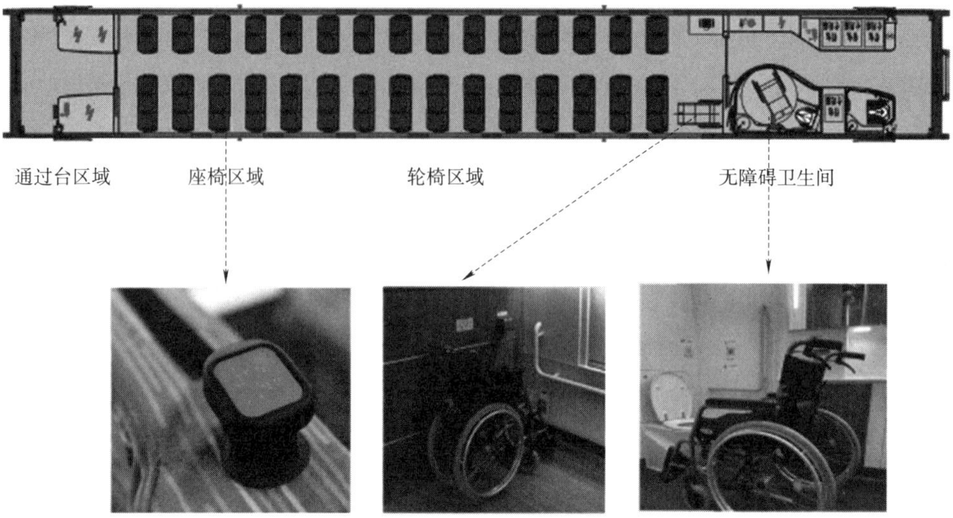

图 4-2-22 无障碍车厢

(6)新型餐吧。

列车设置了开放式的餐吧区(图 4-2-23),厨房设备具备食品的冷藏、冷冻、保温、加热等功能,保证旅客旅途中饮食的新鲜美味。顶部灯光采用满天星造型,营造舒适的用餐氛围。

(7)静音车厢。

列车增设了“静音车厢”功能,车厢内设置静音标识(图 4-2-24),广播音量设置在正常音量的 30%~40%。乘务员会掌握每名旅客的到站信息,为每位旅客提供“一对一”的到站提醒服务。可根据运营需求灵活设置,满足了旅客旅途中休息的需求。

图 4-2-23 新型餐吧

图 4-2-24 静音标识

(8)电茶炉。

电茶炉(图 4-2-25)在老型号动车组列车的基础上增加设置保护装置,需要先按压红色解锁按钮,待电茶炉解锁后按压绿色按钮出水,起到了防烫伤作用。

3. CR400BF-Z 型智能动车组列车的智能服务

(1)商务车厢配备了无线充电设备(图 4-2-26),可支持手机无线充电,同时增配了支持手机投屏功能的智能交互终端,可为旅客提供丰富的娱乐节目、座椅功能介绍、车辆信息、运行信息等服务,将工作与休闲有机结合。

图 4-2-25 电茶炉

图 4-2-26 无线充电设备

(2)客室顶部设置 29 英寸宽屏显示器(图 4-2-27),可分屏同时显示列车运行和娱乐节目信息,左侧固定显示站点等车辆运行信息,右侧播放娱乐节目。

(3)科技动感的 LCD 触屏显示器(图 4-2-28)使旅客服务信息更加清晰生动,中文字体为微软雅黑,英文和数字为 Arail 字体,可通过软件设置。同时还具有将文字自动转换成语音播报功能。

图 4-2-27 宽屏显示器

图 4-2-28 LCD 触屏显示器

(4)卫生间增设智能照明功能(图 4-2-29),通过红外线检测到有旅客进入后,可自动调亮灯光,并且自动播放“禁止吸烟”语音提示,在旅客离开后灯光自动熄灭。

(5)列车的空调机组采用变频技术,温度调节更准确,噪声更小,车厢更安静,同时可减少 10%的能耗。能够根据车内外环境自动调节温度,同时还可以智能调节列车运行时的内外压力差,减少旅客在列车进出隧道时的不适感。

(6)在网络支持方面,列车采用基于 5G 技术的列车 Wi-Fi(图 4-2-30),随着沿线 5G 网络信号的覆盖范围不断加大,将为旅客提供更优质的语音通话和移动网络服务。

图 4-2-29　卫生间智能照明

图 4-2-30　5G 技术的列车 Wi-Fi

任务训练

一、任务目标与实施

学完本部分知识,应能够正确掌握"复兴号"动车组列车设备与设施的构成。可分组讨论"复兴号"动车组列车的特点,然后总结。有实物设备与设施的,可进行实操练习使用。

二、训练建议

本任务训练建议教师理论部分采用课件、实物部分采用大量图片或视频教学,提高学生理论联系实际的能力。

典型工作任务三　掌握"复兴号"动车组列车安全应急设备与设施的使用

任务引入

本任务主要学习"复兴号"动车组列车安全应急设备与设施的主要构成和使用性能,是动车组列车乘务岗位职工及管理人员必须掌握的知识。

请思考:

"复兴号"系列动车组列车内有哪些安全应急设备与设施呢?

知识准备

本任务以 CR400BF-Z 型"复兴号"动车组列车为例,介绍"复兴号"动车组列车安全应急设备与设施的使用。

一、CR400BF-Z 型"复兴号"动车组列车安全应急设备与设施

动车组列车安全应急设备与设施分为五种类型,分别是紧急制动装置、紧急门锁、紧急逃

生设备、防火隔断门、紧急求助按钮(SOS)。

(一)紧急制动装置

1. 数量及位置

全列共20个紧急制动拉闸手柄,1车3个,2车2个,3车2个,4车2个,5车4个,6车2个,7车2个,8车3个。紧急报警装置由紧急制动拉闸手柄、话筒及扬声器三部分组成。紧急制动装置如图4-3-1所示。

图4-3-1 紧急制动装置

2. 使用方法

(1)在客室内拉下紧急制动拉闸手柄,自动触发旅客紧急报警,全列车紧急制动。对讲灯亮起时讲话,实现和司机的对讲通话。对讲由司机话筒端挂断复位或直接复位。

(2)在乘务员室内,紧急制动拉闸手柄被拉下后,旅客紧急制动环路断开,触发全列车紧急制动。

司机可以操纵司机台上的旅客紧急制动报警复位按钮缓解紧急制动,使动车组列车继续行驶,以选择适当位置停车。

当紧急制动拉闸手柄恢复后,旅客紧急制动环路重新建立,紧急制动指令取消。

(3)在监控室(机械师室)内,紧急制动拉闸手柄被拉下后,触发全列车紧急制动。

紧急制动不能被司机旁路,只有在动车组列车停车后,通过复位紧急制动拉闸,主控司机室进行紧急制动复位操作后,才能缓解紧急制动。

3. 紧急停车装置使用的时机

车辆乘务员、客运乘务组等列车乘务人员发现下列危及行车和人身安全情形时,应使用紧急制动阀(紧急制动装置)停车:

(1)车辆燃轴或重要部件损坏。

(2)列车发生火灾。

(3)有人从列车上坠落或线路内有人死伤。

(4)其他危及行车和人身安全必须紧急停车时。

动车组列车遇上述情况时,随车机械师、客运乘务组等列车乘务人员应立即报告司机采取停车措施;来不及报告时,应使用客室紧急制动装置停车。

使用紧急制动阀后,列车长应将使用紧急制动阀(紧急制动装置)的情况报告司机。

(二)紧急门锁

1. 车门按钮

车门按钮自上至下依次为紧急解锁开关、蜂鸣器、电控紧急解锁开关、开门按钮、关门按钮、紧急解锁手柄。

图4-3-2 紧急解锁装置

2. 紧急开门方法

紧急开门分为车内紧急开门和车外紧急开门两种情况。每套车门在车内门口处设置有内部紧急解锁装置(图4-3-2),在车外侧墙上设置车外紧急解锁装置。

(1)车内紧急解锁操作步骤。

车辆有电时,机械师、乘务员首先操作四角锁芯从“红点”到“绿点”,或旅客需打破塑料保护罩按下内部的红色按钮,此时蜂鸣器鸣响。然后拉起红色的紧急解锁手柄保持拉起状态,手动向外推门并打开车门。

如需退出紧急解锁状态,把四角锁芯从“绿点”转到“红点”或者复位旅客红色按钮,此时蜂鸣器停止鸣响。电控关门一次,车门恢复正常。

车辆无电时,无须操作四角锁芯或者旅客红色按钮,直接拉起红色手柄保持拉起状态,手动向外推门即可打开车门。

(2)车外紧急开门解锁操作步骤。

拉起车外白色手柄并保持拉起状态,手动拉门并打开。

(三)紧急逃生设备

全列紧急破窗锤(图 4-3-3)共计 41 个。其中 1 号车、8 号车各 8 个(司机室各 2 个),5 车 5 个,2、3、4、6、7 车厢各 4 个。

在车内每个紧急窗旁边设有紧急破窗锤,并带有明显标识。紧急情况下,可用紧急破窗锤敲碎紧急窗的玻璃逃生。紧急破窗锤使用分为三步:

第一步,取下紧急破窗锤,用锤头敲击逃生玻璃红点至玻璃最外层。

第二步,用力往外推玻璃。

第三步,玻璃推落后从逃生窗有序逃脱。

(四)防火隔断门

防火隔断门(图 4-3-4)开门操作:通过门扇两侧的开门按钮开门,两个门上的任意一个按钮可打开同一车端的两个车门,延时 10 s 后自动关闭。

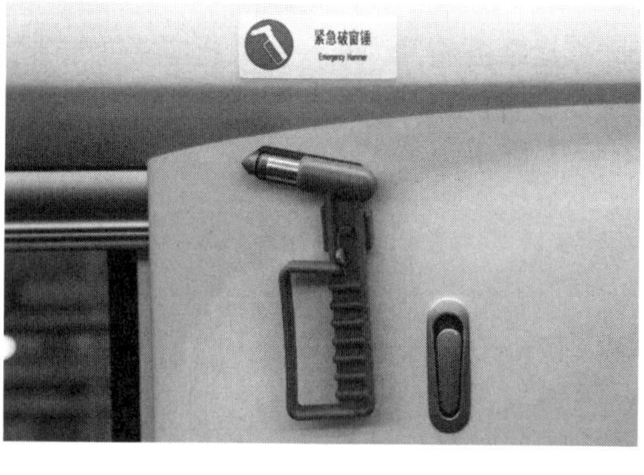

图 4-3-3　紧急破窗锤

图 4-3-4　防火隔断门

手动电动转换操作:在门口正上方的门上头中间位置的内部,设置有手动电动转换开关,车门打开后,从门上头于车体的缝隙内伸入手指便可操作该开关。

防火操作:电动状态时,人员撤离后,可等待延时 10 s 自动关闭,或切换车门到手动状态手动关门。无电或处于手动状态时,直接手动拉动关闭到位即可。

(五)紧急求助(SOS)按钮

1. 位置

无障碍卫生间位于4车厢2位端。

2. 使用方法

在无障碍卫生间设置了婴儿护理台、SOS按钮(图4-3-5)等设备设施,SOS按钮为按压式结构,用于紧急情况下旅客报警;当按下按钮时,会触发厕所门外侧顶部蜂鸣器鸣响,同时将报警信息传送到司机室和乘务员室的旅客信息操作屏上,司乘人员针对实际情况采取相应措施。

图4-3-5 SOS按钮

二、CR400BF-Z型“复兴号”动车组列车安全应急备品

动车组列车安全应急备品的作用主要是在动车组列车发生紧急情况时,为工作人员提供必要的工具和设备,以确保旅客和列车的安全。在紧急情况下,这些备品可以帮助工作人员迅速采取措施,防止事态扩大,保障旅客和列车的安全。

(一)应急备品数量和位置

1. 数量

安全渡板2个、应急梯2个、防护网13个(12个普通网,1个宽网),如图4-3-6所示。消防锤41个、灭火器36具,应急手电6个。

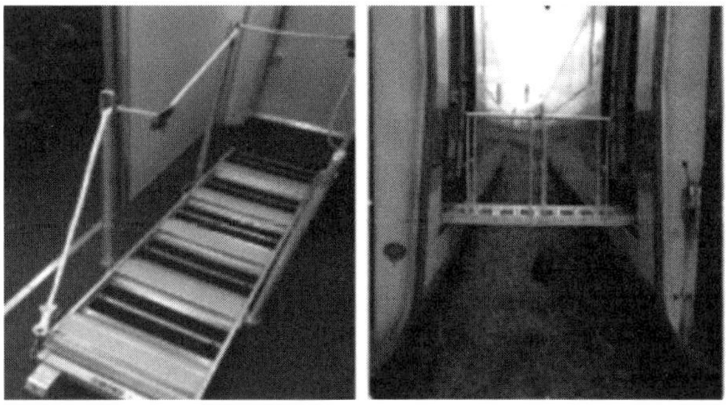

(a) 安全渡板

(b) 应急梯

(c) 防护网

图4-3-6 应急备品

2. 位置

安全渡板放置在 5 车备品柜内,防护网放置在 4 车备品柜内,应急梯放置在 4 车备品柜内。应急手电放置在 5 车乘务房间 4 个,1 车、8 车备品柜内各 1 个。

(二)反恐备品

1. 备品名称

按车底配置:伸缩式腰叉 1 根、臂盾 1 个、防爆毯 1 条、防割手套 2 副、伸缩棍 2 个、约束带 2 个,以下简称“小六件”。

2. 存放位置

5 车备品柜内。

3. 保管办法

反恐装备只供紧急情况下使用,非值乘中、非紧急情况严禁使用。“小六件”反恐备品退乘后带下列车,班组交接使用。

(三)应急备品的使用时机和方法

1. 灭火器

(1)配置数量。

CR400BF 型“复兴号”动车组列车配备 36 具灭火器(图 4-3-7),其中每车 4 具,干粉、水型灭火器各 2 具,餐车后厨另有 2 具 4 L 水型灭火器,司机室另有 2 具 4 kg 干粉灭火器。

图 4-3-7　灭火器

(2)使用方法。

干粉灭火器使用方法:拔掉保险销,对准火源根部,压下压把,干粉即可喷出。

水型灭火器使用方法:拔掉安全别针,握住喷嘴,对准火焰根部进行扫射。

(3)压力表。

绿区:压力正常,可以使用;红区:压力不足,不能使用;黄区:压力过高,指针在 2.5 MPa 以下可以使用,指针在 2.5 MPa 以上不能使用。

(4)成分。

干粉灭火器的主要成分是磷酸铵盐;水型灭火器的主要成分是碳酸氢钠。

(5)使用范围。

干粉灭火器可扑灭 A 类、B 类、C 类及带电物质火灾。

手提式水雾灭火器可扑灭 A 类、B 类、C 类及一般电器火灾。保质期 3 年。扑灭电器火灾时,灭火距离不少于 1 m。灭火后处理现场时,必须切断电源。

(6)维修期限。

干粉灭火器维修期限为 1 年;水型灭火器维修期限为 3 年。

(7)检查灭火器方法及是否到期标准。

①检查灭火器专用标识是否缺失。

②检查瓶口是否有锈渍或液体渗漏。

③检查灭火器底部是否有锈渍。

④检查瓶体“定检周期”是否有效。

⑤压力表内的日期为压力表出厂日期，一般与瓶体是同一年出厂。

水型灭火器报废期为 6 年；干粉灭火器报废期为 10 年。检查出厂日期根据灭火器使用年限推算，过期必须更换。

2. 应急梯

使用应急梯时，乘务员必须先下车，协助旅客安全下车疏散。旅客下车时，要做好安全防护，确保安全。

3. 安全渡板

安全渡板是遇动车组列车发生故障，需要将旅客从故障动车组列车转移到相邻线路的动车组列车时使用，实现故障动车组列车上的人员平移到救援动车组列车的一种应急工具。

(1)使用方法。

用时取出安全渡板，拿至指定位置，由本务机械师协助将伸缩安全渡板打开，旋紧旋钮加固，把防护栏装置好(防护栏为绳状，装于防护杆上)固定于安全渡板上的槽内，确认支撑牢固，架设安全渡板连接两车，两端加固防护，乘务员做好防护。

(2)渡板使用注意事项。

用专用钥匙打开；为快速使用，拟救援下车的通过台不得聚集过多人员；有专业人员在车下指挥协助(需两名专业人员操作，其中一人在车下)。

4. 防护网

(1)安装操作方法。

在安装时，需要保证编织网上的警示标识在车内看是正面。使用时，从防护网存放处取出，展开防护网，然后把位于防护栏杆立柱上的两个卡箍上的螺栓用通用钥匙完全松开，再把两个内盖板转动到与立柱平行，然后把卡子套在门口扶手杆上，立柱下端顶在地板面上，把可旋转的内盖板复原，使得卡箍把门口扶手杆套住，然后用通用钥匙拧紧螺栓，这样卡箍便可与扶手杆紧固在一起。同样的操作方法，把另一侧的立柱固定在扶手杆上，防护网安装完毕。

安装顺序：依次安装左上—右下—右上—左下卡扣，形成十字交叉方案，再依此顺序拧紧螺栓。

(2)防护网拆卸的方法。

如果需要拆卸防护网，先用通用钥匙松开立柱卡箍上的螺栓，松开行程至少 5 mm，然后便可以转动内盖板，脱离门口扶手杆，这样立柱便可以从扶手杆上取下。取下两根扶手杆，把可旋转压板复位，拧紧螺栓，防止旋转压板晃动，然后用立柱把防护网卷起，放回存放处。

任务训练

一、任务目标与实施

学完本部分知识，应能够正确掌握动“复兴号”动车组列车安全应急设备与设施的主要构成和使用性能。可分组讨论“复兴号”动车组列车安全应急设备与设施的使用注意事项，然后总结。有实物设备与设施的，可进行实操练习使用。

二、训练建议

本任务训练建议教师理论部分采用课件、实物部分采用大量图片或视频教学,提高学生理论联系实际的能力。

复习思考题

1. 研制"复兴号"动车组列车的意义有哪些?
2. "复兴号"动车组列车的服务设施与设备较其他动车组列车有哪些改进?

项目五　高速铁路车站、列车移动设备的认知与使用

学习目标

1. 知识目标
- 了解车站、列车移动对讲设备的相关知识
- 了解音视频记录仪设备的相关知识
- 了解列车移动补票设备的相关知识
- 了解站、车无线交互系统设备的相关知识

2. 能力目标
- 能掌握车站、列车移动对讲设备的使用技能
- 能掌握音视频记录仪设备的使用技能
- 能掌握列车移动补票设备的使用技能
- 能掌握站、车无线交互系统设备的使用技能

3. 素质目标
- 具备主动观察学习铁路设备与设施的意识
- 具备举一反三的知识迁移能力

典型工作任务一　掌握车站、列车移动对讲设备的使用

任务引入

对讲设备已经成为铁路客运工作的重要通信工具，是铁路客运站、段所有一线工作岗位职工及管理人员必须掌握的知识。

请思考：

车站、列车移动设备都有哪些呢？

知识准备

目前，铁路车站和列车使用的对讲设备型号不一，本任务以 EB-666 型号设备为例作介绍。

一、对讲机基本构造及用途

对讲机外观基本构造如图 5-1-1～图 5-1-6 所示，包括天线、顶键（编程键）、信道选择旋钮、电

源开关/音量旋钮、状态指示灯、挂绳孔、PTT 键、中间键(编程键)、左下键(编程键)、MIC-SP 插孔/数据端口、扬声器、麦克风、皮带夹、锂电池等。

图 5-1-1　对讲机主机、电池、天线

图 5-1-2　对讲机整体背部

图 5-1-3　对讲机附件

图 5-1-4　对讲机顶部实物

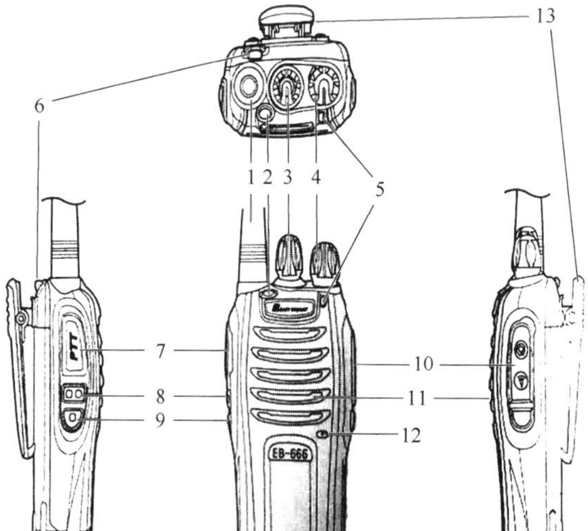

1—天线;2—顶键(编程键);3—信道选择旋钮;4—电源开关/音量旋钮;5—状态指示灯;6—挂绳孔;7—PTT 键;8—中间键(编程键);9—左下键(编程键);10—MIC-SP 插孔/数据端口;11—扬声器;12—麦克风;13—皮带夹。

图 5-1-5　对讲机各部位示意

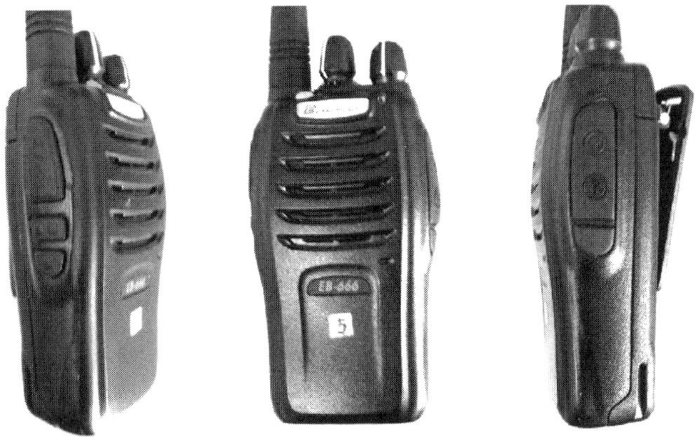

(a) 左侧　　(b) 正面　　(c) 右侧

图 5-1-6　对讲机左侧、正面、右侧实物

1. 天线

对讲机具有螺纹插头的天线，用于接收与发射信号。

2. 顶键(编程键)

顶键出厂默认设置为特殊功能键。

3. 信道选择旋钮

通过旋转信道选择旋钮选择工作信道，在信道播报功能开启情形下，同时具有语音信道播报提示。

4. 电源开关/音量旋钮

电源开关/音量旋钮用于打开/关闭对讲机电源，以及调节音量。

5. 状态指示灯

状态指示灯在发射过程中红灯亮，接收到信号时绿灯亮。当电池电量不足时红灯闪烁，在扫描过程中绿灯闪烁。

6. 挂绳孔

挂绳孔用于系挂绳。

7. PTT 键

按下 PTT 键，对讲机处于发射状态，使用者开始发话，松开则恢复到接收状态。

8. 中间键(编程键)

中间键出厂默认设置为电量管理键。

9. 左下键(编程键)

左下键出厂默认设置为通话管理键。

10. MIC-SP 插孔/数据端口

MIC-SP 插孔/数据端口用于连接耳机或编程线。

11. 扬声器

扬声器用于输出声音。

12. 麦克风

麦克风用于输入声音。

13. 皮带夹

可用皮带夹将对讲机身夹在皮带上，便于携带。

二、对讲机基本操作

1. 开机与关机

按顺时针方向转动电源开关/音量旋钮,听到"嘟"声音提示和"咔嗒"声,表示接通对讲机电源;按逆时针方向转动电源开关/音量按钮,听到"咔嗒"声表示已关闭对讲机电源。

2. 调节音量

按顺时针方向转动电源开关/音量按钮,接通对讲机电源后,继续转动该旋钮可调节音量。用户可以在监听状态下监听背景噪声,然后调节音量。

3. 选择信道

直接通过调节信道选择旋钮选择 1～16 之间的任意工作信道。信道选择可对应参照信道旋钮底部的数字及符号标识,同时可以依据语音信道播报提示进行操作。

4. 呼叫

需要进行呼叫时,在按住 PTT 键的同时用正常的声调对着麦克风讲话。操作人员需保持麦克风距离嘴唇约 5 cm。按下 PTT 开关时,状态指示灯发出红光,表示开始发射。如果状态指示灯红光闪烁,则表示电池电量不足。如果电池不足以本机正常工作时,将不能发射。

5. 接收

接收时,操作人员需放开 PTT 键进入接收状态。当操作人员正在使用的信道被呼叫时,便可以听到对方的送话音。如果呼叫信号较弱,并且用户给对讲机设定了较高静噪电平(需核对),操作人员可能无法听到该呼叫。

三、高级操作

高级操作功能需要通过电脑写频软件进行设置或由当地经销商进行编程。

计算机写频需在电脑下载相关软件方可操作,对讲机保持关机状态,使用编程线将对讲机和计算机连接好。

运行写频软件,进入操作界面,对讲机开机,通过点击写频软件和写频按钮,设置数据写入对讲机。写频软件和各种参数的设置与操作,可以通过查看写频软件的帮助文档来完成。

1. 按键功能可编程设置

用户可通过电脑写频软件设定"按键设定"菜单定制按键功能。

如某型号对讲机出厂默认设置如下:本机"长按键"出厂默认设置为 2 s,长按"顶键"为报警,短按"顶键"为耳语,长按"中间键"为高低功率转换,短按"中间键"为电量查询,长按"左下键"为语音加密,短按"左下键"为稳态监听。用户可以通过电脑写频软件自行对"顶键""中间键""左下键"的长短键更改本机各个按键的功能定义。各个按键可设定功能为关闭/稳态监听/暂态监听/语音加密/报警/电量查询/耳语/声控/功率。

2. 电池电量查询

该功能在本机出厂时一般有默认设置,如某型号机操作按键为短按"中间键"。按"中间键"一下,本机将语音播报现有电池电量,分别为电量高、电量中、电量低、请充电。该功能也可以根据用户的需要,通过电脑写频软件"按键设定"菜单中自行更改本机在操作该功能时所对应的按键。

3. 高低功率转换

通过该功能,用户可根据对讲机使用的环境,对不同信道单独设置工作功率,从而使电池电量管理最佳化。当设置为低功率时，发射工作电流变小，可以延长电池工作时间。其中，高功率为 5 W，低功率为 1 W。

(1)可以根据用户的需要，通过写频软件“信道信息”菜单中的“功率选定”选项分别设定各信道的功率为高/低。

(2)该功能在本机出厂时有默认设置，如某型号设置按键为长按“中间键”，用户可以在操作本机时长按“中间键”，进行高低功率切换。本机在待机状态下，长按该键，机器会发出语音提示“高功率” 或 “低功率”，表示该信息切换高低功率成功。

4. 监听

如某型号机监听按键出厂默认设置为按“左下键”，并且可以通过写频软件中的“按键设定”菜单对“顶键”“中间键”“左下键”选项进行任意设定操作本机的监听按键。按一下“左下键”可监听到正常操作时难以听到的较弱信号，并且可以在没有信号时，配合电源开关/音量按钮来调整音量的大小，再按一下“左下键”取消监听。

5. 语音加密

如某型号机出厂默认设置的操作按键为长按“左下键”。启用该功能，对讲机语音经过加密发射出去，对方接收时，应先把对讲机语音加密打开才能正常收听到语音内容，否则接收到的声音为杂乱音频，无法识别语音内容。具体操作如下：

(1)长按“左下键”，对讲机发出语音提示“语音加密开”，再按住“左下键”，语音提示“语音加密关”。

(2)该功能也可以根据用户的需要，通过电脑写频软件“按键设定”菜单自行更改本机在操作该功能时所对应的按键。

(3)用户还可以通过电脑写频软件“可选功能”菜单中的“语音加密”选项进行打开或关闭设置，选中为打开该功能，反之为关闭该功能。

6. 耳语

耳语功能，即用户用微小的声音对着话筒讲话，对方仍然可以接收到清晰的声音。

如某型号机长按住“顶键”，对讲机发出语音提示“耳语开”，再按住“顶键”，语音提示“耳语关”。

该功能也可以根据用户的需要，通过电脑写频软件“按键设定”菜单自行更改本机在操作该功能时所对应的按键。

(1)用户还可以通过电脑写频软件“可选功能”菜单中的“耳语功能”选项进行等级和开关设置。该功能的耳语等级可设为 1 级、2 级、3 级。通过设定耳语等级可以设定对方话筒的相同受话音量时，其中 1 级为对方听起来为最小声，3 级为最大声，一般出厂默认设置为 2 级。“耳语功能”选项选中为耳语功能打开，反之为耳语功能关闭(出厂默认设置为关闭)。

(2)当耳语功能开启时，对方收到的语音带有较强的背景声，一般在正常使用时关闭耳语功能。

7. 报警救护

如某型号机出厂默认设置的报警救护功能操作按键为长按“顶键”。当报警功能开启时，按一下“顶键”，本机响起且红色指示灯亮，将报警信号传递给同一信道的对讲机，接收到报警信号的对讲机将发出报警音。发送完毕后，本机发出报警音。

(1)如需要停止本机报警声，可按“PTT 键”回到正常工作状态，其他对讲机收到报警信号后，按“PTT 键”将停止报警声并进入受话状态。

(2)如果发出报警信号的对讲机收到其他对讲机的回话声，按“PTT 键”与对方进行通话将自动取消报警信号。收到报警信号的对讲机需按“PTT 键”取消报警信号后才能接收到对方的回话声。

(3)如果发出报警信号的对讲机要接收其他对讲机的回话声,需按“PTT键”才能接收到对方的信号,反之将不能与对方进行通话并且每5 s自动发出一次报警信号。

(4)该功能的本机出厂默认设置为开启,用户可以通过写频软件“可选功能”菜单,对“报警功能”选项设定开启或关闭,选中为该功能打开,反之为该功能关闭。

8. 声控发射

如某型号机启用该功能,可不需按“PTT键”直接对着话筒讲话,红色指示灯亮启动发射,将话音发送出去。用户可以通过写频软件“可选功能”菜单中的“(VXO)声控发射”选项进行对该功能的设置:

(1)声控等级。该选项本机的出厂默认设置为2级,可设为1级、2级、3级。通过设定声控等级,可以设定声控发射的话音控制灵敏度。其中1级为最弱信号等级。

(2)耳机声控。该选项本机的出厂默认设置为关闭,选中为耳机声控功能打开,反之为耳机声控功能关闭。当耳机声控选中时,只有在插上耳机时才会具有声控功能。

(3)声控功能。该选项本机的出厂默认设置为关闭,选中为声控功能打开,反之为声控功能关闭。当对讲机在声控模式下,按“PTT键”可取消声控功能,重新开机声控功能则重新启动。另外,当对讲机在插入耳机启动声控模式下,声控可驱动时,发出“嘟”的一声。

如果用户在写频软件中同时选中“耳机声控”和“声控功能”选项,对讲机将不开启声控发射。

9. 繁忙信道锁定

如某型号机启动该功能,可以防止干扰正在与用户使用同一信道的其他电台。该功能的本机出厂默认设置为关闭,如果被选择的信道通过写频软件或被当地经销商设为开启,当该信道正被其他电台使用时,按下“PTT键”对讲机无发射并发出“嘟”音,放开“PTT键”,则停止“嘟”音。当该信道空闲时,再次按下“PTT键”便可发射。

10. 静噪

通过调整静噪等级,可设置对讲机在接收到多强信号的时候关闭和打开,设置的静噪级别越低,允许打开时的底噪越大,相应能通话的距离就越远,但接受开启的抗干扰能力越弱。该功能一般本机在出厂时默认设置为4级,用户可以通过写频软件“可选功能”菜单中的“静噪等级”选项进行设置,级数越高,静噪越不容易打开。

11. 发射限时(TOT)

发射限时的作用在于防止单个对讲机长时间占用某个信道,同时避免对讲机由于时间持续发射而造成损坏。如果连续发射时间超过定时器限制的时间,对讲机将停止发射并发出“嘟”音,放开“PTT键”,则停止“嘟”音。再次按下“PTT键”便可以恢复发射。如某型号机该功能的本机出厂默认设置可连续发射180 s,用户可以通过电脑写频软件“可选功能”菜单中的“发射限时”选项进行设置,最长设置为5 min。

四、设备维护

1. 日常维护

无线对讲机是具有优良设计和工艺的产品,为维护机器正常使用,需要注意以下事项:

(1)保持干燥。雨水、湿气和各种液体或水分都可能腐蚀电子线路。

(2)不要扔放、敲打或振动无线对讲机,否则会损坏对讲机内部电路板及精密结构。

(3)不要直接提住天线或外置麦克风。

(4)更换天线时,只能使用配套的或经认可的天线。若使用未经认可的天线或改装附件,会损坏无线对讲机。

(5)用不起毛的布拭擦对讲机上的灰尘、污渍,防止接触不良。

(6)当对讲机不使用时,须将附件插孔盖盖上。

(7)对讲机长期使用后,按键、控制旋钮和机壳很容易变脏,可以使用中性洗涤剂(不要使用强腐蚀性化学药剂)和湿布进行清洗。

2. 常见问题及解决方法

对讲机使用过程中常见的问题及解决方法见表 5-1-1。

表 5-1-1　对讲机使用常见问题及解决方法

问　　题	解决方法
没有电源	电池可能已耗尽,须进行再充电或更换已充电电池
电池电力在充电后持续时间不长	电池的寿命已到,须更换电池
不能与组内的其他成员对话	确认所使用的频率和随路信令(CTCSS/CDCSS 信令)是否与组内的其他成员相同; 组内的其他成员可能离得太远,确认是否在其他对讲机的有效范围之内
信道中出现其他(非组员)的声音	须改变 CTCSS/CDCSS 信令,这时,务必改变组内所有对讲机的相应设置
发射讲话无声音或对方听的声音小	确认音量旋钮是否已转到最大; 送机器到经销商处检测是否话筒损坏
噪声常开	组内的其他成员可能离得太远,不能接收到对方呼叫。须靠近组员后再打开对讲机重试

任务训练

一、任务目标及实施

学完本部分知识,应能够掌握对讲设备的基本用途及使用方法。有实物设备条件的可实操练习,达到能在非正常情况下正确使用工具进行良好沟通;无实物的可用图片或视频采取提问的方式巩固练习。

二、训练建议

本任务训练建议教师理论部分采用课件、实物部分采用大量图片或视频教学,提高学生理论联系实际的能力。

典型工作任务二　掌握音视频记录仪的使用

任务引入

音视频记录仪已经成为铁路客运工作的重要记录工具,铁路客运站、段所有一线工作岗位职工及管理人员必须掌握其使用方法。

请思考：

音视频记录仪一般用于什么场景?

知识准备

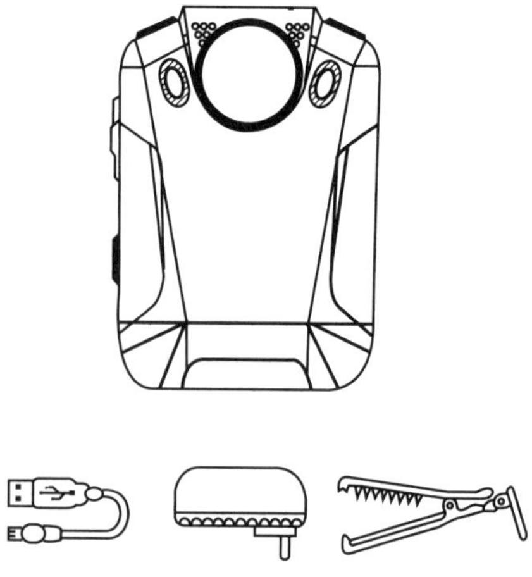

图 5-2-1　音视频记录仪

音视频记录仪用于工作中及时记录应急处置和规范服务。使用范围为巡视检查、站车交接、应急处置、处理投诉、旅客旁证采集等情景。目前，铁路车站和列车使用的设备型号不一，本项目以 VTR8101 型设备为例作介绍。

一、音视频记录仪基本构造及用途

音视频记录仪外观基本构造如图 5-2-1、图 5-2-2 所示，包括数据线、录像键、录音键、电源开/关、白光灯、屏幕、背夹、工作指示灯等。

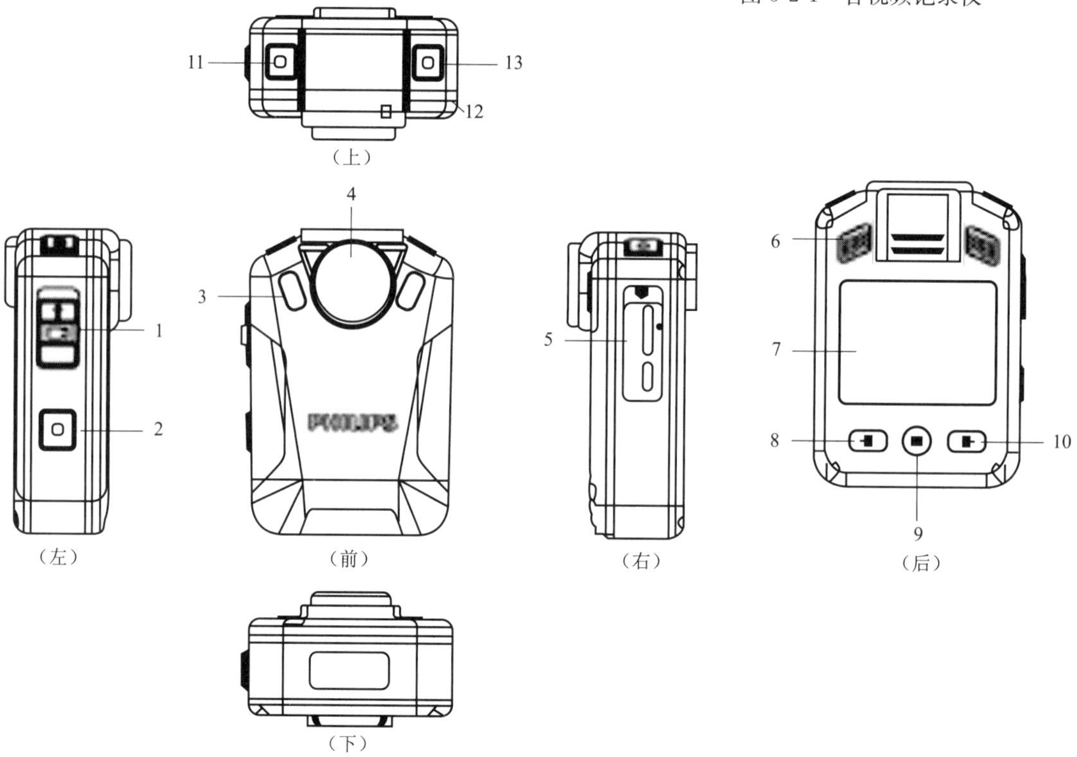

1—录像键；2—电源开/关；3—白光灯；4—镜头；5—USB 接口/TF 卡插口/复位键；6—扬声器；7—屏幕；8—上键/快退；9—菜单键/返回键；10—下键/快进；11—拍照键；12—工作指示灯；13—录音键。

图 5-2-2　音视频记录仪各部位示意

二、音视频记录仪基本操作

1. 开/关机

关机状态下，长按开机键 3 s，本机立即自动开机，然后显示图标，机器进入预览界面，如

图 5-2-3所示为开机预览界面，预览状态下，工作状态指示灯亮绿灯，在此界面短按菜单键，机器回到设置界面。长按“◀”或“▶”放大或缩小预览界面，实现数码变焦功能。

图 5-2-3　音视频记录仪开机预览界面

第一次使用时，需对音视频记录仪充足电量，以确保机器有电工作。

2. 充电方法

(1)使用 USB 数据线将本机与计算机相连接，充电过程中充电指示灯常亮绿色。

(2)使用 USB 数据线将本机和出厂配备的充电器进行充电，充电过程中充电指示灯常亮绿色，充满后熄灭。

VTR8101 型设备充电可以使用关机充电和开机充电的方式，一般情况下，关机充满电需要 4 h 左右，开机充满电需要 6 h 左右(建议关机充电)。

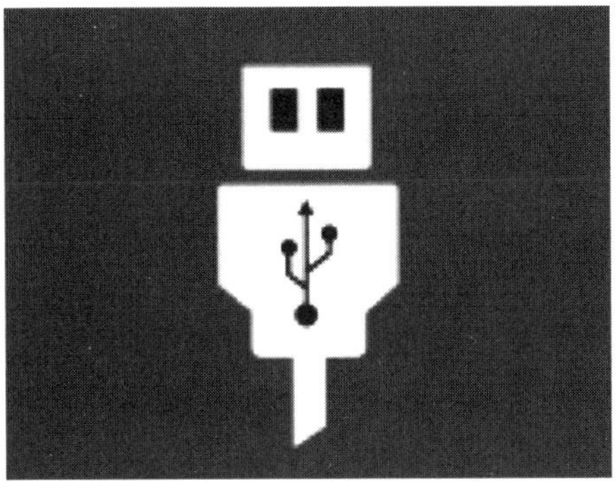
图 5-2-4　音视频记录仪连接电脑图标

3. 连接电脑

音视频记录仪可作为大容量的 USB 存储设备，并可方便地与电脑相连，VTR8101 型设备无须安装软件，音视频记录仪会自动显示为可移动设备。连接电脑图标如图 5-2-4 所示。

在文件移入或移出机器时，不能断开机器与电脑的连接。

4. 背夹的装取

(1)装背夹时，将背夹插片的 R 位导入主机槽口后，缓慢推进背夹直至插片顶到插槽底部为止，如图 5-2-5中(a)、(b)所示。

(2)拆背夹时，一手握住背夹，一手握住主机并扶住插片，轻缓拔出即可，如图 5-2-5 中(c)、(d)所示。

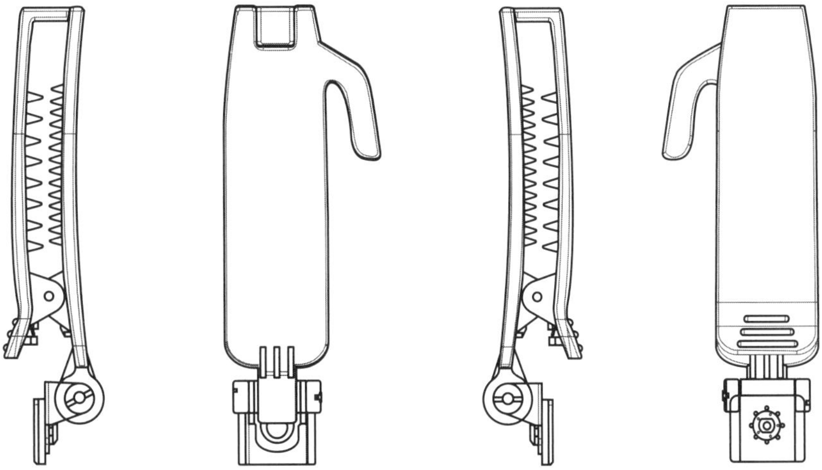
(a)　(b)　(c)　(d)

图 5-2-5　音视频记录仪背夹装取示意

5. 录像

当初次使用音视频记录仪录像时,需注意按照录像界面说明(图 5-2-6)操作:

(1)在摄像预览状态下,向上拨动“录像键”开始录像,机器“滴”一声,状态指示灯红灯闪烁。

(2)向下拨动“录像键”结束录像,机器“滴滴”两声,红色指示灯灭,并回到摄像预览状态界面,状态指示灯亮绿色。

(3)在预览界面长按“◀”或“▶”放大或缩小,实现数码变焦功能。

(4)在黑夜或者光线暗的环境下录像时,长按录音键,照明灯将打开,补充光源。

(5)按“拍照键”可以抓拍当前摄录画面。

(6)录像过程中长按“拍照键”,文件将会标记为重要文件,循环录像打开时,标记的文件不会被删除。

(7)屏幕上方会显示当前录像时长,电池标记符显示空格时,表明低电。低电时系统会自动关机。如果正在录像或者录音,系统自动保存录音文件后再关机。电量不足时,需及时充电。低电关机时显示屏会有相应的提示。

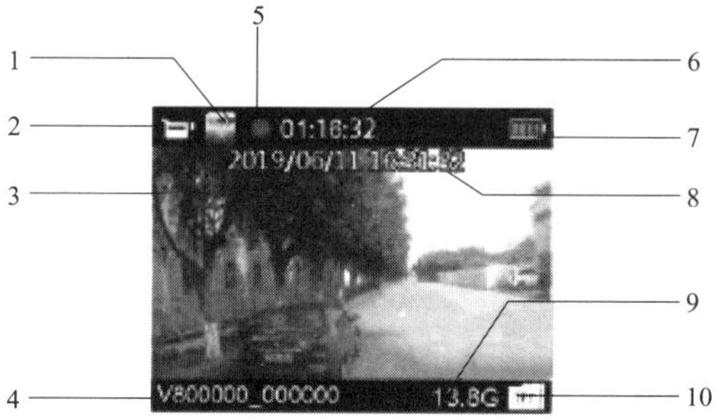

1—录像分辨率;2—录像图标;3—系统当前日期;4—ID 号水印;5—录像状态;
6—录像时长;7—电量指示;8—系统当前时间;9—卡剩余容量;10—卡标志。

图 5-2-6　音视频记录仪录像界面说明

6. 拍照

当初次使用音视频记录仪拍照时,在摄像预览状态下,直接按“拍照键”进行拍照,拍照时红色指示灯亮,并发出“咔嚓”一声,在黑夜或者光线暗的环境下拍摄需要开启机器补光灯进行拍摄(补光灯:在预览界面长按“录音键”可打开补光灯,再长按一次关闭补光灯,补光灯打开后,预览界面左上角显示灯图标)。在录像状态下,按下“拍照键”可以抓拍当时摄录照片。

7. 录音

当初次使用音视频记录仪录音时,在摄像预览状态按下“录音键”开始录音;工作状态指示灯将亮黄灯;应将内置麦克风对准音源。按下“录音键”结束录音,并回到预览界面。图 5-2-7 为录音界面。

1—录音状态;2—当前录音时长;3—电量指示。

图 5-2-7　录音界面

三、高级操作

1. 视频模式

在摄像预览状态界面中，可以使用“◀”进入查阅回放界面，按“◀”或“▶”，选择视频选项，然后短按“菜单键”确认进入视频文件列表界面；按“◀”或“▶”选择需要播放的视频文件，短按“菜单键”进入视频播放界面。

按“菜单键”开始播放，工作状态指示灯亮绿灯。播放过程中，按“菜单键”暂停播放，再次按下“菜单键”，将继续先前位置的播放。

播放时短按“◀”或“▶”，可选择 2 倍、4 倍、8 倍、16 倍、32 倍、64 倍、128 倍快退或快进当前正在播放的文件。

文件的删除需通过连接电脑才可以进行。

2. 照片模式

在摄像预览状态界面中，可以使用“◀”进入查阅回放界面，按“◀”或“▶”，选择拍照选项，然后短按“菜单键”进入拍照文件列表界面，按“◀”或“▶”选择需要播放的照片文件，短按“菜单键”进入照片浏览状态，按“◀”或“▶”切换照片。

3. 语音模式

在摄像预览状态下，可以使用“◀”进入查阅回放界面，按“◀”或“▶”，选择录音选项，然后短按“菜单键”进入语音文件列表界面，按“◀”或“▶”选择需要播放的音频文件，短按“菜单键”进入语音播放界面。

按“菜单键”开始播放，工作状态指示灯亮绿灯。播放过程中，按“菜单键”暂停播放，再次按下“菜单键”，将继续播放。

4. 设置模式

在摄像预览状态界面按下“菜单键”，系统将会进入设置界面。系统设置包括录音设置、录像设置、拍照设置和系统设置。按“◀”或“▶”选择，按菜单键进入选中的选项。长按“菜单键”返回预览界面。

(1)录音设置。

按“菜单键”进入设置模式，按“◀”或“▶”选择录音设置菜单栏，按“菜单键”选择，弹出高、中、低，选择不同的麦克灵敏度可以达到不同的录音效果。

(2)录像设置。

录像设置菜单栏包括分辨率、视频质量、视频预录、视频延录。

录像分辨率有四个级别，多种录像分辨率选择，可满足大部分应用场合，应选择合适的分辨率，选择完成后按“菜单键”确定，长按“菜单键”可返回上一级菜单。

视频质量菜单中有“超精细、良好、正常”三种画质可供选择。根据不同的需求选择不同的画质效果，画质越好，相同录像时间所占的内存越大。

使用视频预录功能，可以提前录制事件触发前十几秒的画面，视频预录有关闭和打开两种选择，按键进行选择，选择完成后按“菜单键”确定，长按“菜单键”可返回上一级菜单。预录时间约 16 s。

使用视频延录功能，可以在按下按键保存录像后继续摄录设定的时间，视频延录设置关闭、5 s、10 s、20 min、30 min 五个选择。

(3)拍照设置。

拍照设置菜单栏包括照片大小、照片质量、连拍。按“◀”或“▶”选择所需设置的选项,然后按“菜单键”进入。

拍照照片的大小有 34 MB、28 MB、23 MB、18 MB、13 MB、9 MB、6 MB、4 MB 八个级别,选择合适的分辨率,选择完成后按“菜单键”确定,长按“菜单键”可返回上一级菜单。

在照片质量菜单中有“超精细、良好、正常”三种画质可供选择。根据不同的需求选择不同的画质效果,画质越好,照片所占的内存越大。

连拍是指在取景预览模式下或在录像过程中,按一次拍照键机器能够连续拍摄照片。在拍照设置菜单中,选择“连拍”菜单,再按“菜单键”进入连拍菜单。连拍设置关闭、3 张、5 张、10 张、20 张五个选择,选择合适的连拍张数,选择完成后按“菜单键”确定,长按“菜单键”可返回上一级菜单。

(4)系统设置。

系统设置菜单栏包括语言、默认设置、屏亮度、系统时间、自动关机、自动关屏、音量、车载模式、循环录像、车载录音、分段录像、按键音、指示灯、移动侦测、曝光补偿、ID 号和系统信息。选择所需设置的选项,然后按“菜单键”进入。

在语言选择菜单中,可以选择一种语言作为系统语言。

使用默认设置,可以重置机器的设置选项。

使用屏亮度,可以根据需要调节显示屏的亮度。屏亮度设置高、中、低三个级别。

系统时间设置界面可以设置实时时间。

如果在设定的时间内没对机器做任何操作,系统将会自动关机。自动关屏时间有四种时长可供选择:关闭、30 s、1 min、3 min。如果在设定的时间内没对机器做任何操作,显示屏将会自动灭。如果选择“关闭”,显示屏将会常亮。

使用音量功能,可以设置机器的输出音量。音量设置可以从 0～10 之间 11 个数值选择。

在录像设置菜单中,选择循环录像菜单,再按“菜单键”进入循环录像菜单。有关闭和打开两种选择。

使用车载录音功能,可以选择是否需要录下列车内的声音。

视频分段有 1 min、5 min、10 min、15 min、20 min、30 min 六个级别,在录像过程中,视频分段在所设定的时间自动将视频文件分段保存并自动进入下一个文件录像,并且是无缝切换。

使用按键音功能,按键操作将会有声音提示。

使用指示灯功能,可以根据需要打开或者关闭状态指示灯。

音视频记录仪在待机状态下,有物体进入音视频记录仪拍摄范围内后自动开启录像功能,物体离开音视频记录仪拍摄范围后结束录像功能并保存录像文件。移动侦测功能设置可选择关闭/开启。

曝光补偿是一种曝光控制方式,曝光补偿可以让照片更明亮或者更昏暗。可以根据自己的想法调节照片的明暗程度,创造出独特的视觉效果等。曝光补偿设置可以从－2.0～＋2.0 之间 13 个数值选择。

ID 号设置界面,可以设置机器的设备编号和用户编号。

系统信息菜单中包括总存储容量、可用空间、可用录像时间、可用录音时间、电池电量和版本号。总存储容量:本机内存大小信息。可用空间:剩余空间信息。可用录像时间:当前录像分辨率可录像时长。可用录音时间：当前录音类型可录音时长。电池电量：当前电池电量信息。版本号：固件版本信息。

四、设备特点及使用要求

1. 设备特点

音视频记录仪可实现一键录音、一键录像。有超大广角镜头，录像无死角。在低照度环境下仍然能够彩色成像，夜视清晰可见。拨动式开关，安全灵活，性能稳定可靠。有字符叠加功能，所有视频和照片都附加时间、产品编号、使用者编号等信息，无法剪辑，更具法律证据效力。拥有超长文件名，方便数据存档、检索。录像资料自动分割保存，防止误操作造成资料丢失。以常见的 MP3 格式录音。可调节任意角度的阻尼轴背夹，佩戴灵活可靠。

2. 使用要求

根据铁路运输企业有关要求，使用音视频设备有以下要求：

(1)配备人员：旅客列车，客运车站，其他客运乘务人员、车站客运人员应按需配备到位，但动车组列车商务座和车站贵宾室专职服务人员不宜佩带。

(2)使用范围：旅客列车主要在巡视检查，站车交接，应急处置，处理投诉，旅客意外伤害处理取证，旅客旁证采集，行包异常情况记录等情景开启使用。客运车站主要在进出站口验证验票，候车室检票，站台接发车，上水作业，站车交接，应急处置和旅客意外伤害处理取证等情景开启使用。

(3)设备选择技术要求：音视频记录仪体积、重量应方便客运人员随身佩带，对已配备且体积或重量较大不便于佩带的，可配备外接纽扣摄像头，方便职工操作。一次录制的视频内容不宜采用分段式存储；视频内容应具备日期、时间水印，日期、时间自动准确。储存卡应具备技术安全保护。只限定观看、拷贝，不得删除，不得向储存卡内录入内容，储存卡容量应不小于 64 GB，满足动态新旧更替存储。电池续航能力原则上满足连续摄像时间 8 h 以上，连续待机时间 24 h 以上。

(4)应充分考虑各岗位制服样式、设备大小、摄录角度，统一岗位作业人员音视频记录仪的佩带位置。岗位作业人员使用时应穿着制服，并将音视频记录仪牢固佩带，确保记录内容清晰、完整。

(5)客运站段应做好音视频数据的集中储存管理，明确管理部门及管理人，避免信息外泄。对涉及站车安全、旅客纠纷、旅客人身伤害、旅客和工作人员权益等问题的，音视频内容保存期限一般应不少于 180 d；涉及诉讼的保存期限不低于诉讼时效期限；涉及疑难复杂事件，可能引发涉法信访、投诉案件的保存期限为永久，规范视频数据到期删除销毁的审批和操作程序。

任务训练

一、任务目标及实施

学完本部分知识，应能够掌握音视频记录仪的基本用途及使用方法。有实物设备条件的，可分组实操练习，达到能在非正常情况下正确使用工具进行良好沟通；无实物的可用图片或视频采取提问的方式巩固练习。

二、训练建议

本任务训练建议教师理论部分采用课件、实物部分采用图片或视频教学，提高学生理论联系实际的能力。

典型工作任务三　掌握列车移动补票设备的使用

任务引入

铁路列车移动补票设备知识，是铁路列车客运段列车员、列车长及列车值班员及有关业务科室工作人员必须掌握的技能知识。

请思考：

列车移动补票设备应如何使用?

知识准备

铁路现行使用的补票机型号比较多，各型号补票机在功能及操作方面大同小异。

随着信息化技术的不断提高，列车移动补票机已与站车交互系统终端设备高度集成，形成站车交互系统终端设备的一个子系统，称为铁路客运列车电子票补票系统(图 5-3-1)。

图 5-3-1　铁路客运列车电子票补票系统

一、铁路客运列车电子票补票系统功能简介

1. 出乘初始化

班组出乘，第一次打开补票终端应用进入出乘界面(图 5-3-2)，选择路局后，点击出乘，会根据该终端的“设备 ID”联网获取初始化信息，跳转到登乘界面，并显示可用电子票据等基本信息后，即表示出乘成功。

选择补票员工号，输入密码，点击登乘按钮即登乘成功。

2. 电子票号初始化

登录成功后，补票终端首先获取该设备发放的电子票据号段，并会更新登录界面中的剩余张数，如出现当前票号超出发放的票号段，将明确提醒，此时需向地面管理人员申请发放电子票号，随后可退出重新登录或在业务处理界面点击“领取车票”，重新获取电子票号段，无可用票号的情况下禁止补票，如图 5-3-3 所示。

3. 车次数据下载

电子票据校验完成后，进入班组交路界面，可见补票终端上趟值乘的车次及始发日期，可以根据本趟值乘的车次进行修改，如图 5-3-4 所示。

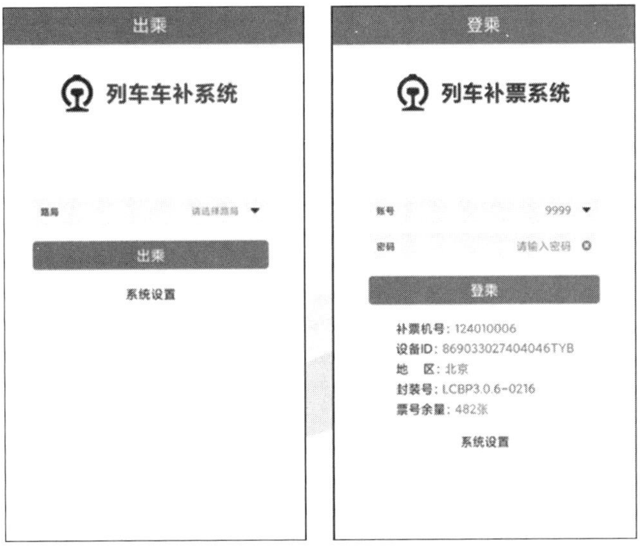

图 5-3-2　补票终端应用出乘界面

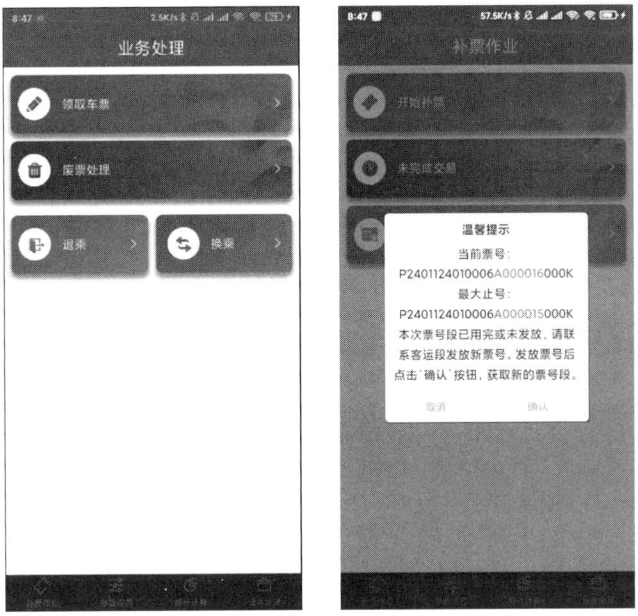

图 5-3-3　电子票号初始化

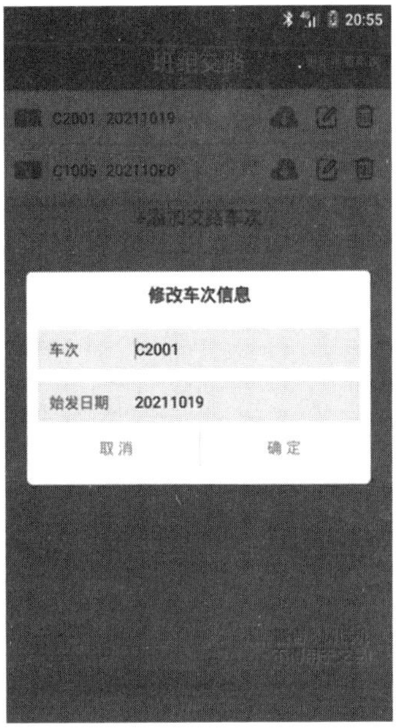

图 5-3-4　补票终端车次修改

交路车次维护完毕，点击车次下载按钮，便可更新车次数据（图 5-3-5），可将本趟值乘的所有车次均下载更新至客票系统当前最新有效的运行图。

车次数据下载完成，点击需要补票的车次进入补票作业界面（图 5-3-6），补票作业的操作流程在与传统模式保持一致的情况下增加了辅助功能。

4. 补票作业

（1）补无原票。

顺序选择发站、到站、票种、席别、铺别、事由等信息后选择支付方式，在票面信息界面选择只上传存根数据或者上传数据并打印凭条，如图 5-3-7 所示。

图 5-3-5　更新车次数据

图 5-3-6　补票作业界面

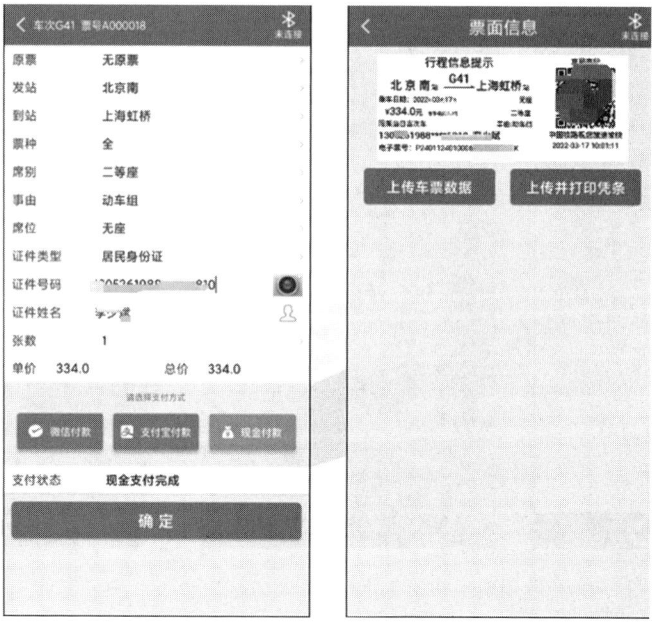

图 5-3-7　补无原票

上传成功后即可在地面管理应用查询到该条存根信息。

(2)补本列票。

选择证件类型,输入证件号,点击证件号码条目最右边的搜索图标按钮,便可查询原票信息,根据情况在原票列表中选择需要补票的正确原票信息,如图 5-3-8 所示。

顺序选择发站、到站、事由等信息进行补票操作,选择完支付方式,在票面信息界面选择只上传车票数据或者上传并打印凭条,如图 5-3-9 所示。

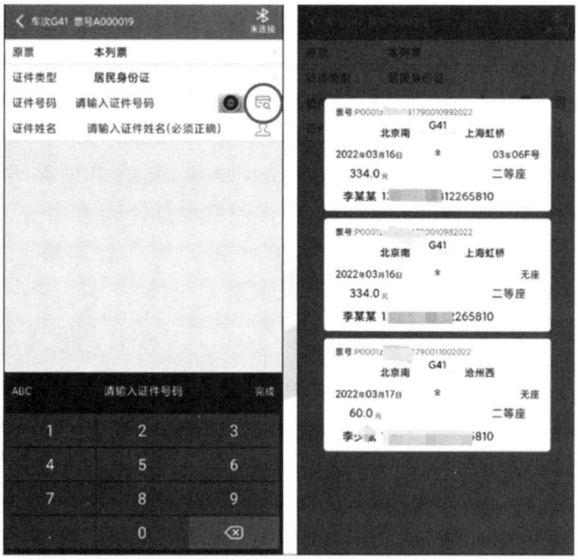

图 5-3-8　补本列票(一)

图 5-3-9　补本列票(二)

德育天地

勇挑重担，攻克系统搭建难关

单杏花，中国铁道科学研究院集团有限公司首席研究员、铁路 12306 科创中心副主任，无疑是 12306 运行保障战线上的一面旗帜。1996 年，铁道部启动铁路客票系统研发项目，年轻的单杏花凭借扎实的专业知识，成为从铁路七所院校选拔出的 28 名精兵强将中年龄最小的成员，自此开启了与铁路客票事业长达 29 年的不解之缘。

单杏花接手的第一项任务便是研发客票系统 1.0 版本。当她在九江站负责后台生成票库时，九江站打印出第一张软纸票，开启了铁路售票电子化的新篇章。此后，单杏花参与研发了客票系统 2.0、3.0、4.0 版本，用计算机联起全国铁路车站，实现所有售票窗口联网售票。2005 年，她牵头研发客票系统 5.0 版本，突破票额共用、剩余票调整复用等关键技术，极大提升了铁路运能利用率，满足了更多旅客的购票需求。

2011 年，铁道部决定研发以铁路 12306 系统为标志的新一代互联网客票系统，单杏花和她的团队再次挺身而出。面对时间紧、任务重的巨大压力，他们加班加点，仅用不到 3 个月的时间就让新系统上线。2011 年 6 月 12 日，12306 系统售出第一张高速动车组列车电子客票，标志着中国高速铁路网上售票业务开通运行。2012 年春运，12306 系统首次经受访问量骤增的考验。春运期间井喷式增长的购票请求，使得网站几近崩溃。经过 50 多天的日夜奋战，12306 系统终于挺了过来，顶住了日点击 14 亿次的压力，日售票量由 60 多万张攀升到 120 万张。此后，单杏花带领团队持续创新，研究并提出“读写分离、售取分离”“异构数据同步”“弹性扩展”“内存计算”“混合云架构”“双中心双活”等方法和技术，破解了 12306 海量高并发访问的难题，使系统达到国际领先水平。单杏花用自己的行动，展现了铁路人勇于创新、攻坚克难、永不言败的精神风貌，以科技创新赋能交通强国建设，为实现“人享其行”的美好愿景不懈努力。

二、列车补票程序

1. 补票流程(先查再补)

先查询原票信息，再选择无原票、本列票、非本列票、公免签证进行补票，如图 5-3-10 所示。

2. 本列票多选联程原票

本列票可多选同等级接续的车票(最多 3 张)，例如：原票 A—B 二等座和 B—C 二等座，可选择两张票直接补 A—C 区间一等座，如图 5-3-11 所示。

图 5-3-10　先查再补

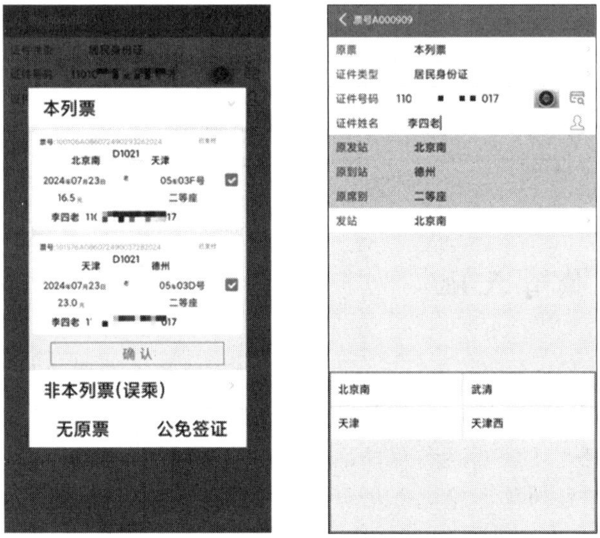

图 5-3-11　本列票多选联程原票

3. 非本列票隐私保护

非本列票查到信息后，需输入车次、乘车日期、发站、到站才能显示原票信息，如图 5-3-12 所示。

4. 候补订单提醒

选择支付方式时，弹窗提示核验姓名，并提醒旅客有候补订单必须先取消后再补票，如图 5-3-13所示。

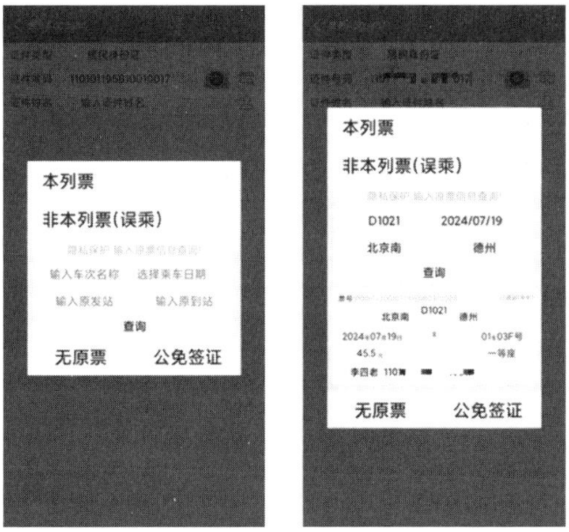

图 5-3-12　非本列票隐私保护

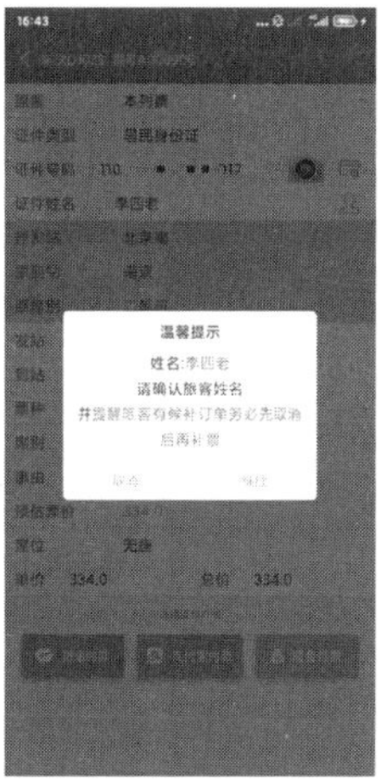

图 5-3-13　候补订单提醒

5. 卡控原票退票

补票中，原票为可退票状态，需要先验票才能继续补票。支付前会弹窗提示，且确认按钮置灰 3 s 后才能操作。点击确认按钮，自动查验原票，验票成功可继续补票，如图 5-3-14 所示。验票后不可退票，务必和旅客确认后再操作验票。

6. 港澳居民来往内地通行证设置国籍选项

港澳居民来往内地通行证，证件号开头是 HA 或 MA(非中国籍)，需要选择国籍，如图 5-3-15 所示。

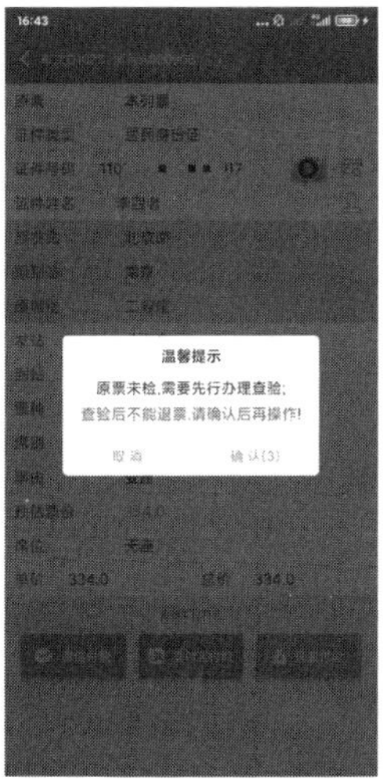

图5-3-14　卡控原票退票

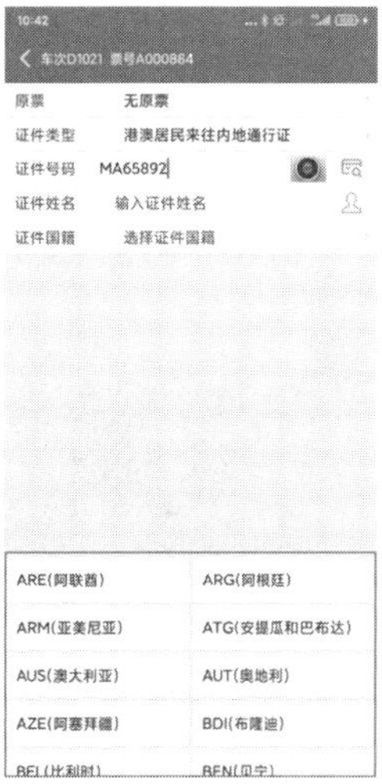

图 5-3-15　港澳居民来往内地通行证设置国籍选项

7. 支付流程

支付宝、微信收款二维码合并在票面信息界面;现金付款在选择现金支付前收款。支付宝、微信在票面信息界面扫码支付,旅客支付完成后点击“支付完成并输入手机号”继续补票,如图 5-3-16 所示。

图 5-3-16　支付流程

8. 手机号隐私保护

查询手机号,需要输入号码后四位才能显示。未查到或提供不了后四位,需要手工输入完整手机号,如图 5-3-17 所示。

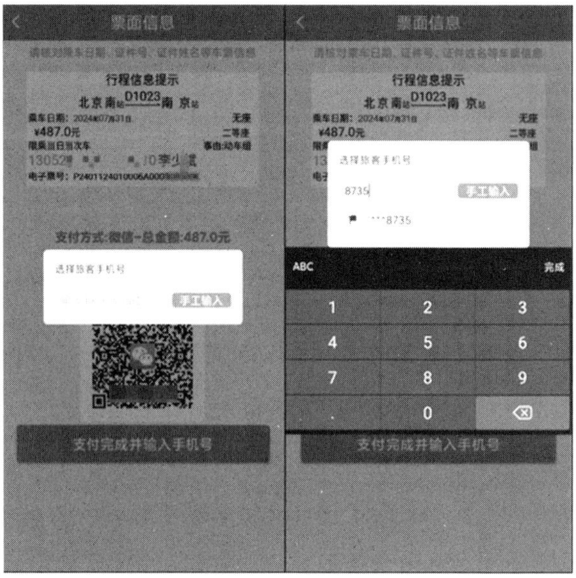

图 5-3-17　手机号隐私保护

9. 手机号解绑功能

选择证件类型、输入证件号、证件姓名，查询手机号，选择需要解绑的手机号，即可解绑，如图 5-3-18 所示。

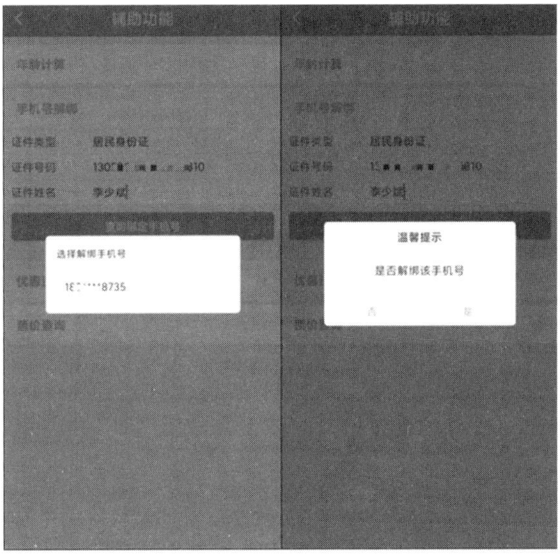

图 5-3-18　手机号解绑功能

10. 强制限制重复补票

无原票补票，证件号、乘车日期、车次、发站、到站均相同时，强制卡控，不允许补票。

本列票、非本列票、公免，证件号、乘车日期、车次、发站、到站、席别、铺别均相同时，弹窗提示，人工核对是否继续补票。

注：同一台补票设备上才会生效。

强制限制重复补票如图 5-3-19 所示。

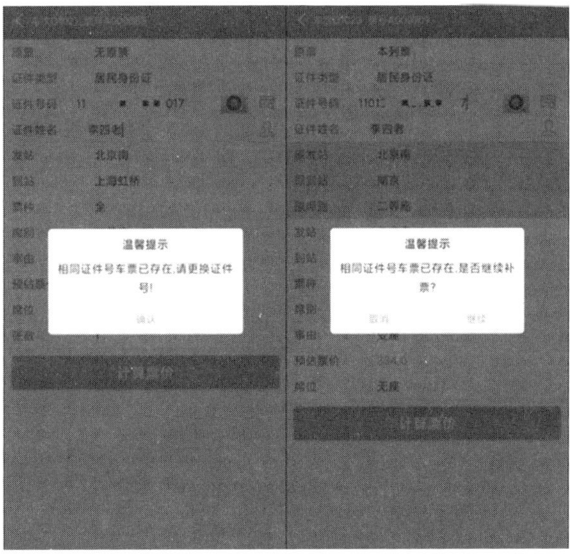

图 5-3-19　强制限制重复补票

二、补票机使用规定

(1)列车移动补票机是车内办理补票业务的专用设备。在办理补票机的请领、使用过程中要严格履行请领登记手续。一般情况下,非列车值班员不得使用补票机补票,遇特殊情况,由列车长指定一名业务熟练的乘务员负责保管使用。同时,正式值班员与临时替班乘务员应办理交接手续,不履行交接手续,发生问题由列车长负责。

(2)补票机实行凭开机卡及密码使用,各班组值班员的开机卡及密码,应妥善保管,不得转让或借予他人,在不办理补票业务情况下,补票机应关机保管。

(3)使用列车移动补票机办理补票时,必须按执行程序进行操作,不得违规操作。凡违规操作或不按使用技术规定导致设备损坏的,将追究直接责任者的责任;对人为损坏造成故障并致使数据、账目丢失的,比照代用票处理。

(4)票据使用按字头、起号、止号顺序使用,补票机内票号不得跳号使用,发生重号使用票据时,必须凭重号的原票回段作废,无原票时所产生的票款差错,对少交款部分由值班员垫付。任何人不得擅自修改补票机原始信息。

(5)对不完整的车票(如发到站错误、车次不正确等),一律凭原票回段作废,对作废车票列车值班员应写出事情经过或情况说明,并在段"废票登记本"上如实登记,核对无误后上交稽核部。

三、补票机操作与保管规定

(1)列车值班员必须经专业培训,熟练掌握补票机的操作性能后,方可使用移动补票机进行补票。

(2)补票时应先问明旅客补票内容,并按操作步骤进行补票。

(3)补票操作完毕后,对票面所记载的发站、到站、日期、车次、席别确认后,方可发售车票。

(4)返回客运段后,传输完毕的补票机应由段值班人员清空记录,班组人员应确认补票机保存内容已被清空。

(5)使用人须爱护补票机,并妥善保管,不得磕碰,做到机不离身。补票机的任何部件、配件不得拆卸,确保性能良好,保证使用。

任务训练

一、任务目标及实施

学完本部分知识,应能够熟悉铁路列车移动补票设备的基本构造和用途,掌握各种情况下的补票操作。有实物设备条件的可实操练习,无实物的可用图片或视频采取提问的方式巩固练习。

二、训练建议

本任务训练建议教师理论部分采用课件、实物部分采用大量图片或视频教学,提高学生理论联系实际的能力。

典型工作任务四　掌握站、车无线交互系统设备的使用

任务引入

旅客列车无线移动终端设备知识，是铁路列车员、列车长、列车值班员、售票值班员、客运值班员、客运计划员及有关业务科室工作人员必须掌握的技能知识。

请思考：

站、车无线交互系统包括哪些设备？应如何使用？

知识准备

一、动车组列车手持电台

动车组列车内 450 MHz 手持电台（以下简称手持电台）是动车组列车内列车司机、随车机械师、列车长、乘警长等乘务人员联系使用的行车专用工具。出乘前，列车长、列车司机、随车机械师、乘警长等乘务人员应对手持电台进行功能试验，确保良好。出乘后，列车长、列车司机、随车机械师、乘警长配置的行车手持电台必须定位在频道 1（CH1）进行守候，不得随意转换频道。通话联系应使用规范用语。列车长应配备 2 部电台，分别用于客运专业内部及与列车司机、随车机械师、乘警长通话联系。动车组列车始发前，列车长的手持电台均应设置在频道 1（CH1）与随车机械师、乘警长或列车司机进行通话联络。列车运行途中，列车长需与列车员通话时，转为各自的专门频道进行通话。通话完毕，应转回频道 1 进行守候。

二、站、车无线交互系统终端

站、车无线交互系统由列车便携式移动终端和地面设备组成。列车便携式移动终端是配备双模无线通信手持终端，可以在 GSM 及 GSM-R 网络间切换；地面设备由在国铁集团和中国铁道科学研究院集团有限公司设置的客票信息发布服务器、与 GSM 和 GSM-R 网络互联的信息交互平台 GPRS 接口服务器、路由器及防火墙等设备组成，客票信息发布服务器与既有客票信息系统互联，系统结构如图 5-4-1 所示。

为确保客票等信息系统的安全，GPRS 接口服务器通过路由器，采用专线方式与中国移动的 GPRS 连接，与 GSM-R 的 GPRS 连接；GPRS 接口服务器通过客票安全系统及防火墙与信息发布服务器连接；信息发布服务器连接国铁集团客票中心数据库。

列车便携式移动终端通过公用无线网（非公众网）经由信息交互平台，向客票信息发布服务器发送查询请求信息。客票信息发布服务器收到查询请求信息后，从客票系统获取该次列车席位等相关信息并反馈到列车便携式移动终端。

列车从车站开出后地面系统负责从客票系统获取乘车人数通知单、列车席位等相关信息，并通过无线传输通道，发送给指定的移动终端设备，列车长可通过无线终端机接收到座位的出售情况，大大提高了列车空余席位的查询效率。同时，此系统还可杜绝两站重复出售同一席位的问题。除了处理客票信息外，站车无线交互系统终端机还设定了验票程序，可通过直接扫描

车票的二维条码,显示票面信息,查验车票真伪。

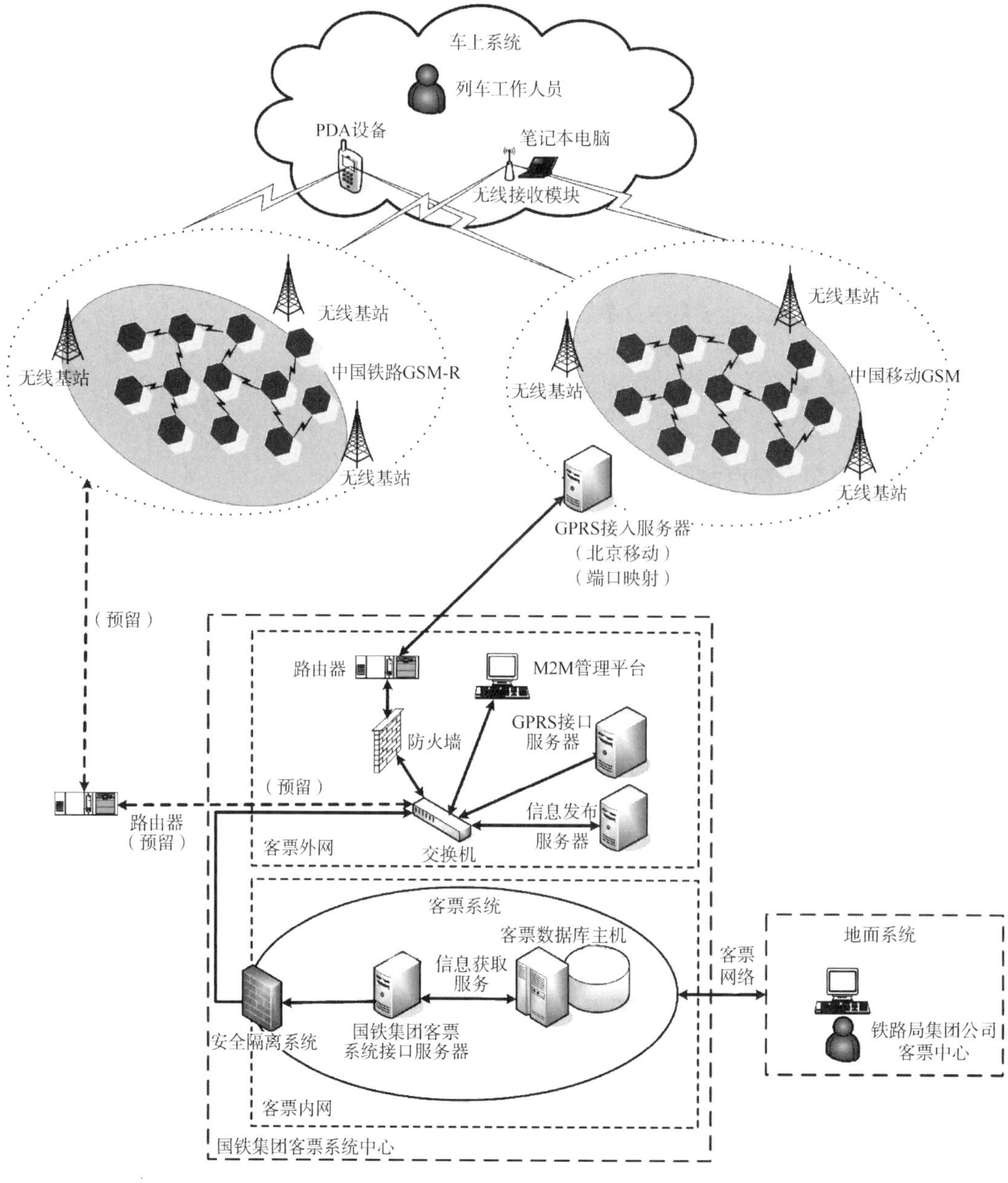

图 5-4-1　站、车无线交互系统结构

德育天地

创新突破,攻克技术难题

赵红卫团队在高速动车组列车网络控制系统研发过程中所展现出的创新精神,为站车交互系统研发提供了宝贵的借鉴。列车网络控制系统作为高速动车组列车的核心技术，相当于动车组列车的大脑和神经，国外供应商对我国实行技术壁垒。赵红卫团队从网络技术的最底层开始研究，经过多年努力，成功研制出高速动车组列车网络控制系统半实物仿真平台，填补了国内该领域的空白，达到国际先进水平，并为构建具有自主知识产权的列车网络控制系统奠定了技术基础。为了解决列车与车站之间数据传输的稳定性和实时性问题，他们经过无数次的试验，最终采用了先进的无线通信技术和高效的数据处理算法，确保信息能够准确、及时地在站车之间交互。这种勇于创新、敢于突破的精神，正是铁路精神在新时代的延续与升华。

(一)硬件设备构成及使用

手持终端设备支持 GSM/GSM-R 无线网络，支持 GPRS 数据通信；运行于 Android 4.0 及以上版本的操作系统；显示屏为触摸屏，尺寸为 4.3 英寸以上；运行内存为 1 GB 以上；可扩展存储空间为 4 GB 以上；配备 500 万像素及以上摄像头等组件。

(二)软件使用

1. 软件安装

下载“客运站车无线交互”安装包；卸载手机 SD 卡，装载到读卡器，连接计算机在 SD 卡根目录下新建“客运站车”文件夹，将安装包拷贝到“客运站车”文件夹下；卸载读卡器上的 SD 卡装载到手机上；操作手机系统，在手机 SD 卡里找到安装包并点击进行安装，安装完成后手机屏幕上将出现如图 5-4-2 所示图标。

图 5-4-2　客运站车无线交互系统图标

2. 程序启动与设置

启动程序前，须确保已安装 SD 卡、专用的 GSM 或 GSM-R 卡，并确认本设备、SD 卡、GSM-R 卡信息已经注册。

当上述条件满足后，点击【客运站车无线交互系统】图标，程序将启动。如果遇到系统权限提示，请选择始终允许(存储数据，读取本机信息等)。

程序启动成功后进入登录界面，如图 5-4-3 所示。登录后，进行相关功能操作，需注意的是，在首次进入 App，先点击系统设置，查看手机信息，根据本机信息进行注册，然后设置 APN、服务器信息，并查看系统软件信息。

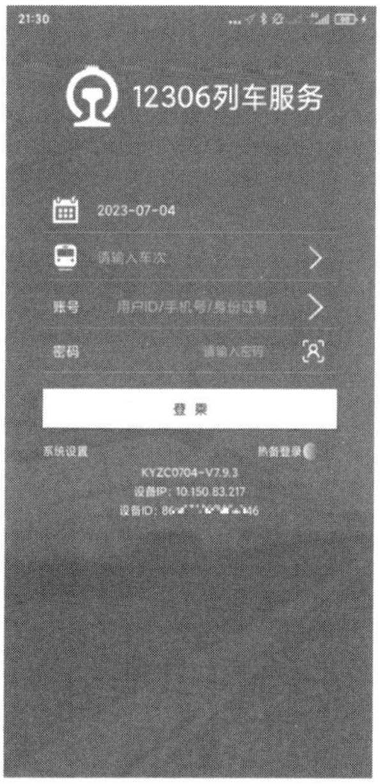

图 5-4-3　登录界面

3. App 相关功能简介

手持终端软件的基本操作流程：

第一步，点击【客运站车无线交互系统】→【登乘】。

第二步，【数据下载】。

第三步，在【工作台】板块中的【主功能区】进行【席位统计】、【席位管理】、【信息查询】和【业务操作】的操作。

第四步，到站后在【我的】中进行【退乘】操作。

其他功能为辅助功能。以下为 App 各板块功能说明：

（1）“登乘”操作。

①点击选择登乘日期，输入车次、账号、密码，点击【登乘】按钮即可进行登乘。

②在图 5-4-3 登录界面，非首次登录可点车次右侧按钮›，选择历史登录车次；点击人员信息右侧按钮›，选择历史人员信息。

③登录成功后，系统将自动通过无线网络 APN 数据连接通道连接到服务器，进行设备验证、GSM-R 卡信息验证等安全操作后自动登录至站车系统后台服务，自动开始数据下载。

④如果本机时间与系统服务器时间差异过大，登录将不会成功，提示修改本机时间之后再重新登录（注：修改本机时间需到手机系统应用【设置】中操作）。

（2）“数据下载”界面。

①登录成功后，将自动开始下载基础数据及当前时间内的业务数据。

②通过点击标题栏中【基础数据】、【业务数据】按钮查看下载状况，或者直接滑动页面切换查看，如图 5-4-4、图 5-4-5 所示。

图 5-4-4　基础数据界面

图 5-4-5　业务数据界面

（3）登录后，不同职位或选择不同版本，站车的界面和内部逻辑会有一些不同，最明显的不同就是主界面。图 5-4-6 为列车长登录主界面，图 5-4-7 为列车员登录电子票夹版本主界面。

点击底部【工作台】按钮，显示业务功能界面，如图 5-4-8 所示。由标题栏（图 5-4-9）、主功能区、停靠站信息栏、快捷按键区构成。

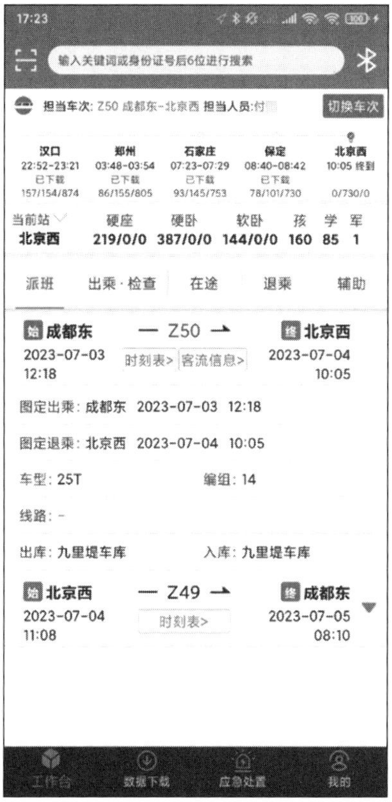

图 5-4-6　列车长登录主界面

图 5-4-7　列车员登录电子票夹版本主界面

图 5-4-8　业务功能界面

图 5-4-9　标题栏界面

①标题栏功能。

a. 二维码扫描。

(a)扫描车票二维码、信息单或 12306 移动端的动态二维码、电子身份证凭证,识别车票信息,进行业务操作。

(b)扫描蓝牙证件识别器二维码,连接该蓝牙证件识别器,进行证件识读操作。

b. 搜索功能。

(a)点击搜索框,进入搜索界面,未输入内容时,显示功能建议,用户可点击功能建议下方具体功能按钮,进行相关操作。

(b)输入功能名称,拼音及拼音缩写、乘车人姓名、身份证号(可输入完整身份证号或身份证号后 6 位以上进行查询)、手机号等关键词进行查询,将会查出对应结果,点击查询结果将会跳转相应功能,如图 5-4-10 所示。

(c)搜索功能将会保留搜索历史,点击【搜索历史】可快速重新搜索,点击【清除历史记录】按钮,将会清除历史搜索记录。

c. 蓝牙。

点击搜索栏右侧的蓝牙标识,将弹出一个小的功能列表,包含蓝牙证件识读器、蓝牙补票机、数据下载,选择后连接相应设备,进行业务操作,连接蓝牙设备后,图标下方显示已连接设备类型(补票机或证件识读器),如图 5-4-11 所示。

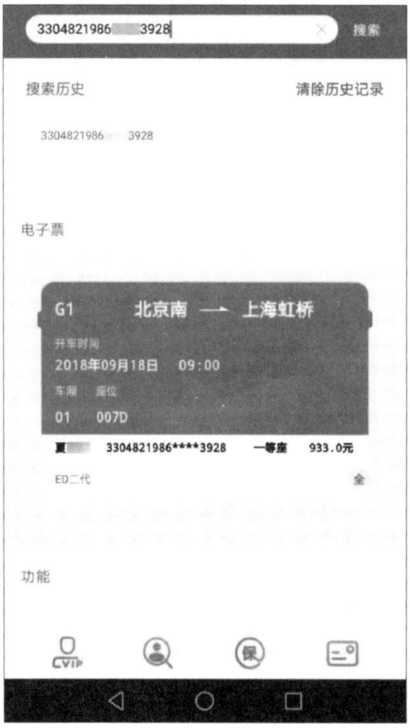

图 5-4-10 搜索栏查询结果界面

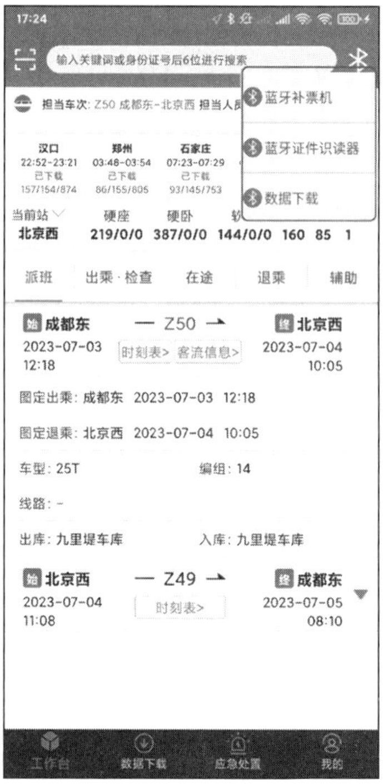

图 5-4-11 搜索栏蓝牙功能

②停靠站信息区。

停靠站信息区主要显示对应车次经由停靠车站名称及计划停站时间等,如图 5-4-12 所示。

图 5-4-12　停靠站信息区

停靠站信息区显示内容具体如下：

a. 首行显示担当车次信息和担当车长信息。

b. 当停靠站信息正确下载后，将按站显示停靠站信息：

(a)过站显示为灰色；当前站带小箭头；未过站为蓝色。

(b)首站显示发车时间，终到站显示到站时间，其他站自上而下显示到站时间和发车时间。

c. 当正确下载席位数据后，点击停靠站将显示当前站乘降信息：上下车总人数及按车厢显示上下车人数(首站只显示上车人数，末站只显示下车人数)，其他站显示上下车人数，如图 5-4-13～图 5-4-15 所示。

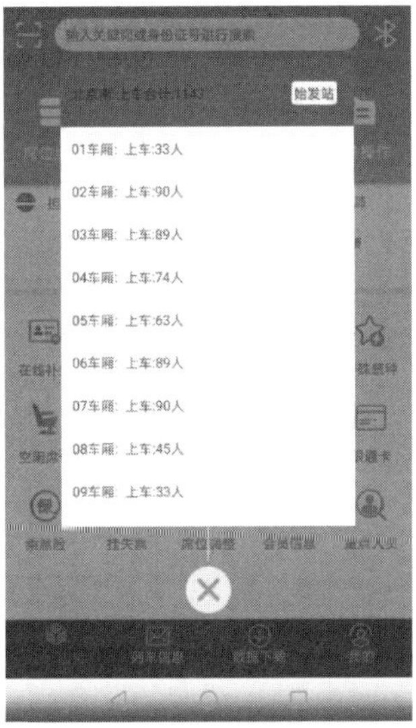

图 5-4-13　首站上车人数

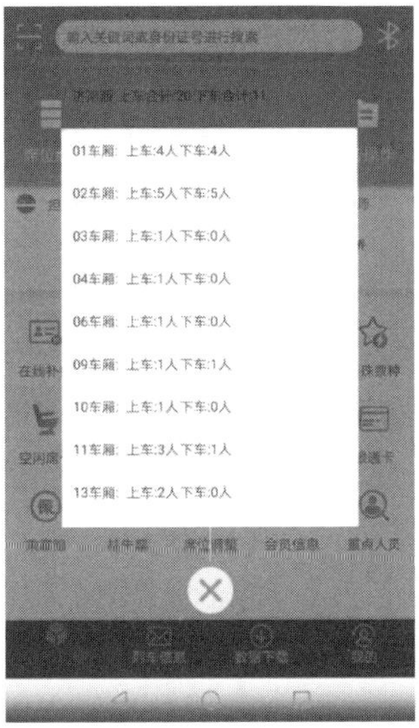

图 5-4-14　中间站上下车人数

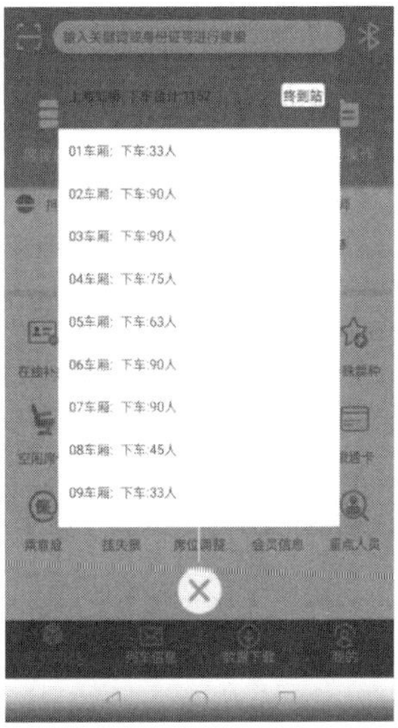

图 5-4-15　末站下车人数

③通知区域。

接收并显示各类消息通知(图 5-4-16)，点击直接跳转到相关业务功能进行操作并消除消息推送。

④功能区。

功能区按照工作流程分为五个模块：派班、出乘・检查、在途、退乘、辅助。

a. 派班：展示当前登乘车次的派班任务信息，主要包括交路信息、重点工作、客服工单及工作认领，同时提供站属性时刻表、首个始发车客流信息查询功能，当前登乘车次标绿显示。

(a)交路信息：当趟交路所有值乘车信息，包含：车次，班组值乘始发、终到信息，时刻表、车次的图定始发、终到信息，车型，编组，出、入库地点，如图 5-4-17 所示，派班计划有变更的接收通知后更新计划，查看当前变化内容，变动的交路信息会添加红色标记，车次根据实际变更情况会添加“停运”“折返”等状态。

(b)重点工作。当趟交路的“重点工作”信息数量及是否有未读信息状态显示(红色数字标记代表有未读的重点工作,需要点击【重点工作】按钮进行查看,绿色数字标记代表均已读),点击【重点工作】后进入消息界面并标记已读,后台自动根据获取到的信息消除对应的消息通知。重点工作内容包含:乘务科派发的重点工作,本车队派发的重点工作(标题显示车次、有效日期),本交路和本班组相关的调令信息(标题为调令号+子项号,内容为调令子项号对应的调令内容),如图 5-4-18 所示。

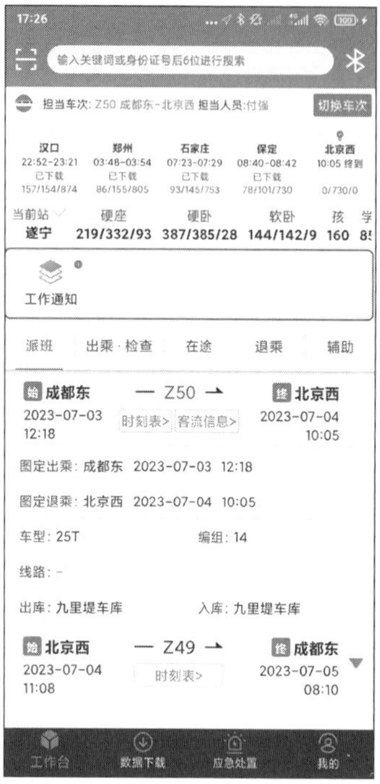

图 5-4-16　通知区域

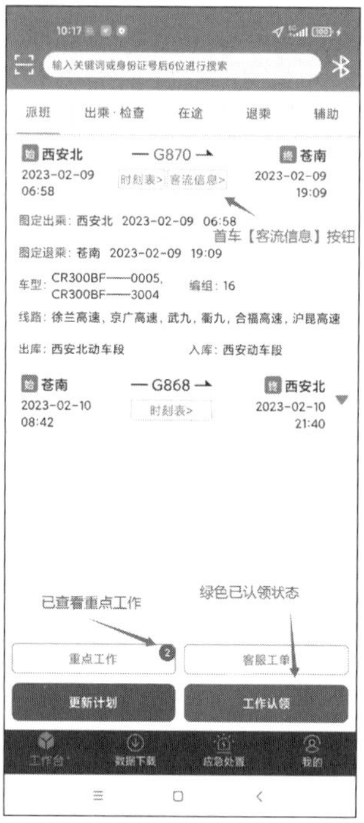

图 5-4-17　交路

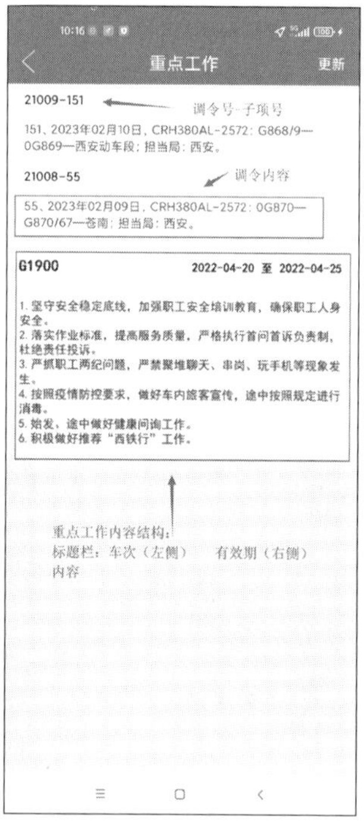

图 5-4-18　重点工作

(c)客服工单。当趟交路车次相关“客服工单”信息数量显示,可点击进入工单列表界面查看并处理(该位置显示的工单值是与本趟交路中车次相关的工单,在途模块中的工单内容增加与当趟工作班组相关的工单)。

客服工单是由客服系统接收到需求录入生成工单,然后流转到客管系统,然后由指挥中心或列车长接收进行接单、反馈并给客服系统回传处理信息。

上车的客服工单有:遗失物品工单、寻人工单、重点旅客工单、其他求助工单、铁路畅行工单(铁路畅行工单只需签收接单即可,其他类型工单需要进行反馈处理);移动端暂时只能处理七天内生成的工单,超过时限的需要到计算机端进行处理操作。

记录界面根据工单状态分为待接单、待反馈、已完结三个部分。当有需要接单(待接单状态)或需要反馈(待反馈状态)的工单时,对应模块会显示红色实心球●。当旅客通过客服系统进行工单催单处理时,未完结的工单会显示“催办”;旅客撤单后,对应的工单按照待接单状态派发一次,显示“撤销”,需要进行【接单】操作,接单(签收)后该工单状态为“已完结”,如图 5-4-19 所示。详情界面展示工单编号、内容、处理信息等信息。允许对处理结果进行重新编辑上报。

(d)工作认领：首次登乘车次，需要查看确认当前交路安排，重点工作信息查看、客服工单查看（重点工作、客服工单信息查看前后会显示不同颜色角标，红色表示需要查看，绿色表示已查看），然后点亮【工作认领】按钮（红色），认领当前工作安排，认领后【工作认领】按钮变为不可点击状态（绿色）。接收到派班计划有变更的通知后点击【更新计划】，确认工作变更信息后，重新“工作认领”操作。工作认领后会给本班组列车员发送“工作安排”通知，提醒其更新交路计划，如图 5-4-20 所示。

交路认领后电脑端会记忆认领状态，无须重复认领，且工作认领一次可对出乘日期相同的所有车次默认认领，切换车次后无须再次认领。

(e)时刻表。时间轴顺序展示车次途经停靠站信息，包含停靠时间、站属性（蓝色实心球●标记为该站有站属性，绿色实心球●标记为登乘车次在该站有此项站属性相关作业）、车站相关联系电话（左侧一列为路电电话，右侧一列为市电电话＋手机号），提供【纠错】按钮（经停站通讯录纠错）和【站属性】按钮（车站通讯录查询），如图 5-4-21 所示。

(f)客流信息。登乘该趟交路首个始发车次时，登乘车次可查询该车次经停各站的客流信息，如图 5-4-22 所示。

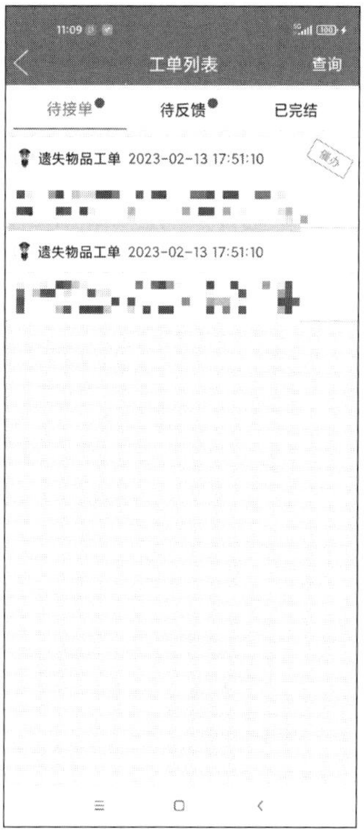

图 5-4-19　客服工单

图 5-4-20　工作认领

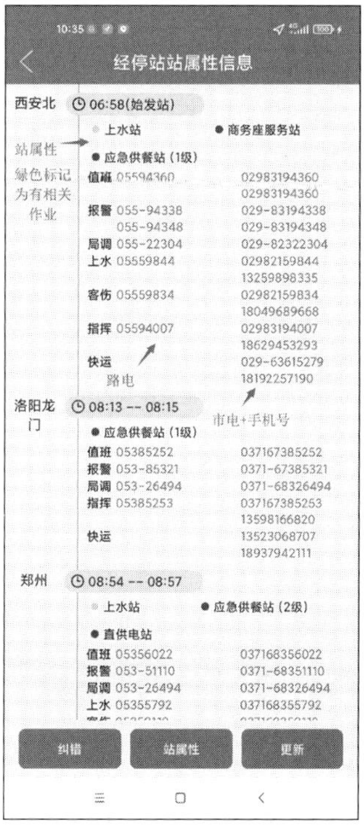

图 5-4-21　时刻表

图 5-4-22　客流信息

b. 出乘·检查:包括【编组及检查】和【人员安排】两个功能。

(a)编组及检查。

编组信息与车次挂钩,每个车次对应一条编组信息,根据车次类型分别展示“高铁编组确认及检查”(包含 D、G、C)、“普速编组确认及检查”。进入界面首先进行是否需要更新判断。展示当前车次的编组信息、反恐装备信息、应急备品(高铁)信息,同时可进行编组信息修改及各车厢存在的问题情况查看、问题上报、问题修复处理。编组信息确认后,根据编组信息数据同步当趟车次所使用的车底信息、定员信息、车厢信息、应急备品存放位置等。

高铁车型、普速车型的编组功能基本相同,部分有所区别。

高铁编组界面较普速增加高铁展示车型信息,区分单编、重联;高铁编组有应急备品等。

编组界面问题数量标记:车厢问题标记“-”代表该车厢暂无问题数据;车厢问题标记黑色数字代表该车厢存在已上报的问题,本地无提报的记录信息;车厢问题标记显示红色数字代表有需要处理的问题(包含列车员上报列车长未处理,列车长本地保存未提报)。

普速车厢信息编辑不完整的底色标记浅橙色,此时提报编组数据会提示先完善编组数据。

普速编组信息界面菜单栏按钮【▤】操作包含:【选择车底】、【提交保存】、【车厢调向】、【查看全部问题】、【更新编组】、【批量同步】。进入界面,获取普速编组信息后展示对应的信息数据,当无车厢信息时,默认自动添加一条空白车厢数据,获取普速编组信息后,列车长首先需要核实普速车厢信息是否正确,对车厢信息可以进行维护操作,也可以通过菜单栏按钮【▤】中的【选择车底】按钮,选择车底模板进行维护。普速编组界面及菜单栏如图 5-4-23 所示。

(a)　　(b)　　(c)

图 5-4-23　普速编组信息界面

高铁编组信息界面主要信息如图 5-4-24 所示。菜单栏按钮【☰】操作包含:【车底纠错】、【提交保存】、【车厢调向】、【查看全部问题】、【更新编组】、【批量同步】。菜单栏中按钮操作除【车底纠错】按钮外,其他按钮操作同普速编组界面。当获取编组信息后无车厢列表时,直接跳转【车底纠错】界面,主界面对比普速车多一个“应急备品”模块。

图 5-4-24　高铁编组信息界面

(b)人员安排。

人员信息(图 5-4-25)同交路挂钩,每条交路多个车次使用同一个人员安排,若当趟交路已维护过人员安排,更换车次后会直接获取记录信息,有变动直接在原数据上进行操作即可,同时提供本班组该车次历史出乘人员信息的复用操作。

岗位划分为客运、其他、缺勤三大类,详细分类如下(以实际线上为准):

客运:列车长、列车员、列车值班员、安全员。

缺勤:可在编辑页面选择缺勤按钮,选择缺勤原因即可将该人员加入缺勤分类。

其他:司机、机械师、乘警、辅警、餐服长、餐服员、保洁员、其他。

人员添加包括本段人员(通过接口获取本段人员信息选择添加)、非本段人员(手动录入)。人员信息确认后,数据同步当趟交路所有车次使用。添加本段人员默认按照班组查询,可点击切换为按人员查询,可输入姓名(最少 2 个字)或者工号(最少 5 位)模糊查询。

c. 在途:包括【席位管理】、【席位统计】、【票卡证查询】、【车门口验票】、【商务服务】、【畅行码服务】、【列车超停】、【手工登记】、【补检】、【学生残军票】、【特殊票种】、【席位置换】、【余票查询】、【重点人员】、【中转查询】、【会员信息】、【交路客流】、【客运记录】、【重要信息】、【客服工单】、【列车巡视】、【超员电报】、【上水记录】、【直供电记录】、【危险品记录】、【征信信息】、【列车冲动记录】、【列车速报】、【更换列车长】等功能,如图 5-4-26 所示。

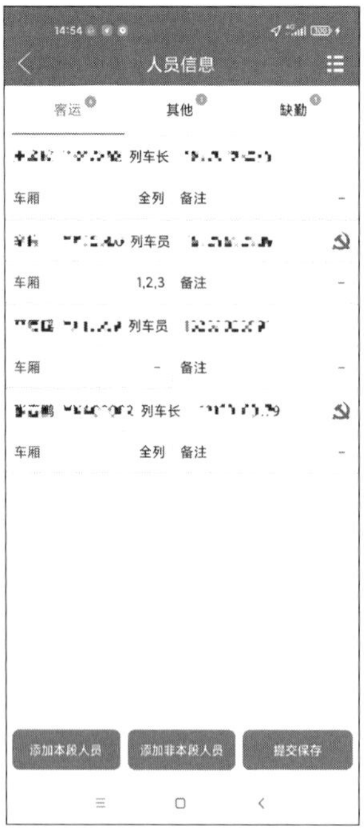

图 5-4-25　人员信息

图 5-4-26　在途信息

(a)席位管理:点击在途模块中【席位管理】,进入席位管理界面,如图 5-4-27 所示。显示当前停靠站全部车厢信息,每个车厢显示的内容依次是席别、定员人数、实际人数、上车人数和特殊票种人数。点击车厢进入席位可视化界面,显示对应车厢内席位的详细信息如图 5-4-28 所示。

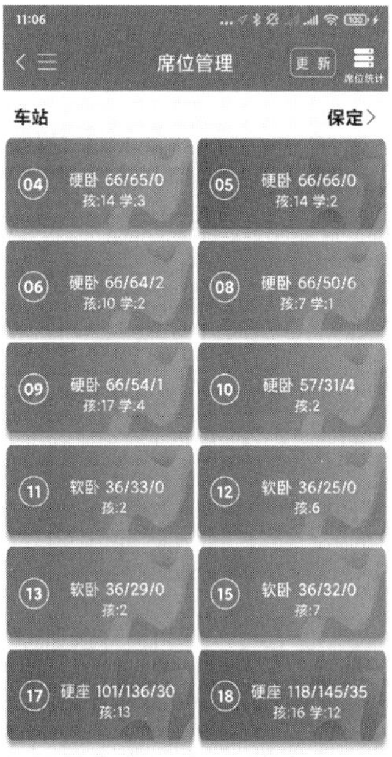

图 5-4-27　席位管理界面

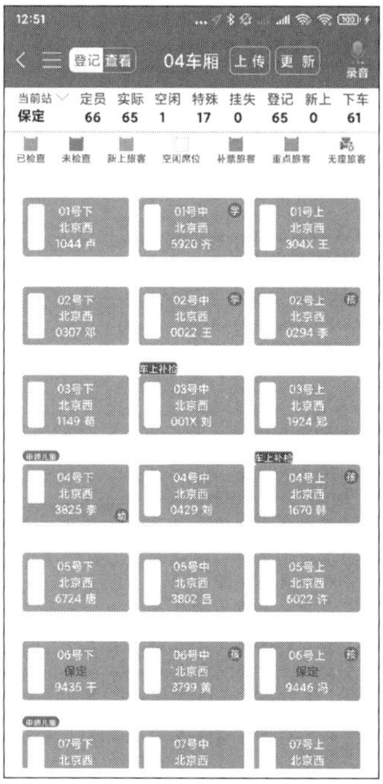

图 5-4-28　车厢席位详细信息

可点击席位管理界面左上角【菜单】图标，弹出侧滑菜单。

(b)席位统计：进入席位统计界面，可查看【通知单】、【车内人数】、【密度表】、【车厢定员统计】、【席别定员统计】信息，默认显示【通知单】信息，点击顶部对应按钮，可切换到对应的信息界面。点击右上角快捷跳转【席位管理】功能。不仅可以查看信息，点击【保存】按钮，可以把界面显示的信息以工作表的文件格式保存到手机本地（zcdata 目录下面）。席位统计界面信息如图 5-4-29～图 5-4-31 所示。

图 5-4-29　通知单

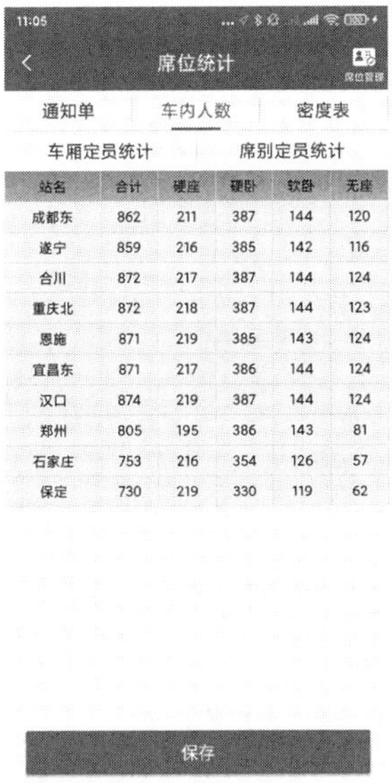

图 5-4-30　席位统计

图 5-4-31　密度表

(c)票卡证查询：所有根据票、证、卡进行实时业务查询的功能集合，包括电子票、电子身份证、银通卡、E 卡通、计次・定期票、乘车证、铁路证件、保险查询，如图 5-4-32～图 5-4-39 所示。

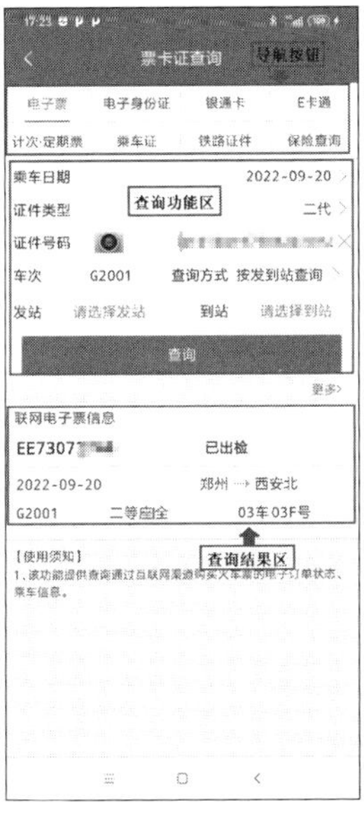

图 5-4-32　票卡证查询界面

图 5-4-33　电子身份证

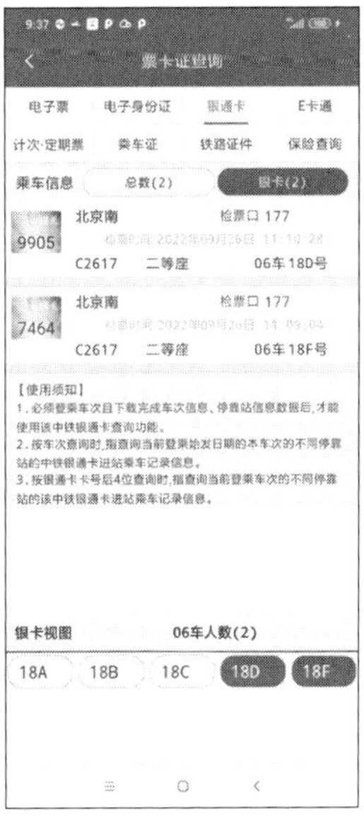

图 5-4-34　银通卡

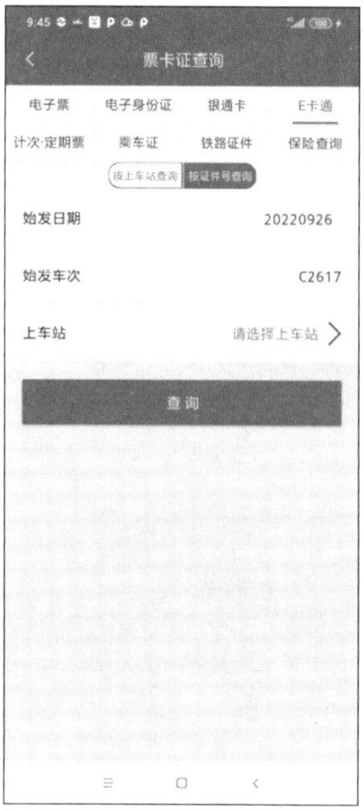

图 5-4-35　E 卡通

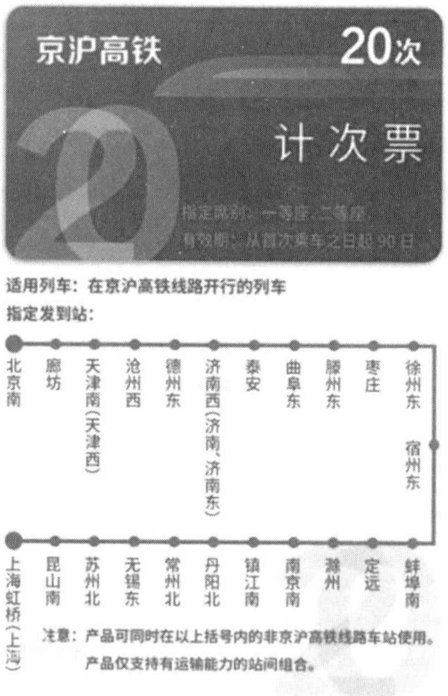

图 5-4-36　计次·定期票

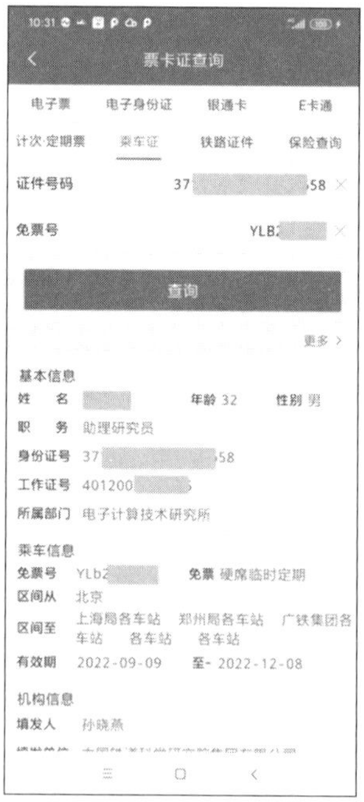

图 5-4-37　乘车证

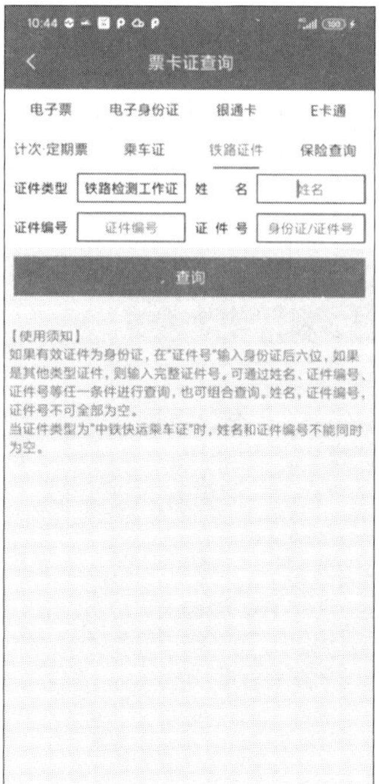

（a）

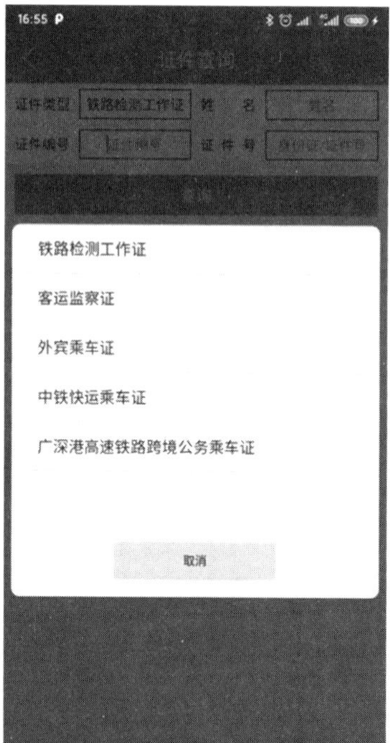

（b）

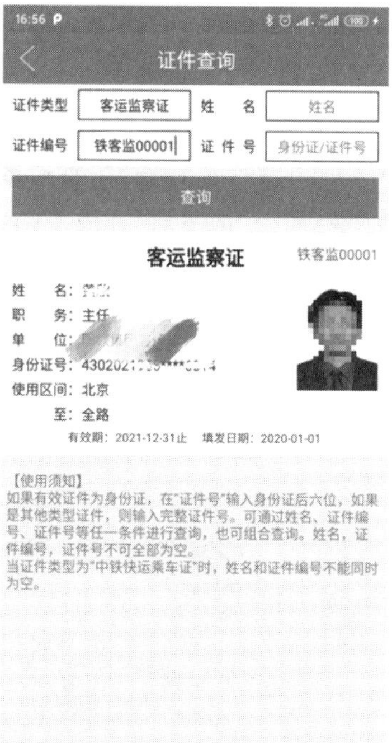

（c）

图 5-4-38　铁路证件

（d）车门口验票：旅客上车之前列车工作人员需要对旅客进行上车验票，在车厢门口通过扫描旅客证件号获取旅客车票信息，并自动进行验票。

操作步骤：点击【车门口验票】进入车门口验票界面，点击【护照】、【回乡证】、【台胞证】、【身份证】可切换对应的证件类型，点击【扫描】按钮，进入 ORC 扫描界面，如图 5-4-40 所示，扫描框对准证件号，识别证件号并对该证件进行验票。

(e)商旅服务：即接车服务，部分车站有接车服务，商务座旅客可以跟乘务员说明情况，预约接车服务。等旅客到站会有专人到车厢外迎接，接到贵宾厅休息，经专属通道至站外乘车。

商旅服务功能可查询本趟车的所有商务座旅客，并根据旅客要求预约接车服务。

(f)畅行码服务：针对张贴了畅行码的列车所开通的服务，可以处理旅客提交的补票、商务座服务等，包含车次开班、补码、畅行码查询、旅客服务单等。

(g)手动登记：手动登记需要补票的旅客，保存并上传，列车长或者补票员可查看登记记录，给旅客补票。

操作步骤：点击【手动登记】界面(图 5-4-41)，填写旅客补票信息，点击【保存】按钮，保存成功。点击右上角【已登记旅客】进入到已登记旅客界面，自动查询并显示所有登记的旅客，搜索框输入证件号可以精确筛选指定旅客，点击登记的旅客条目可删除登记记录。

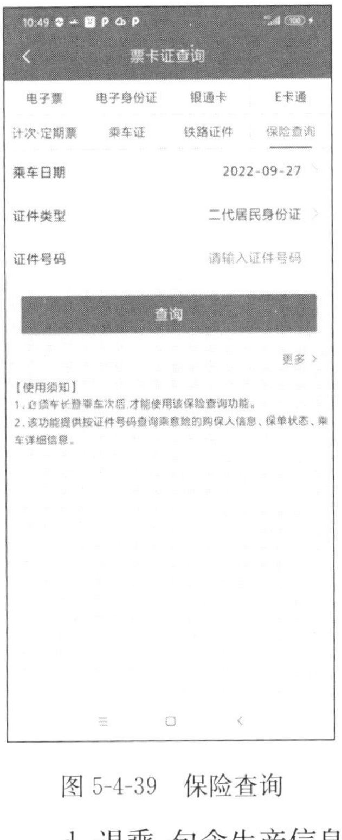

图 5-4-39　保险查询

图 5-4-40　车门口验票

图 5-4-41　手动登记

d. 退乘：包含生产信息、乘务日志两部分。其中生产信息填报出乘车次相关生产数据，进行提报；乘务日志则是查看当前交路所有车次对应的各项内容记录信息。

(a)生产信息。

生产信息数据从后台同步，同时移动端可对出退信息进行填选修改，同步更新出退时间、运行里程、运行时长；右上角菜单可进行更新提报。

首发车次填写、全部车次填写、终到车次填写，如图 5-4-42～图 5-4-44 所示，客运段可在计算机端进行控制,选择适合本地的填报模式。

全部车次填写:每个车次都需要进行生产信息的录入。

首发车次填写:生产数据汇总在交路顶部的全交路生产合计里进行录入。

终到车次填写:生产数据汇总在交路底部的全交路生产合计里进行录入。

图 5-4-42 首发车次填写

图 5-4-43 全部车次填写

图 5-4-44 终到车次填写

(b)乘务日志。

乘务日志用于查看本趟交路相关车次对应的生产信息。界面加载本趟交路相关车次的各项数据信息并展示。左侧为各项目模块名称列表,选择相应模块展示相应信息,右上角“更新”按钮更新相应车次、功能模块的数据。“交路计划”“重点工作”“客服工单”“人员信息”“重要通知”“生产信息”直接展示本趟交路对应相关模块的所有数据,其他模块则展示交路中选定车次的对应数据,并可以手动更改查看车次。

e. 辅助。

(a)录音:可视化界面有录音功能,在需要录音的时候可以录音记录;在录音界面可查看、播放录音记录,也可以增加新的录音,如图 5-4-45 所示。点击【录音】按钮,进入录音列表界面。点击想要播放的录音即可播放该条录音;点击叉号弹出删除提示窗,点击确认删除该条录音。点击右下角【话筒】按钮,打开录音操作窗,如图 5-4-46 所示,点击开始即可开始录音,点击停止完成录音,并把该录音添加到录音列表。

(b)客运答题:用于对列车长进行客运问题测试及问题回看复习。

答题页面:通过答题消息进入答题界面,拉取最新客运答题题目,然后进行答题,提报后,根据正确答案与作答答案显示对错与正确答案,并记录最后一次的答题记录,如图 5-4-47 所示。当无新题目时优先显示最后一次的答题记录结果。

图 5-4-45　录音界面

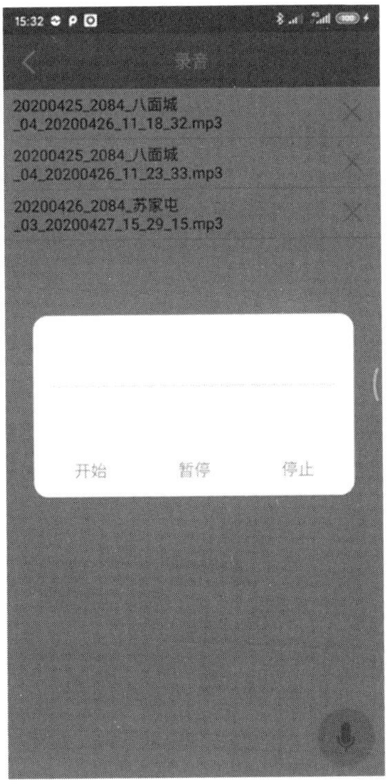

图 5-4-46　增添新的录音

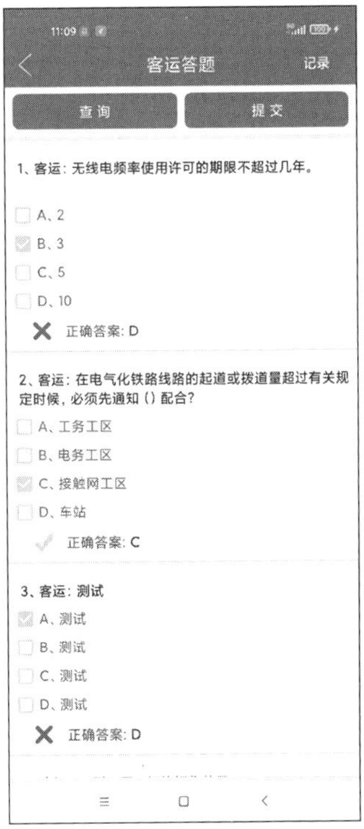

图 5-4-47　答题记录

记录界面：根据选择的查询答题日期区间（最大区间范围 30 天）查询答题记录，按答题时间倒序展示作答答案及正确答案。

(c)辅助功能中有经停站通讯录、公安通讯录、客调通讯录、车站通讯录，可查阅。

(d)线路信息：当点击进入线路信息界面后（图 5-4-48），会默认展示当前登乘车次相关的线路列表（展示线路名称，桥梁数量，隧道数量），当使用检索功能后会展示模糊匹配查询到的线路列表。点击对应的线路信息会跳转到该线路信息详情页，并根据类型展示对应的信息数据[包括桥梁/隧道名称，全长（米），中心里程（千米），行别]。在顶部搜索框输入筛选条件（中心里程根据加入的筛选条件查询±100 km 范围内的数据），点击检索按钮后展示对应的信息数据。

(e)席位增删：乘务员可根据车厢实际席位情况添加席位，或者把添加的席位删掉。

操作步骤：点击【席位增删】进入席位增删界面：选择车厢，输入新增席位数，点击【新增】即可新增成功，在席位可视化界面查看新增的席位，如图 5-4-49、图 5-4-50 所示。在席位增删界面，选择车厢，输入删除席位数，点击【删除】即可删除成功。

(f)业务知识查询、广播模板及软件常见问题。

业务知识查询：可查询【常见问题】和【基本规章】。

广播模板：可输入模板关键字（最少两个字）查询自己需要的广播模板信息，根据实际情况进行参考广播，如图 5-4-51 所示。

软件常见问题：可输入软件使用问题关键字查询自己需要的功能操作问题解决介绍。

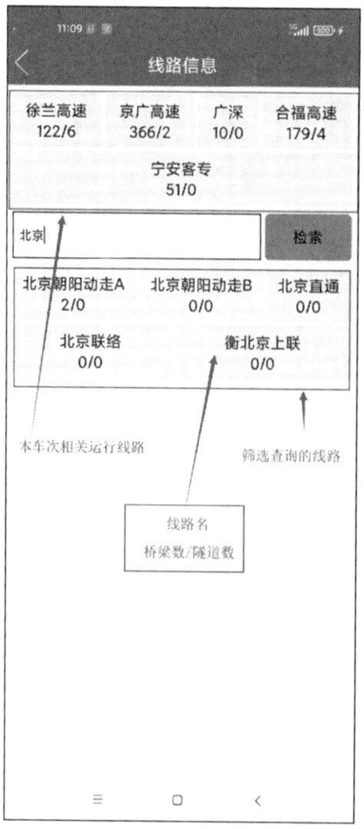

图 5-4-48　线路信息

图 5-4-49　新增席位

图 5-4-50　可视化界面查看新增席位

图 5-4-51　广播模板

(g)禁限物品查询:首页进入默认显示《铁路旅客禁止、限制携带和托运物品目录》的公告,上方搜索框提供物品关键字搜索,搜索框下方显示常见搜索,如图 5-4-52 和图 5-4-53 所示。

输入关键字进行搜索，搜索结果以列表形式展示，点击某一条搜索结果，可查看该条信息详情，如图 5-4-54 所示。搜索内容为充电宝时，右上角显示【额定能量计算器】，点击该按钮会弹出计算器，输入电量和电压，自动计算，如图 5-4-55 所示。

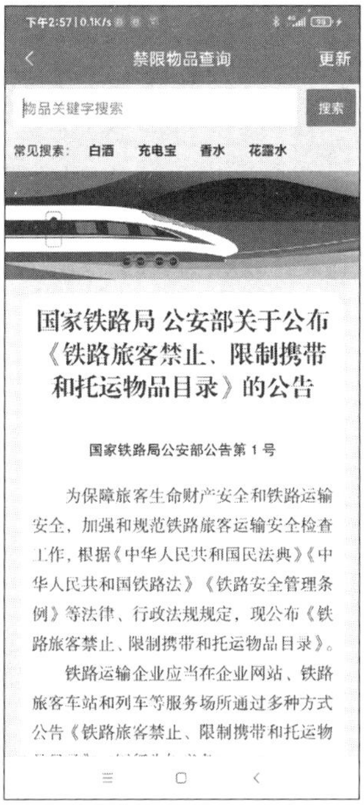

图 5-4-52　禁限物品查询

图 5-4-53　关键字搜索

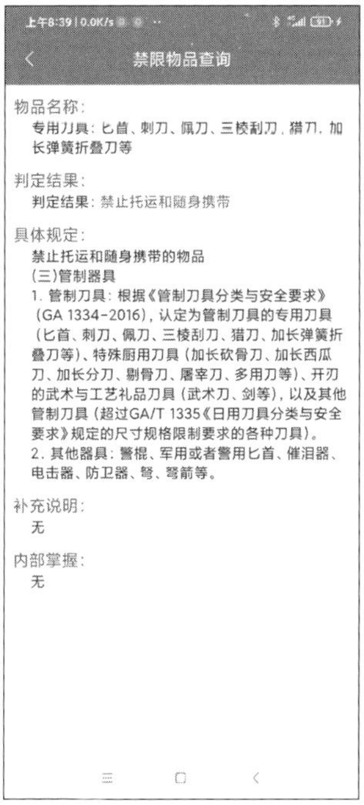

图 5-4-54　查询内容

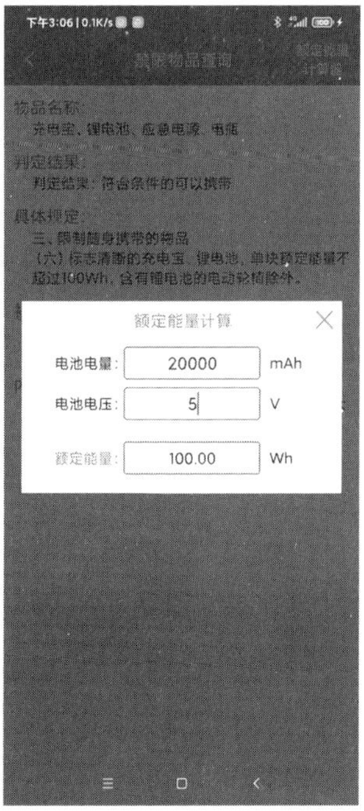

图 5-4-55　额定能量计算器

(4)“我的”界面。

“我的”界面包括 App 个人信息及退出、退乘、系统设置等操作,如图 5-4-56、图 5-4-57 所示。

图 5-4-56 “我的”界面

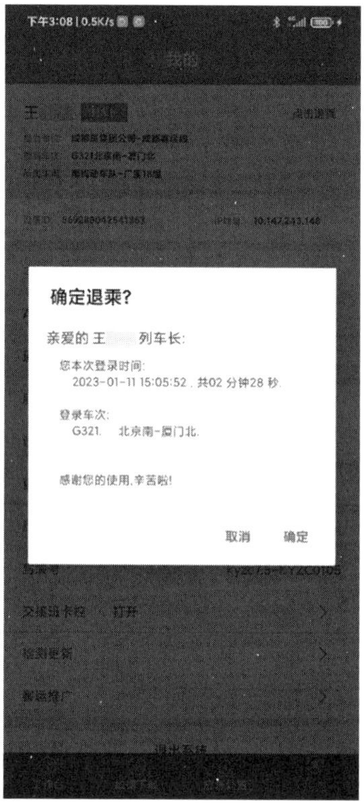

图 5-4-57 退乘界面

4. 应急处置

应急情况下可进行应急处置流程查看、应急信息反馈及接收、查看指挥中心的回复。

(1)记录页面。

应急记录页分为两块区域,顶部区域通过该车次信息,展示不同应急类型,如图 5-4-58 所示。普速列车没有动车组换乘(流程如图 5-4-59 所示)、动车组超员(应急流程如图 5-4-60 所示)、动车组应急吸污(流程如图 5-4-61 所示)、动车组空调失效(应急流程如图 5-4-62 所示)类型。烟火报警应急流程如图 5-4-63 所示,火灾爆炸应急流程如图 5-4-64 所示,列车晚点应急流程如图 5-4-65 所示,其他类型为各段自行维护的应急处置流程预案(图 5-4-66 和图 5-4-67)。下方区域显示记录列表,主要展示应急类型[黑色字体表示已结束,红色字体表示应急启动中(在应急启动时右侧有发起视频和发送语音按钮)]、开始时间、结束时间。点击列表中的某项记录,根据完结状态跳转不同界面:若未处置完毕,点击跳转到应急流程界面,可进行修改,点击生成按钮跳转指挥中心界面,指挥中心界面未处置完毕状态的应急有多媒体文件上传功能,可通过拍照、录视频或者从相册选择多媒体资源,如图 5-4-68 所示;若处置完毕,点击条目可直接跳转到该类型指挥中心界面,该界面此时不可操作,只展示信息,如图 5-4-69 所示。

图 5-4-58　应急记录页

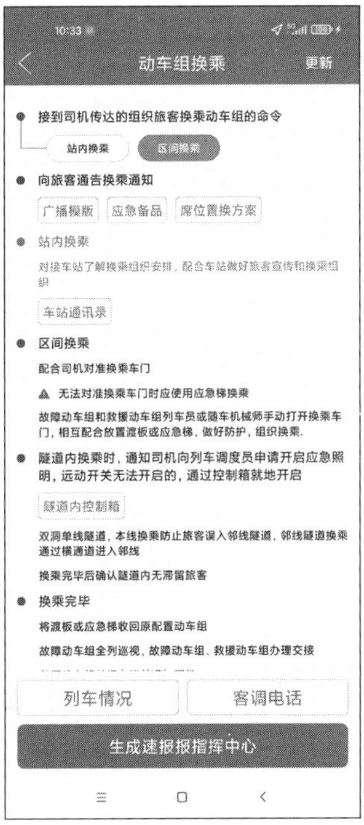

图 5-4-59　动车组换乘流程

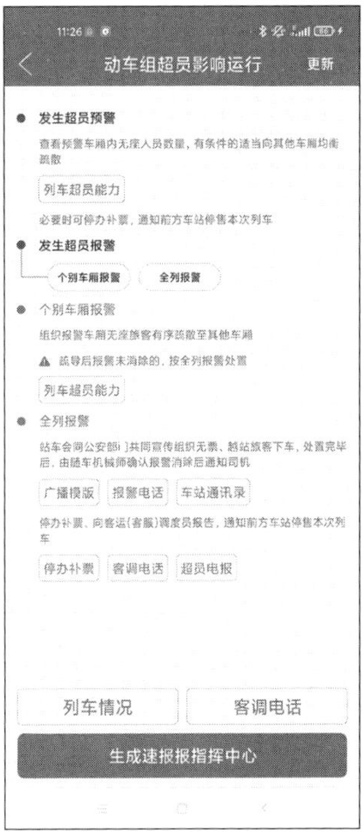

图 5-4-60　动车组超员应急流程

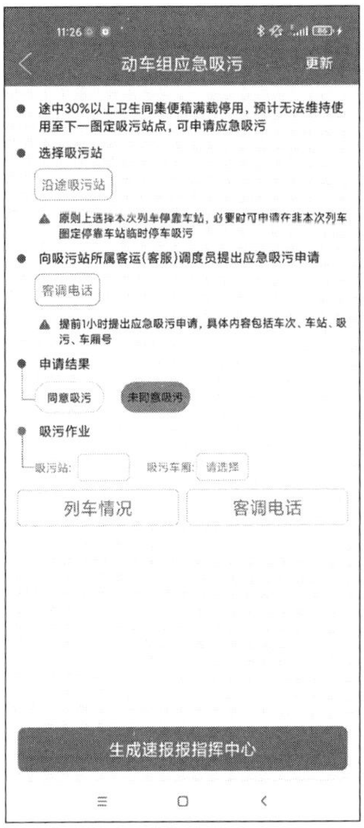

图 5-4-61　动车组应急吸污流程

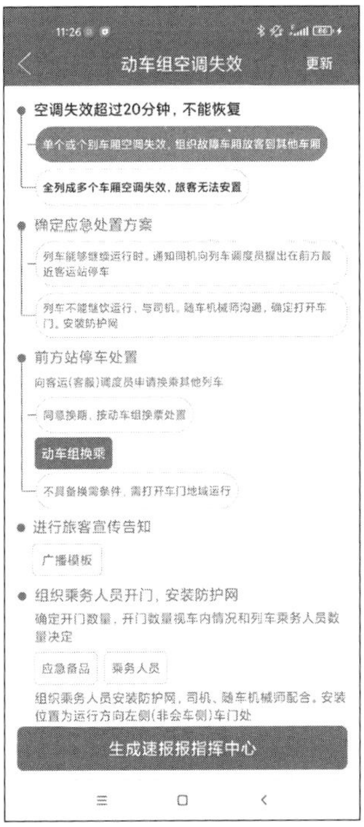

图 5-4-62　动车组空调失效应急流程

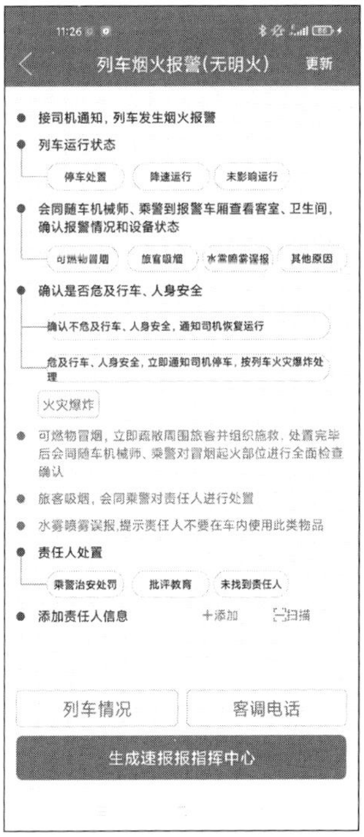

图 5-4-63　烟火报警应急流程

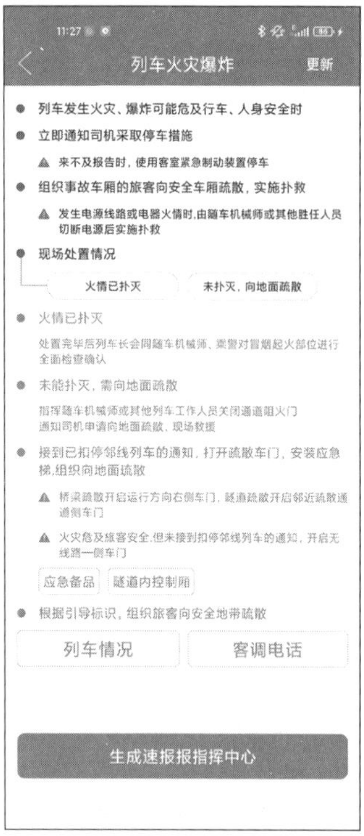

图 5-4-64　列车火灾爆炸应急流程

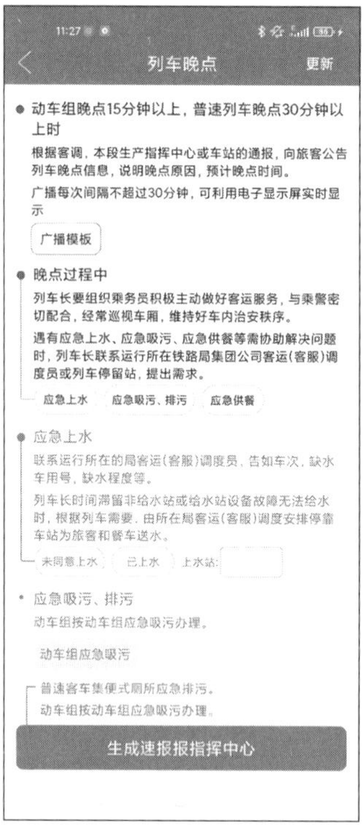

图 5-4-65　列车晚点应急流程

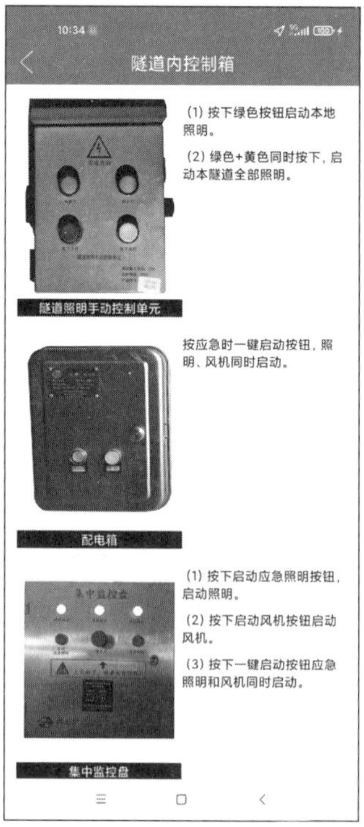

图 5-4-66　隧道内控制箱操作

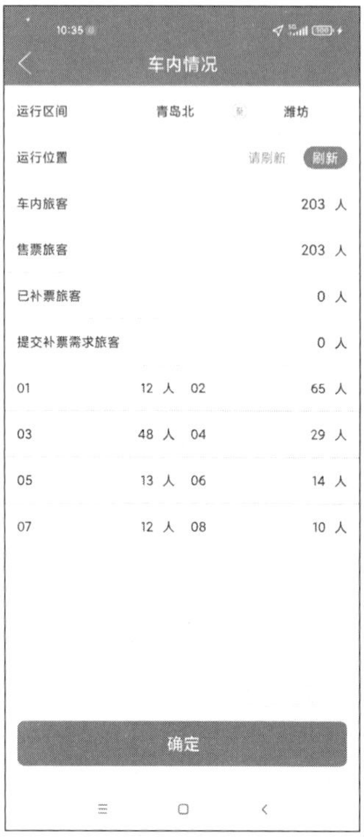

图 5-4-67　查看车内情况

图 5-4-68　汇报指挥中心

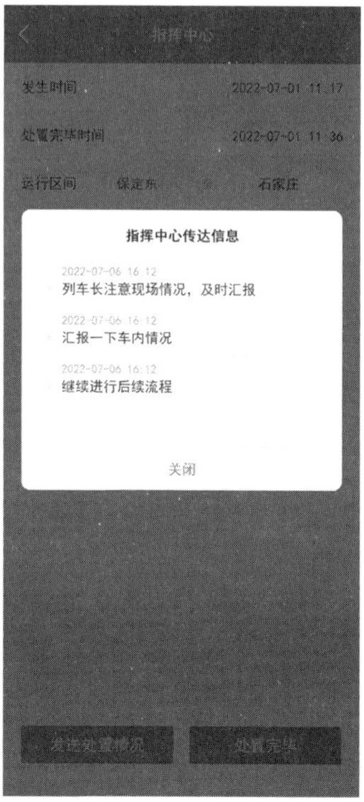

图 5-4-69　指挥中心传达信息

(2)视频通信功能。

需要开启对应的应用层权限：锁屏显示、后台弹出界面、画中画(Android8 及以上)。开启相关权限需要打开手机应用管理进行设置，具体方法(各型号手机有所区别)：设置→更多设置→权限管理→客运站车无线交互，或者设置→应用管理→客运站车无线交互→权限管理，在权限管理打开“锁屏显示”“后台弹出界面”“画中画”三个权限(“画中画”权限只有 Android8 及以上的手机才会有，手机系统版本可在“更多设置→关于手机”查看)。

(3)应急。

发起应急后在记录页、相关的应急流程页会显示视频和语音按钮(图 5-4-70、图 5-4-71)。点击视频按钮可请求视频通话(图 5-4-72)，接收到指挥中心来电页面(图 5-4-73)，可进行视频通话(图 5-4-74)。通话中移动端只接听指挥中心声音，不采集指挥中心视频画面。

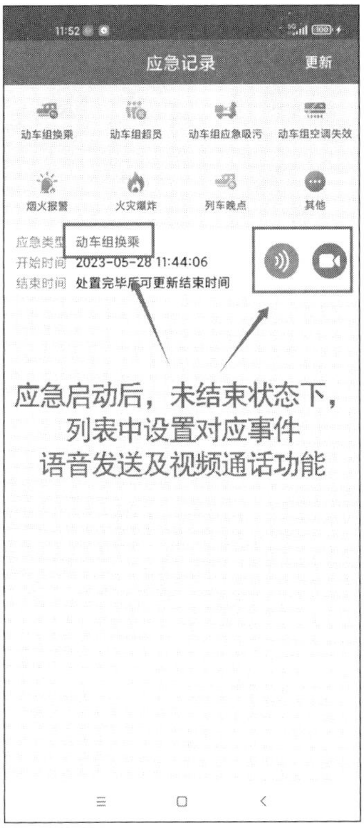

图 5-4-70　应急记录页

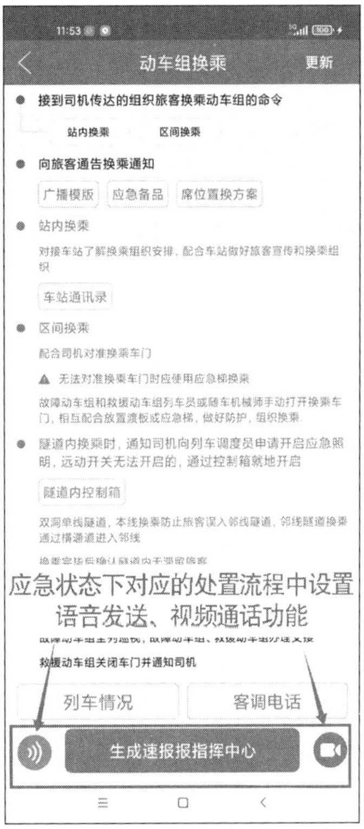

图 5-4-71　动车组换乘应急流程页

5. 异常处理

由于以下各种原因引起的重新启动并不会影响软件系统的使用：

(1)出现网络异常引起应用软件挂起无法进行操作，请先在任务管理器中强制结束程序后重启程序。

(2)其他异常操作引起应用软件挂起无法进行操作，请先在任务管理器中强制结束程序后重启程序。

(3)出现电池没电引起的自动关机情况，更换电池后重启。

(4)系统数据下载及界面操作状态将在关机前保存，程序重新启动后将自动进入主界面，并恢复关机前的操作状态。

图 5-4-72　视频通话请求

图 5-4-73　指挥中心来电页面

图 5-4-74　视频通话中界面

三、GSM-R 手机及移动终端

GSM-R 属于专用移动通信的一种，专用于铁路的日常运营管理，是非常有效的调度指挥通信工具。GSM-R(GSM for Railways)系统是专门为铁路通信设计的综合专用数字移动通信系统，主要提供无线列车调度、编组调车通信、区段养护维修作业通信、应急通信、隧道通信等语音通信功能，可为列车自动控制与检测信息提供数据传输通道，并可提供列车自动寻址和旅客服务。

列车长配备手持终端，保证高速区段和长大隧道的通信畅通。

任务训练

一、目标与实施

学完本部分知识，应能够熟悉旅客列车无线移动终端设备的基本构造和用途，掌握终端设备的基本操作方法。有实物设备条件的可实操练习，无实物的可用图片或视频采取提问的方式巩固练习。

二、训练建议

本任务训练建议教师理论部分采用课件、实物部分采用大量图片或视频教学，提高学生理论联系实际的能力。

复习思考题

1. 简述对讲机的基本构造。
2. 对讲机的呼叫和接收如何操作?
3. 对讲机常见的问题及解决办法有哪些?
4. 补票机补票界面的选项有哪些?
5. 补票机正常补票的事由选项有哪些?
6. 补票机进入“补票操作”后,第一项任务是什么?
7. 对使用列车移动补票机办理补票时的操作程序有何要求?
8. 使用列车移动补票机时对票据使用有何规定?
9. 对补票操作过程中打印车票前后的作业有何要求?
10. 怎样获取席位预览信息?
11. 站、车无线交互系统终端发生无法连接 GPRS 故障时如何处理?
12. 列车终到站如何正确关闭正在运行的系统? 操作步骤是什么?
13. 点击通知单按钮查看通知单没有数据,原因是什么?
14. 车次信息功能包括哪几方面内容?
15. 数据下载功能包括几个方面的内容?

参 考 文 献

[1] 裴瑞江.高速铁路客运设备与设施[M].北京:中国铁道出版社,2019.
[2] 中国国家铁路集团有限公司客运部.铁路旅客运输组织[M].北京:中国铁道出版社有限公司,2022.
[3] 裴瑞江,周平.铁路旅客运输组织[M].2版.北京:人民交通出版社股份有限公司,2024.
[4] 裴瑞江,陈瑜.铁路客运规章业务[M].2版.北京:中国铁道出版社有限公司,2023.
[5] 裴瑞江.铁路客运设备设施[M].北京:中国铁道出版社,2015.
[6] 李海鹰,张超.铁路站场及枢纽[M].北京:中国铁道出版社,2011.